物性论

DE RERUM NATURA

[古罗马] 卢克莱修◎著 林瑄◎译

台海出版社

图书在版编目（CIP）数据

物性论 /（古罗马）卢克莱修著；林瑄译 . —北京：台海出版社，2021.10

ISBN 978-7-5168-3086-4

Ⅰ . ①物… Ⅱ . ①卢… ②林… Ⅲ . ①唯物主义－古罗马 Ⅳ . ① B502.41

中国版本图书馆 CIP 数据核字 (2021) 第 161295 号

物性论

著　　者：[古罗马] 卢克莱修　　　译　　者：林　瑄

出 版 人：蔡　旭　　　封面设计：胡椒设计

责任编辑：王　萍

出版发行：台海出版社

地　　址：北京市东城区景山东街 20 号　　　邮政编码：100009

电　　话：010-64041652（发行、邮购）

传　　真：010-84045799（总编室）

网　　址：www.taimeng.org.cn/thcbs/default.htm

E-mail：thcbs@126.com

经　　销：全国各地新华书店

印　　刷：天津旭非印刷有限公司

本书如有破损、缺页、装订错误，请与本社联系调换

开　　本：880 毫米 ×1230 毫米　　1/32

字　　数：350 千字　　　印　　张：13.5

版　　次：2021 年 10 月第 1 版　　　印　　次：2021 年 10 月第 1 次印刷

书　　号：ISBN 978-7-5168-3086-4

定　　价：58.00 元

译者序

古希腊哲学家伊壁鸠鲁曾运用德谟克利特的原子唯物论来分析人生的问题，提出“第一，不要害怕神；第二，不要担心死亡；第三，幸福很容易获得；第四，不幸很容易忍受。”他将此作为人生教导的核心。而卢克莱修作为伊壁鸠鲁思想的继承人，采用诗歌的形式来阐述哲学思想以及万物的本性。在这本书中，卢克莱修用伊壁鸠鲁主义哲学，尤其是德谟克利特开创的原子唯物论来解释“人生”与“宇宙”的难题。本书共分六卷，分别阐述了“原子与虚空”“原子运动的规律性与世界万物形成的原因”“灵魂的木性，灵魂与精神的区别”“感官与事物流山的影像的联系，感官与精神世界的关系”“宇宙、生物和社会形成的过程，人类与社会发展的未来”以及“当时的各个学科，用原子唯物论解释自然现象，同时还提到了生物进化论的思想”。

本书对于研究原子唯物主义有重要的参考价值，并对之后的唯物主义发展产生了深远的影响，对卢克莱修想要传递的思想进行传播显得尤为重要，读者需要通过了解哲学发展的每一步来了解这个世界，尤其是了解人类思想进化的过程。尽管卢克莱修的观点并非完全正确，但却对消除宗教偏见以及解释自然发展的过程起到了一定的作用。在阅读本书后，读者不仅对宇宙、自然和物质会有更清晰的了解，也会对幸福与死亡的关系有进一步的认知。

译者

目录

Contents

卷　一

De Rerum Natura

序：对维纳斯——大自然的创造力的祈求

维纳斯，
埃涅阿斯之母，
人神皆因你而充满喜悦，
你是生命之神，
伫立在这布满星河的穹顶之下，
穹顶亦是生命之海，
满载着船只和粮食作物；
你孕育了万千物种，
你让太阳的力量得以显现；
天空风云际会之时，
你却转身离开。
大地是古朴的创造者，
它为你献上芬芳的花朵。
汹涌浪花是对你的微笑，
天空也褪去了愤怒，
发出熠熠光芒。
春日刚刚崭露头角，
西风便破笼而出，

展现自己强劲的力量。
鸟儿从高空飞来，
初次宣告着你的到来，
万物心中皆是你赋予的力量。
已被驯服的猛兽啊，
正自由生长在这植被繁茂的草地之上，
正游走在这奔流的河水之间，
万物皆被你的魅力吸引，
在你热情的催促之下紧紧围绕。
是啊，
你穿过了海洋、山脉、汹涌的河流，
你穿过了鸟儿居住的树林和翠绿的平原，
你将爱深深藏进万物的心中，
让万物在热切的情绪中焕然一新。
你啊，且仅有你，
是自然的领航者，
没有你的帮助，
光无法照向海岸，
蜡烛也无法发出快乐又可爱的光。
求你成为我书写诗歌路上的帮手，
在这字里行间追寻着万物的本质，
并谨以此文献给我的挚友，莫密乌斯。
女神啊，
他愿一生凭己之力，
成为一道亮光。
正因如此，
女神，是你给我的文字赋予了永恒的美好。
让这些文字能够在历史中留下脚印，

与此同时，
战争所带来的野蛮会在海洋和陆地下沉眠。
战神玛尔斯坐在你的腿上，
经受着爱带来的永恒之伤，
你便只能用平静与祥和来保佑凡人；
他将那美丽的脖颈枕在你的身上，
用充满着爱与贪婪的眼睛望向你、凝视你，
再次躺下，
他的气息便印在了你的唇上。
你那神圣不可侵犯的双手双腿上，
躺着正在休憩的玛尔斯，
你俯身拥抱他，
双唇倾吐出甜美的请愿，
女神啊，
这甜美的请愿正是为罗马人寻求和平与平安。
我们的国家正在困难中挣扎，
使我们无法专心致志完成使命，
莫密乌斯那谦卑的孩子啊，
也无法在这样的情况下守护国家的命运。
说与莫密乌斯听
空灵的耳朵和敏锐的大脑，
从悉心的呵护下远走，
走在通往真理的大路上，
在知晓真理之前，
请将我满心热忱为你备下的礼物放在一旁。
上帝和天神下达了指令，
我将把一切都说与你听，
我将把万物之源揭示与你，
我将自然创造万物说与你，

我将自然抚养万物说与你，
我将自然分解万物，万物走向生命的终点说与你；
感谢你，让我们创造万物的躯干，
感谢你，让我们为之命名，
感谢你，让我们将一切分门别类于万物初生之时。
人类被宗教重压于大地之上仰头乞求着， 伊壁鸠鲁与宗教
她从天空露出面庞怒目而视着这群肉体凡胎，
一个希腊人竟敢第一个抬起双眼望着她，
迈出步伐走向她：
无论是上帝的传说，雷电的轰击，
还是带着复仇怒吼的天空，都无法使他退却；
这一切反而激起了他的勇气，
使其成为第一个用力推开大自然门锁之人。
如此他那充满生机与活力的意志便获胜了，
如此他便远远越过了世界筑起的熊熊烈火的墙壁，
不论是思想还是精神都跨越了这无穷无尽的宇宙；
由此这个胜者便带领我们，
告诉我们什么将产生，什么不能，
是的，也告诉我们万物皆有极限，
告诉我们万物皆有最为坚实的界碑。
复仇的宗教被人类踩在脚下，被人类践踏，
这胜利便将我们高举至天空之中。
我在这里有一种恐惧， 对宗教的大不敬
你或许认为出于某些并不神圣的逻辑，
开始遵循某些原则，
或者就此踏上了原罪的道路。
不，另一面还是我们要面对的仇敌宗教，
是宗教让充满罪恶和不纯洁的行为产生。

献祭伊菲革涅亚

在港口奥里斯被选定的首领达奈，
用伊菲革涅亚的血玷污了贞女的圣坛，
她的两股辫子象征着贞洁从脸颊两侧垂下，
她看到自己的父亲满面愁容立于圣坛一侧，
陛下两侧的巫师藏起了手中锋利的匕首，
她看到人们满含泪水凝视着她，
她的舌头因恐惧而打结，
她因双膝无力而跪下。
即使她是国王陛下的第一个孩子，
这不幸也降临在了她的身上。
她被男人们抓住了双手，
颤抖着由他们领向了圣坛。
倘若这是一场婚礼，
也许她终将伴着人们的歌颂离去，
但这一切的一切都将是献祭仪式的终点，
她，一个纯洁的受害者在这里陨落了，
她怀着悲伤被父亲割破了喉咙献祭，
却开启了特洛伊之战的快乐与荣光。
这一切的一切都是宗教带来的恶果。

对死亡的恐惧及其疗愈之法

你有时会因先知预言的恐惧而屈服，
向我们寻求一片沙漠而躲藏。
确实，
这些先知能像变魔术般呈现出美梦，
这些梦可能推翻你对生活的计划，
用恐惧来打扰你的幸福。
这些都是有理有据的：
人类应该认识到这些悲伤混合的感情都有界限，

这样便有力量来抵抗宗教带来的顾虑和先知带来的恐惧。

而现在他们却没有工具，
也没有武器来经受这一切，
因为对死亡的恐惧是对他们永久的惩罚。
灵魂的本质是什么无人知晓， 灵魂的本质
灵魂从何而来无人知晓，
灵魂是如何进入而出生的也无人知晓，
灵魂是会随着我们的死亡和消亡而撕裂，
还是会掉落进死神奥迦斯的冥国阴影之中，
又或者是那聚满了消逝生命的池水之中，
又或者经由上帝的旨意，将其植入别物的胸膛，
如同我们的诗人恩尼乌斯的诗歌中所唱，
他是第一个从赫利孔山上获取灵感之人，
摘取了那不死之叶的桂冠，
从意大利各族人中赢得了盛名。
除此之外，恩尼乌斯那不朽的诗篇之中，
也宣讲了冥国之河的存在，
那是我们的灵魂或者身体都无法到达的地方，
但是那些奇妙而惨白的魅影可以达到。
因此他告诉我们见过荷马的身影，
那样年轻鲜活的身影向他走来，留着咸涩的泪水，
向他揭露着自然的本质。
我们要去解释所有天上之物的本质， 亟待解决的问题
就像日月运行的规律，统治地球万物的力量，
当我们被疾病困扰，或者在梦中被活埋之时，
我们要明白究竟是什么与我们相遇，
在这清醒的生命中恐吓了我们的思想，

我们就能用尽力气看到听到，
那些我们所遇见的逝者，以及地下所埋葬的白骨。

卢克莱修的困境

我明白很难用拉丁语的诗句，
清楚地讲出希腊人过于晦涩的发现，
因为我们笨拙的语言和诗歌主题的更新，
很多事物需要用新的词汇去描述；
你的慷慨和甜美友谊所带来的快乐，
正鼓励着我忍受一切辛苦的负担，
带领我度过这些平静的暗夜，找寻最恰当的文字，
这将有助于我为你的心灵点亮一束光芒，
帮你看到心灵最深处所隐藏的一切。

普遍原理。第一法则：无物生于无物

思想的黑暗与恐惧，
需要的不是太阳的光芒和白日的闪耀，
而是通过外界的远见和自然的规律；
万物之始的规律在于一切都有源头。
恐惧束缚着亿万众生，
只因在这宇宙间，他们有很多不明缘由的现象，
视为这一切均为天上的神所恩赐。
没有任何事物可以来源于虚无，
在这之后我们便能认清我们所追求的东西，
不论是可以被创造之物，
还是没有借助于神而创造的万物。

证明：所有的东西都需要一定的种子

既然万物来源于无物，
那每种物体便可来源于万物，
无须播种便可出现。
第一个人类或许从海洋中来，
从陆地上的多鳞物种演变而来，
或是天空中的鸟儿燃烧而来；

牛群也好，野兽种群也罢，
都在耕地和沙漠里萦绕出没。
同样的水果不会一直挂在树梢上，一切都在变化：
所有的树木都可结下任意的果实。
这是为什么？
没有实物可以带来物体的降临，
那为何万物都来自固定不变的母亲？
既然一切都从一定的种子中萌芽，
每个东西来到这个世界上并且到达光之彼岸，
每个东西的本质都是其自身；
因为在固定的事物中都有着一种力量可以让其分散，
因为万物皆不能随便产生。

因为：1. 它们有着固定的物质

为什么我们总在春天看到盛开的玫瑰，
在夏日的热浪里看到千层麦田，
当秋日来临时便看到了葡萄藤上结下的果实，
倘若这不是因为万物有定时，
有什么种子便在固定的季节结什么果，
在恰当的时候，
怎么会有不同的东西来到这个世上，
这生机勃勃的大地怎么会将这些东西带到这光之彼岸？
若是它们从虚无中生出，
在不利发育的季节就没有原始的种子留下，
人们将会无法预见其在反常的季节里的一跃而出。

2. 它们有着固定出生的季节

若是它们从虚无中生出，
那便不需要在种子相遇之际花一定时间让其生长。
光阴似箭，婴孩会转眼成人，树木会一夜长大。
以此便可看出没有什么是无法结果的，

3. 需要一定的时间生长

万物生长皆遵循其自然的规律，
从一颗一定的种子，长成其本来的样子：
万物都将茁壮成长，从其本质长成最后的样子。

4.需要一定的营养

若是没有大地定期的雨水浇灌，
那便无法结出令人愉悦的果实，
也无法延续其生命，更新其品种；
也许你会认为许多东西有着共同的本源，
而不是认为没有本源这些东西也能存在，
就像所有的字都来源于共同的字母一样。

5.也会有一定的生长极限

再者，若是万物没有固定不变的本源，
或万源没有对应产生万物，
那为什么大自然无法孕育有着修长躯体的人类，
使他们能够跨越海洋，
或用双手“撕开”雄伟的山峰，
又或者活着来征服流逝的岁月？
因此，我们应承认没有东西从虚无中产生，
万物皆需一颗种子，
这样种子才可生万物，
才可在这空气带来的微风中成长。

6.耕耘给予了土地更多的滋养

最后，
我们看到了开垦的土地，
是如何好过未开垦的荒地；
在劳动者辛勤工作的土地产出了丰硕的果实，
我们知道大地蕴藏了万物之始源，
在犁头翻起了肥沃的土壤筑起田畦时，
促使万物得以生长。
若并非这样，那你便会看到，
有些东西，就算没有我们的辛苦劳作，

这一切也会如约而至，甚至更好。
遵循这样的原则，
自然会把万物分解成它们起源的模样，
但却不曾将任何东西彻底毁灭。
如果所有的万物皆有一死，
那每个事物都会突然从我们的眼前消失逝去。
便不会需要任何的力，来使万物分解，
便不会需要任何的力，来使万物间的关系松散。
所有的东西皆由永生的种子组成，
直到某种力的到来将其击碎，
或从内部让其分崩离析，
否则，大自然便不会让万物毁灭。
如果时间完全毁坏了世上一切经历过岁月的事物，
并吞噬掉整个物质，
那么在生命之光到来之时，
维纳斯又如何才能将万物带入其中？
若她让万物复活后，大地这古怪的创造者，
又如何哺育、抚养它们，
如何在这之后用充盈的食物来喂养它们？
地面的泉水和远方奔腾而来的河流，
又如何能保持海水的充盈？
这广袤的宇宙天空又能用什么来滋养星辰？
无限的时间与岁月都已将凡胎肉体吞噬了吧。
时光流逝，万物在世上留下的种子，
万物皆从这些种子中吸取生命，
万物不会就这样化为乌有。
同样的力和原因会摧毁一切的一切，
除非有一种永恒的物质将其聚在一起，

第二法则：无物归于无物。否则 1. 万物一次性毁灭

2. 或者世界不会被再次充满

3. 同样的力量会毁坏一切东西

每一部分都交织在一起，时松时紧。
轻轻的一次接触就足以招致灭亡，
这些物体的材质是任何力量都可以让其分裂的，
因此无物是可以永久存在的。
但是，
由于物质间最初由各种不同的元素环环相扣而成，
除非遇见足以破坏其组成材质的力量，
物皆永存，其身不伤。
没有任何事物会变成无，
但终有一天会变回其最初的样子。

4. 正如所看到的事实，一个东西的失去意味着另一个东西的出现

最后，
当我们的父亲，明朗的天空，
将自己投入我们的母亲，大地的怀抱中，
铸成重重山脉，雨水便滴尽了。
生机勃勃的农作物向上生长，
大树长出了绿色的枝丫，
在不断长大后又结下了果实；
大树旁是被其养育长大的人类和走兽，
在这里我们生育后代，建立城池，
路边枝繁叶茂的参天大树随着小鸟的鸣叫发出声响；
放眼望去，疲惫的牛儿伸展四肢，
伏趴在赏心悦目的草地上，
白色的乳汁从肿胀的乳房流出；
一窝新生的小牛躁动不安地在柔软的草地上淘气着，
因这纯正的乳汁而欢欣雀跃。
并不是所有的能看到的东西都被毁灭了，
大自然只是将物不断更新，
若非有一物死亡，

否则大自然不会产出任何一物。
正如我所说，无物不能从无中来，
又或者产生后也不能回到无中去，
请不要误解了我的意思，
因为双眼无法注意到万物之始源，
请容许我，而非其他物来告诉你，
你自己也是万物的一部分，且无法得见。
苏醒的风鞭打着海洋，
压过巨大的船只，
在云朵上留下了痕迹，
不久后便将哭泣化作龙卷风，
洗涤了撒满绿树的平原，
又狂暴地吹过山巅，
给树木带来致命一击：
风在这样凶残的啸声中裹杂着愤怒与哀号。
因此我们也许可以确定，
风那看不见的神曲，
那刮过海洋和陆地，吹过天上云朵的身躯，
就这样用飓风将它们撕碎折磨；
它们来去自如，肆意破坏，
在某一时刻化身为洪水疯狂奔流，
随着大雨的冲刷一起从高山落下，
其间夹杂着树木上断掉的枝丫，
也能看到完整的大树一起跌落，
坚固的大桥也无法承受这洪水带来的瞬时冲击。
如此一来，河水混杂着雨水，
充满着力量奔流而来：
一边怒吼一边毁灭，

无形的躯体承载着无形的粒子

1. 风

巨石在水浪中翻滚冲击，为洪水带来一丝阻滞。
风带来的破坏就这样继续下去；
若是有激流冲向河岸的一边，
便会用力推物，不断施暴将其毁灭；
有时物体就随着风旋转着，飞速移动着，
随后就陷入了飓风的旋涡之中。
看不见的正是风，
它们进行的路径完全可与强劲的水流相抗衡，
而水流，其形可见。

2. 气味　同样，我们闻到万物各种各样的气味，
但却无法通过气味看见它们的存在。

3. 热　我们看不到温暖与炎热，

4. 冷　目光也不曾捕捉到寒冷，

5. 声音　更不要说看到声音的模样。
但这一切都有自然的形态，
这些都影响着人类的感官。
如果没有实体，便不能触摸或被触摸。

6. 潮湿　海边挂起的衣物会因海浪的拍打变得潮湿，
又会在艳阳天时舒展干燥起来。
看不见的是那些被蒸发的水分，
或者是热浪来袭之前水汽逃跑的样子。
湿度都被分解成了小小的微粒，
那些肉眼看不到的微粒。

7. 消亡的证据　日子在一天天地流逝，
手指上的戒指也在卸戴之间变得更薄，
水滴石穿，田间弯曲的铁犁在不经意间变得更小，
行人来来回回，街上铺设的石头也逐渐磨损。
城门边上黄铜像的右手，

也因来来往往与其握手问候的路人而日渐消瘦。
这一切以肉眼几乎不可见的方式消亡：
我们的视觉带着嫉妒与偏见，
当小小的颗粒在每个时刻离开物体时，
它蒙蔽了双眼。
不论何时， 8. 成长
大自然都在用一砖一瓦给万物添新，
迫使其生长成大自然需要的比例，
不论我们的眼睛多么锐利，
这些都是我们的双眼所看不见的。
石头露出海面，
海水的冲刷将其慢慢腐蚀，
每个小小的细节都并非肉眼可见。
大自然按照自己的意愿，
做着这些我们都看不到的改变。
不过并非万物都被大自然的躯体所挤满； 虚空的存在
因为物体里存在着虚空。
认识到这一点，你将在处理事情上得益不少。
如此一来，会让你免于终日心怀疑惑，
不再质疑万物的总和，
不再质疑我的言语。
如此就有了虚空，
不可触碰且空无一物的鲜有的空间。
若没有这样的空间，那物体便无法移动。 1. 运动是无法离
这是物体所在之处，分分秒秒呈现于万物之前， 开虚空而进行的
供其进攻与阻碍其他的一切。
因为没有任何物体可以让出更多的地方，
所以便没有任何东西能够前进了。

但现在，海洋、陆地和高耸入云的天路，
我们看到很多物质以各种各样的方法在我们的眼前移动，
因为如果没有这样的虚空，
它们就会被剥夺和阻碍一直运动的权利，
甚至不能存在于这个世界上，
因为所有的物质都会被挤压在静止的空间之中。

2. 虚空可以透过实物的表面渗透下去

任何物体不管有多么坚固，
其实能看到的实体的躯干却少得可怜。
在岩石铸成的洞穴之中，
水以液体的形式逐滴渗出，
仿佛岩石在哭泣一般流出大滴的泪珠。
食物会在每一个生命体内找到自己的出路。
树木在不断地长大，
结出应季的果实。
树根汲取着营养，
渗透到树干和树枝的每一处。
各种杂音穿透墙壁，
传入了门窗紧闭的房间里，
强劲的冷空气渗入骨髓。
若不是因为空间里有缝隙存在，
那这一切就不会发生，
你也看不到这一切是通过何种方式进行的。

3. 同样体积的物体重量不同

为什么在两个物体相比较时，
一个并没有在重量上大于另一个，
但是它的体积却更大？
如果一团棉花中，
有着和它一样大的一块铅，

如果物体受力时会让所有的东西向下坠去，
那么两个东西会同样重。
但从另一个方面来看，
大自然的虚空就等于没有重量。
两个一样大的东西，质量上更轻，
这告诉我们，
这个物体有着更多的虚空；
而更重的东西则有更多的实质存在，
那么便有更少的虚空在其中。
因此我们也许能够确定，
我们一直在寻找的逻辑，
是存在的，
存在于物质中，
我们将其称作虚空。
在此我想说，
有些不作数的幻想会让你远离真理，
让人走向歧途，
我必须对其进行制止。
有鳞片的鱼类在水中前行，
水便给其让路，为其开道，
因为鱼儿游过之后就会留下空隙。
而水也会紧随其后，将这空隙填补。
尽管所有的一切都是实体的，
但其他物体也可以自由运动、改变位置，
这其实是因为人类相信了错误的逻辑。
我想说：
这些鱼类怎能前行呢？
除非水里有空间，

运动可以离开虚空而存在的理论是假的

1. 万物怎么可能离开空间而保持运动

否则这些鱼儿怎么可能前行?
再说,
要是鱼儿无法前行,
水又如何能给出多余的空间?
又或者我们要否认每个物体的移动,
或者要承认虚空中还掺杂着其他的东西,
每一个物体都能够感受到其运动的开端。
最后,两个宽阔的物体相撞便很快彼此跳开,
那一定需要空气挤满整个虚空,占满两个物体之间。
两者快速相撞,
2. 有某个瞬间,虚空存在于两个连接的物体中间
之间的气流当下便加速起来。
但这一瞬间并不能使空隙被填满,
在这之前,
需要气流使每一个空间都得到填充,
最终使整个空间都充盈起来。
要是你认为,
物体之间有空隙是空气的凝缩造成,
那就是误入歧途了。
那种情况下,
关于空气凝缩的错误理论
空隙的存在并不是你想的那样,
那时的空气也并不是凝缩好的,
空气的凝缩是无法离开虚空存在的
又或者在虚空不存在时,
空气可以聚在一起,
凝缩到一块去,
我也相信这是可以的。
虽然你面前有如此之多的证据,
你至少还需要承认,
知识的增长
物体中是有虚空的。

除了列举大量的实例外，
我可以提供更多的证明。
这些微不足道的注释，
已经足够锐利的大脑使用：
通过这些你就可辨识剩下的内容。
猎犬通过嗅闻辨识野生动物留在落叶下的痕迹，
一旦嗅到蛛丝马迹，
就开始漫山奔跑，
找寻猎物。
而你也会像这样，
去追寻一个又一个的事物，
只为了找到一条明路，
通往每一个秘密基地，
从那里找到真理。
如果你有所懈怠，
如果你有些退缩，
莫密乌斯，我可以向你保证：
甜美的话语将从我舌尖流出，
就像地底深处的泉水一样涌出，
这些甜美的甘泉承载着源自我心底深处的宝藏，
我怕对于这一个主题的所有证据，
从我的诗歌传进你耳朵之前，
流逝的岁月会顺着我们的手臂攀爬而上，
解开生命的枷锁。
但现在，让我们继续编写下去，
这是我的论述，
所有有关大自然和它自己本身，
都是建立在两个东西之上：

两个性质：物质及虚空

物质与虚空。
大自然是它们安家的地方，
这两者在自然中移动着，
有时在这边，有时在那边。
由万物间的相似性可以得知，
物质是存在的；
除非这样的信念是我们心底所坚信的，
能够说服我们，
否则我们便无法依赖任何隐藏起的事情，
这样就可以用思维的逻辑来证明这些不存在的事情。
接着，
若是没有空间和空无一物的地方，
也就是我们称作虚空之处，
就没有物质可以存在的地方，
也就没有物质可以沿着方向来回移动的地方；
就像刚刚我在上面讲过的内容一样。
除此之外，
就无法发现那些称作可以离开物质，
或者可以与虚空分离的东西了，
也就是称为自然界第三种存在的东西。

没有第三种性质

因为无论是什么，
只要它存在，
那就必须有内涵之物在其中，

1. 触摸可以体现物质的轮廓，虚空就不复存在了

需要能被人触摸，
不论这东西有多小，有多轻，
一定会或多或少增加物体的总量，
若是它真的存在，
那定会让总量有所增加。

若是因为它没有在物体中存在，
或者因为它也没有在物体中经过，
而无法触摸，
那便是我们称作虚空的东西了。
或者，
任何以自身存在而存在的，
必会有所行动，
或者承受别物的施动。
又或者自身具有这样的性质，
可以让别物在运动中存在。

2. 物体有所反应或有所行动，虚空是行动的实施地

没有任何东西可以在非物质的前提下运动或承受动作，
也没有任何非物质可以提供一个空间，
除非它本身就是虚空或者一个空旷的场地。
除了虚空与物质之外，
自然界不存在如上所述的第三种的自然，
第三种的自然既不在我们的感官范围内，
也不会出现在我们思维的逻辑中。

特性与偶然

在所有拥有名字的事物中，
你会发现，它是相关联的两者的特性，
或者是两者偶然间的产物。
特性是无法从一个物体中割裂而来，
与此同时不会让这个物体产生致命解体的。
例如：
石头和其重量的关系，
火焰和热度的关系，
水和湿度的关系，
物质和触感的关系，

以及虚空和无形的关系。
另一方面，
奴役、贫穷、富有、自由、战争、和谐，
以及其他在自然界中来来去去，
但却无法撼动的东西，
这些我们习以为常的事物，
根据其本质，
我们称其为偶然产物。

时间并非单独存在，而是万物产生的偶然

时间并非独立存在，
而是我们通过实际存在的东西进而产生的一种感觉，
什么是发生在过去的，
什么是当下的，
什么是之后会发生的。
人们认为，
时间本身不能脱离物质的运动与静止。

对往事的一些错误论述

再者，
当有人说到廷达瑞俄斯的女儿被人劫掠，
或者特洛伊被围劫是事物的一种，
那便要警醒了，
这些人也许不会强迫我们承认，
这些事物本身是存在的，
仅仅因为人类中的那些种族，
早已被流逝的岁月一起带走，
对于他们来说，
这就是偶然的产物。
有的可以说是发生在这个国家的偶然产物，
有的可以说是发生在空间里的某个区域内的偶然产物。

加之，如果没有物质，
没有可供事物运行的地方或者空间，
那么爱的妒火便不会因海伦的美貌而燃烧，
那么弗里吉亚的亚历山大心底深处的怒火，
便不会在那次野蛮的战争中被点燃，
那么特洛伊的木马之战时，
希腊的勇士们就不会从木马中涌出，
便不会燃起柏加曼的熊熊烈火。
因此，你便能从头到尾看清每一个事件，
它们是不存在的，
不是像物质一般独立存在，
也不像我们对虚空的描述一般，
更情愿称之为偶然产物，
是一个物质和所有物质运动的空间。
物质是事物的根基，
也是根基间相结合而产生的一种东西。
事物真正的根基是任何力量都不能浇灭的；
最终，它们坚实的躯体都会占据优势。
即使很难相信，
在事物当中能够找到有实体的部分。
雷声会穿过墙壁坚固的房子，
同样地，叫喊声与哭泣声也可以；
在火焰中，铁会变得又红又烫，
石头在烈火中得到淬炼，
最后化为碎片；
再坚固的金子也会在高温下变得柔软，
黄铜发出火焰再而熔化，
最后结成固定的形状；

1. 尚且存在的偶然事件；2. 没有物质和空间，它们也许不会发生

颗粒最终都是坚实且永恒的原子

如果将露水倒入杯中，
不论是温暖还是寒冷，
都会穿透我们手中握着的银杯让我们感受到，
由此可见，我们没法找到坚实存在的东西。
因为真实的逻辑和事物的本性限制着我们，
我用这仅有的几句是来揭露，
事物如何凭借坚实永存的躯体而存在，
所以请留心听，
我所呈现的是事物的种子与它们的始源，
除此之外，一切的总和皆由它来创造。

证明。1. 虚空和物体都是互相排斥的

首先，既然我们发现了自然中事物可以分成两个，
且两者都大不相同，
即物体和物体发生运动的空间，
每个都必定是独立的，且不能相互混合。
空间里若空无一物，
我们便称其为虚空，
物体不在其中；
物体有自己的位置，
那个位置不能是虚空的。

2. 物体必须要紧紧依附于虚空

因此原始物体是坚实的，
并且与虚空无关。
既然创造物中有虚空的存在，
那么坚实的物体就必须处处存在，
除非你承认事物本身是坚实的，
否则所有遵循真实逻辑的事物，
都会隐藏它实物体内的虚空，
或者将其保留在其中。
事到如今，

能将虚空保留在其中的，
就只剩下物质的联合。
而物质本身存在于坚实的事物里，
并且可以在其他一切都被分解之后，
依旧永存于世。
若是没有虚空，
那一切都会是坚实的。
除非从另一个角度看，
有物体来填充它们所运动的地方，
那么整个宇宙就会是一个空无一物的虚空了。
而说到物体，
我们或许可以确定，
既然没有一个世界是确确实实被填满，
或确确实实是虚空的，
所以物体会在虚空中被标记区分。
因此只有物体才能够主导一切，
比如能够把虚空与充实区分开来。
正如我在上面所说的，
这些物体既不能从外部将其打碎，
也不能从内部将其刺穿，
也不能通过任何方式攻击它，
任它颠覆其本身。
很明显，
没有东西可以脱离虚空之后还能被击垮，
没有东西可以脱离虚空之后还能被破坏，
没有东西可以脱离虚空之后，
还会在水火不容的状态下被一分为二，
或者将水汽吸入体内，散播寒冷或者刺透火焰，

3. 物体可以用来区别完满和虚空

这些物体不能被破坏，因此它们是永恒的

这样一来，所有的东西都会归于完结。
物体包含的虚空越多，
就越会从内部被瓦解，从而被颠覆。
因此，事物的本源是坚实的，是脱离虚空的。
正如我所知道的，
它们必定是永恒的。

4. 否则万物都已毁坏

如果事物无法永恒存在，
那么这一切都终将化为乌有。
但是正如我上面所说，
没有事物可以从无中来，
或者可以变成无，
万物始源需要一个不死之身，
这样在生命尽头的时候就可以被分解，
便有足够的物质来更新事物。
因此，物体的始源具有单一性，
否则它们便不能在无尽的时间里，
在事物的不断更新中，
被很好地保存起来。

5. 如果没有一个可以作为分界点的界限，那么事物不能在一定的季节成熟，事物的解体就无法进行修复了

再者，
如果每样东西都不被设限，
使其可以永无止境地被粉碎掉，
那么作为物质的一个部分，
一定会因为经年累月的破坏，
成为今天这个残破不堪的样子，
在一定的时间里，
事物内部就不再有任何的东西了，
并且已经达到了其生命的顶峰。
对于我们来说，

相比组装在一起的东西，
破坏都显得更加简单，
那些漫长的无数日子里，
所有的时间都已经流逝，
那些迄今为止无序的，
已被分解的东西，
在尚遗留下来的所有时间里，
就永远无法被再造起来补充这个世界。
破坏一个东西都是有界限的，
我们也许可以确定，
在我们看到每个东西被组装起来前，
这个界限便已指定好。
同样地，
对于所有的物种来说，
每个不同的种类都有它自己相对应的固定季节，
在这个固定的季节里，
这个物种便会开出生命的花朵。
当然，也有物体的始源并非那样坚实，
那么我们认为，
那些柔软的东西，如空气、
水、土地、火，是如何产生的，
是什么力量使它们变成了这样，
正是因为事物本身存在的虚空所致。
但是另一方面，
如果万物的始源是柔软的，
那就无法创造出打火石和铁这样的东西；
因为所有的东西本身缺乏最初的根基。
但也有物体坚守着它们坚实的单一性，

6. 坚实的物体和虚空可以创造出柔软的东西，如果不是这样便不可能

由于它们更加紧密地统一与结合，
所有的一切才能被牢牢固定在一起。

7. 如果没有原子，事物本身就一定是永恒的，这种说法明显是不正确的

如果不给事物被破坏设限，
那就要承认所有的东西都曾经历了永恒，
从而保留至今，
仿佛从未经受过危险的打击。
但是这些物体的本性就很脆弱，
那便难以和这样的事实相符合，
在经历如此之长时间的打击后而保存了下来。

8. 永恒的原子证明了物种的不变

既然所有事物的生长和生命的维持都有一个界限，
大自然也进行了这样的规定，
比如什么能做，什么不能做，
既然没有任何事物发生过改变，
一切的事情都有自己的定律，
像鸟儿有自己的分类，
在它们的身体上有自己的标志，
那么它们必定都有着一个一成不变的躯体。
事物的始源都有可能被以任何方式摧毁，
也有可能会被改变，
可无法确定会变成什么，
不会变成什么，
每个东西的能力范围是什么，
以及最为长久的界限在哪里，
一种物种生生世世繁衍，
但却不能重复其天性、习惯、生活方式和行为方式。

9. 根据可察觉到的事物的极限，以此类比证明原子坚实的单一性

既然每个物体有极限点，
（在此指某个躯干上能看到的最小的点，以此类推，就一定会存在一个最小的点）

这个点在每个物体上都存在，
而我们的感官却无法察觉它；
我们也许可以确定，
这个点可以脱离部分而存在，
并且是自然界中最小的部分，
它也无法从其自身脱离，
因为这个点本身也是其他部分的组成，
并且是其他部分最初的那一部分。
其他相似的部分和它有序地排列在一起，
组成了大自然的始源，
由于不能独立存在，
则其必须要紧紧依靠在其他不能离开的东西上。
事物的始源需要其坚实的单一性；
因为它们以极高的密度紧紧贴在一起。
永远不要将这些事物脱离其原有的组合存在，
但其单一性却可以永久存在，
能够让事物的本性像一颗种子一样，
得到充足的保护，
不让其受到任何破坏和损伤，
又或者被移走。
即使是最小的部分，
也会有部分是无限的，
就算是一半的一半，
还是会有属于其自己的一半，
否则万物都将有一个限制了。
事物的总和与事物最小的部分有什么区别呢？
两者之间是没有区别的。
无论完整的总和是如何的无限，

10. 除非有一个“最小的部分”，否则不论是宇宙还是极小的东西，都会是相等的

最小的部分也会有同样的无限部分，
真正的逻辑在此提出了反对意见，
并且否认思想会认同这一观点，
你必须要克服并且承认，
有很多事物并不包含任何部分，
这就是自然的最小限度，
由于有这样的东西存在，
你所拥有的始源就一定是坚实且永恒的。

11. 若是把最小的部分拆解开，便不能产生事物了

如果大自然这神圣的创物主，
已经习惯于将所有的东西都分解成它们最小的部分，
那么她便不能更新事物了，
那些不能通过任何部分来扩展自己的事物，
注定不具备创造实质的力量：
多样联结事物的力量，
重量、冲击力、相互力、运动的力量等。

错误理论，认为一种元素是最初的物质。赫拉克利特的火的理论

那些认为火是万物之源的人，
认为所有一切都仅仅由火组成，
被认为偏离了真正的逻辑，且偏离得很远。
赫拉克利特领导着大家进行了争论，
他以这些晦涩难懂的话语赢得了声誉。
这声誉在脑袋空洞的希腊人中传播，
却无法让那些人的头脑清醒，
追寻真理的希腊人获得了赞誉。
而愚人更会赞美，
更会热爱这隐藏起来的扭曲的话语。
在愚人看来，
这些可以让他们的耳朵得以愉悦，
可以发出动人的声音，

便是真理。
而我渴望知道若仅仅由火来创造万物，
那么事情为何充满了多样性？
火并不能浓缩成火焰，也并不会变成稀疏的火苗，
那么这便是毫无益处的。
若是火有部分还保留着，
那么火焰便会更盛，
紧接着却会略显微弱，
之后就是稀疏的火苗，
再之后便是微弱的火光。
但除此之外，
没有任何东西可以从中产生，
不论是浓缩的火焰，
还是稀疏的火苗，
都无法产生事物的多样性。
与此相同，
如果他们认为事物中有虚空的存在，
那么火必将是有能力变成浓缩的火焰，
也会有能力变成稀疏的火苗。
但是他们看到了很多的事物使其挫败，
正因为他们看到许多东西在阻挠着他们，
却依旧保持着平和，
不允许事物之中有虚空的存在，
在他们恐惧的同时，
也就失去了真正的轨迹，
也不会再意识到，
如果将事物中的虚空移除出去，
那么万物也将被浓缩。

1. 这无法说明事物的多样性

2. 他们否认了虚空，因此便反驳了自己的理论

所有的事物就会形成一个物体，
无法飞速地抛出任何东西，
如火向周围产生光和热，
你也许会发现，
这并不像人们想象中那样有着紧密的关系。
3. 火焰永远地变为其他的事物，则意味着永久性的毁灭
也许他们认为，
火会通过另一种方法，
在自己与自己相结合的过程中熄灭，
或者改变它们的实质，
如果火不是这样的，
那么我们也许就能确定，
所有的热度都一定会变成无，
所有被创造出来的东西也会化为乌有。
一个事物的改变，
以及消失都超出了它自己的限制，
这也就是我们之前所提到的死亡。
可见必须有某一种东西不受影响地存在着，
以免所有的事物都归于无，
而事物产生后所存储的一切，
又会再次从无中生出，
变得更加强壮。
真正的原子观
现在既然确实有某些最稳定的物体，
可以保持本性，
并且永不改变，
随着这些物体来来去去，
改变自身的顺序，
它们的本性和躯体也会发生改变，
这样你便能确定，

这些物体的本源并非火焰。
那么有些事物是否需要离开，
或者消失就变得毫无意义，
如果抛开所有事物都会保留热度这一本性，
那么其他事物就可以增加，
或者有序地改变。
不论它们创造了什么，
都只不过是火而已。
我相信，
这就是真理；
有一些特定的物质，
它们之间的相遇，
运动、顺序、位置和形状造就了火，
当它们的顺序改变了，
它们的本性就改变了，
这样产生的东西就不像火，
也不像其他任何的东西，
这样我们便要发挥我们的感官，
结合我们对物质的触感，
再进行判断。
再者，若说火就是一切，
除了火，
没有其他真实的东西可以构成万物，
如同赫拉克利特所说，
这简直就是胡说八道。
他在用感官来和自己的感官做对比，
并且低估了那些他所信仰的，
他所称之为火的东西。

4. 赫拉克利特驳斥感官说

他认为，
感官可以明确火的存在，
但是无法明确其他所有的事物，
很明显这是不明智的。
在我看来，这是愚蠢且令人愤怒的。
我们又能向谁申诉呢?
还有什么能比我们的感官更可靠呢，
借之可以将真理和错误分开?

5. 为什么选择火

除此之外，
为什么会有人否定一切事物，
不去否定火的存在，
仅仅将热度作为本质，
同时认为有其他本质的存在，
这两种说法简直同样疯狂。

其他的元素都是最原始的物质

那些认为火是万物根基的人，
认为一切都建立在火之上，
认为空气是万物的始源，
或者认为水本身组成物体，
或者土地创造万物，
并且给予万物其本质的人，
似乎极大偏离了真理。

或者是两个元素的结合，或者四个元素的结合

这些人认为事物的始源有两种，
空气与火相叠，
或者土地与水相叠，
还有人认为万物的始源是四者相叠，
他们将空气、火、土地与水相叠，
还有人认为万物可以脱离，
火、土、风和水而成长。

首先就是阿克拉噶斯的恩培多克勒； 恩培多克勒
出生在三角形的岛屿之上，
岛的周围是爱奥尼亚的海水，
四周都是蜿蜒的入口，
海水带来灰绿色的浪花，
激流不断向前，
从意大利的海岸一路流向岛屿的边界。
这里就是那危险的卡律布狄斯旋涡，
埃特纳的山峰发出轰鸣，
发出威胁般的火焰，
是它嚣张的怒火，
其用尽全力从喉咙喷射出火焰，
再一次，向天空抛出它愤怒的光芒。
这神圣的岛屿在部落人的眼中，
是那样的巨大宏伟，
拥有一切美好的东西，
拥有着人类的典范楷模，
这里似乎没有什么比这个人更伟大，
更神圣，
更出色，
更受人喜爱。
不，他那如同上帝般的心唱起了歌，
说着那些散发着光芒的发现，
这样的他看起来仿佛不是一个凡人。
但是他以及之前提到的那些人， 恩培多克勒及其学派的错误
那些人和他相比弱得多，
那些人连他都比不上，
他们给出的答案像是心中的圣坛，

显露着更加神圣的智慧，
胜于女祭司皮提亚站在圣坛上，
向人们宣告阿波罗的桂冠和三脚祭坛所发出的神谕，
但关于万物始源的讨论仍旧让人悲伤：
伟大如他们，
一旦失败也就更加沉重。

1. 他们否认虚空

首先，因为他们将万物的虚空夺走，
但又让万物继续运动，
让其变得柔软和稀松，
比如空气、日光、火、土、野兽和庄稼，
它们的体内没有虚空存在。

2. 他们对于可分性没有极限

其次，
他们认为可以不断地把万物分割成越来越小的物质。
当我们看到每个东西都有一个极限点，
并且在其断离的部分没有一个中间过渡，
也没有最小界限的东西。
但当我们看到每个东西的极限点，
对于我们的感官来说是最小的东西，
由此可以从物体的极限点中推断出，
无法看到的最小部分。

3. 他们的元素是柔软的

紧接着，
既然事物的始源应该是柔软的，
我们看到的这些东西是生长出的，
且这些东西是有生命有尽头的，
那么事物的总和一定会紧接着变成无，
事物所储存的东西一定会再生，
然后从无中变得强大。
那么将明白这样的理论距离真理有多远。

再者，事物在很多方面都是对立的，
相互毒害的，
因此当它们相遇，
就会将对方毁掉，
或者分离，
就像我们看到风暴聚集时，
紧接着就是打雷，
下雨，
然后风将其吹散。

4. 这些元素之间相互有害

另外，如果这四个元素可以创造万物，
并且万物可以分解成这四种元素，
那么为什么它们被叫作万物的始源，
而不是反过来，
称之为万物是这四个元素的始源？
因为这两方面是轮流产生的，
随着时间的流逝，
不断变换面貌和本性。

5. 为什么不称这些元素为始源

如果你认为，
火、土、空气和露水作为一个整体，
没有因为结合在一起，
而改变自己的本性，
你将看到，
没有一个东西或一个活物，
是它们所创造，
也没有一个死气沉沉的物由它们所创造，
比如一棵树。
确实，
在每个物所处的多种多样的混乱中，

6. 又或者，如果这些元素在一个复合物中不改变，它们又能创造什么呢

依旧有可以揭示其本性的东西存在，
能看到空气和土相融合在一起，
热气能够打破潮湿。
但始源在产生物时，
应给予一种潜藏的不可见的特性，
以免一些突出的外来因素，
搅乱和减损被创造的东西自己特有的存在。

7. 元素的流通性会破坏其永久性

确实，我们可以追溯到天上，
和天上的火种，
火种首先转换为天上的风，
紧接着变成雨，
雨水由土地创造，
所有的东西又会回到土地，
变成水汽，
然后是空气，
紧接着是热度，
从天到地的道路，
从土地到天空中的星星。
这些事物永远不会错过它们共有的变化。
但是万物的始源不应有如此的变化。
它们必须有一些部分是不可改变的，
这样才能免于所有的东西都归于无。
无论何时，
一个事物超出其本身限制的变化和消亡，
都会直接导致事物的死亡。
我们刚刚提到的东西已经超过了转变的阶段，
那么它们就必须要由其他的东西构成，
如果碰巧它们创造了火种，

当有些部分被移除，或者被添加，
那么它们的顺序和运动也会发生改变，
就像天空中的微风，
是否所有的东西都是会从一个变成另一个呢？
“但是，”你说，
“事实已然很清楚，所有的事物都是从土壤里长出，
生长于天空的微风中，生长、发育。
除非当时的季节正是繁盛的季节，
可以用雨水抚育它们成长，
这样在这倾盆大雨到来之前，
暴风雨便给出了预警，
树木脚下的石头也在颤抖，
太阳也会相应地宠爱着它们，
将阳光的热度播撒在它们的身上，
否则粮食作物、树木、生物，
没有任何事物可以生长。”
是的，
这就是真相。
除非我们的营养来自很干硬的食物，
以及柔软的水汽，
否则便会失去鲜活力，
所有的生命就会和肌肉以及骨头分离。
毫无疑问，
我们是由上面的这些事物养育着、滋养着，
额外要强调的是，
每个事物都可以发挥决定性作用。
是的，我们也许可以确定，
很多东西在事物当中的始源，

8.发育过程中出现的四种元素所产生的论据

正确原子学说的解释

在大部分的情况下都相同，
这样，
多种多样的事物便会依靠多种多样的食物而发育成长。
更为重要的是，
随着其他的始源在某种位置，
给予或者给出的共同运动，
被紧密联结在一起。
比如共同组成了天空、海洋、土地、河流、太阳，
也同样组成了粮食作物、树木、生物，
但只有不同的事物，
才会以不同的方式移动。
诚如在我的这些诗句中，
你会看到很多单词用了共同的字母，
你需要承认每句诗和每个字，
在意思上和发出的声响上是不同的。
单单由于它们字母顺序的变化，
而产生了极大的能量。
但是万物的始源也可以由更多的方式构成，
通过这种方式便能产生多种多样的事物。

阿那克萨戈拉的“种子”

现在让我们去探究一下阿那克萨戈拉的“种子”，
这是希腊人的叫法，
对于这个单词，
我们是无法给出一个合适的名字的；
虽然事物本身是很难用语言表达的。
首先，什么叫作事物的种子？
你一定要知道，
他认为骨头是由非常小，
非常袖珍的骨头组成，

肉体是由很小很袖珍的肉体组成，
血液是由无数滴鲜血融合在一起而成，
金子也是由无数颗金粒而构成，
土地是由很小的土粒组成，
火是由火苗组成，
水是由水滴组成，
在他的想象当中，
其他的一切也是这样的构成方式。
他不承认物中有虚空。 1. 他否认虚空
他也不承认物体的分割应该有一个界限。 2. 他未给可分性设限
因此，在这一点上，他似乎是错的，
并且他的错并不比我之前提到过的人少。
他所描绘的始源太过脆弱： 3. 他的第一个原子粒是柔软的
如果如他所说，
现存的这些和许多东西本性相同，
受过差不多的苦难，
最后都消失灭亡，
那么就没有任何东西能在其分解后回归。
其中有谁能抗击住重压，
来逃避因解构而带来的死亡？
火焰还是水汽？或者是微风？
是哪一种呢？
是血吗？还是骨头？
都不是，我想，当所有相似的东西混合在一起，
就像我们之前亲眼所见的一样，
会因暴力而被毁灭或者消失。
但是这些东西不会变成无，
没有什么东西可以从无中生长。

4. 他无法说明改变

此外，既然食物能够喂养躯体，
你就应该知道我们的肌肉、血液和骨头也是如此
（它们由不同种类的粒子构成），
也许他们会说，
所有的食物都是混合的实体，
在这个小小的实体中，
包含着肌肉、骨头，
还有血管和一定比例的血粒子。
那么就要认定所有的食物，
不论是固体还是液体，
都包含着不同种类的东西，
骨头、肌肉、精液*和血液都融合在一起。
再者，如果所有的事物都是从土地里长出的，
那么土地一定是由种类不同的事物复合构成，
这些事物会从土地里长出。
若将论据换到另一个领域，
你还可以用同样的语言描述。
如果火焰、烟与灰烬潜伏在木柴中，
那这根木柴就由不同种类的事物复合形成。
另外，由土地滋养的这些物，
会长成不同种类的事物，
（不同种类的事物就应该从土壤中长出。因此那些由木柴中长出的东西，也是被滋养着的。）
这些事物终将脱离木柴而成长。

阿那克萨戈拉的逃避：所有的事物包含在所有的事物中

仅存在一点机会，
可以逃离正义与真理，
阿那克萨戈拉就抓住了这样的机会，

* 血液中最重要的部分。

他认为一切都在混沌当中，
一切隐藏的东西都在混沌当中，
但是有一件事十分明确，
在那些混沌的部分，
有一些可以看到和位于前面的东西，
是有位置驻扎的。
但是这离真正的逻辑与真理还是相当远的。
如果真是这样，
那么谷物也应如此，
当被巨石碾过时，
就应该发出一些像流血一样的信号，
或者是那些在我们的体内被滋养过的东西，
我们应该将这些信号剐蹭在石头上，
石块之间也会有鲜血流出。
同样的情况也适用于草料，
草料应该滴出乳汁一样，
甜蜜至极的汁水，
这常常会在土地的草皮被碾碎时发生，
草地和农作物，或树叶都以非常小的形式隐藏了起来，
散落在土地里，
木柴中可以看到尘土和烟灰，
当它们断掉时，
就能看到期间隐藏的火焰。
既然事实已经明确显示，
这些事物当中无一消亡，
你也许应该确信事物并不会与其他事物混合在一起，
但是许多事物所共有的种子却会在物中以不一样的方式隐藏。

要是这样，那么它们便应该出现

由森林大火得出的论证

“在高大的山间这样的事情时常发生，”你说道，
“高大的树木顶端相互挨着，摩擦着，
强劲的风限制着它们的存在，
直到最后火焰聚集在一起，
像花开一样地燃烧着，
它们便发出熊熊闪耀的火光。”
你必须要清楚，
这些火并非直接生长在树木当中，
但是却有很多带着热度的种子，
通过摩擦汇聚在一起，
便生出了森林中的大火。
但是如果火焰被森林隐藏住了，
这样一来，
一旦火苗暴露在外，
那么整片森林都将毁于一旦，
所有的树木都将化为灰烬。

真正的原子说的解释

难道你还不明白，
正如我刚刚上面所说的这些，
重要的是，
它们的始源与其他物质始源在什么位置结合在一起，
同时，
它们共同给予或者取得了什么样的运动，
同样，
彼此间稍加改变，
是否会创造火焰或者发出光热？
即便是单词本身也是由一个个字母构成，
只因彼此间字母稍加改变而发音不同，
比如“火光”和“火焰”。

再者， 归谬法
如果你认为，
你所描述的一切都是可以清楚看到的东西，
其实是不存在的。
那你必须要假设，
物质的始源被赋予了一个完整的特性。
通过这样的逻辑，
你会发现，
万物的始源消失了。
这样的发现，
一定会让你喜悦大笑，
笑到颤抖流泪，
让咸涩的泪水打湿脸庞。
现在，让我们来看看其他的见解， 卢克莱修的使命
请听清楚些。
我深知这些方法有多么晦涩；
但对于荣誉的巨大期望深深震撼了我的心脏，
就像用尖头的酒神之杖戳我的心房，
一旦穿透我的胸膛，
缪斯那甜美的爱情就会激励我的大脑，
让我漫游于皮厄里得斯那遥远的仙境之地，
那不曾有人踏足的地方。
我可以满怀喜悦，
在那里喝到未曾有人触碰的泉水，
满怀喜悦采摘那里的花朵。
文艺女神未曾来过这里，
也从未采摘花朵，编织成花环，
戴在任何人类的头上。

我要用采摘的花，
为自己编织有着一定荣誉的冠冕。
首先，我所传授的东西都是极为重要的，
能够让人类的思维快速从宗教的束缚中解脱出来，
其次，就算主题如此灰暗，
我却能写出如此光明的诗歌，
在诗歌中能够展现所有缪斯赐予的风采。
这，并不是没有好的理由；
但是就算是一个治愈别人的医者，
当他们写下处方，
把令人恶心的苦艾拿去给孩子吃时，
也会在杯子的四周涂满蜜糖。
孩子们就这样上当受骗，
喝下了这些苦艾，
虽然是被愚弄了，
但是却没有受到任何的伤害，
反而通过这样的方式重获健康；
所以现在，
因为这套哲学对于那些从未有所了解的人来说，
显得过于苦涩，
大家都会退避三舍，
我决定用缪斯的喉舌，
以诗歌的形式将这一切诉说，
这诗里包含着令人愉悦的蜜糖。
如果这个方法可以让我把你们的心神都停留在我的诗上，
你就能够看到万物的全部本性，
就能看到本性的形状和体态。

无限性的问题

既然我已经说过，
最坚实的物体是到处飞翔的，
就算历经了再久的时间也不会被征服，
那么现在，
就让我来替你揭露，
物体的总和究竟是否有一个特定的界限。

事物的总和没有界限

就像我们之前发现的虚空、场所，或者空间，
所有的事物在其中运行，
我们就需要探究清楚，
虚空到底是不是所有东西联结而成的，
或者是否是向各个方向没有界限地延伸，
是不是深不可测，毫无止境。

(1) 宇宙是无限的：1. 因为它没有界限点

整个宇宙在前进的道路上不曾受限，
不论朝着哪个方向都不曾受限；
如果有限制，
那么就会有一个极限点。
现在看来，
没有什么东西会有极点，
除非更远处还存在什么，
还能来限制它——
因此会看到一个更远的点，
这个点便是我们的感官也无法追寻的点。
既然我们必须要承认，
在总和之外没有外物，
不存在一个极限点，
这样就会缺乏束缚和界限。
不论你站在任何地方，
都没有关系，

这是事实，
一个人无论站在什么样的地方，
在他周围都是无限的宇宙。

2. 飞矛实验

再者，
假设现在所有的空间都是有限的，
如果有人跑到终点处，
向很远的边界投射一支飞矛，
你认为这支用力投射的飞矛，
会向目标点远远飞去，
还是认为它会在中途遇到阻碍，
之后再弹射回来？
两者之间你必须承认并且选择一个。
不论你选择哪个，
都意味着你无法逃避，
而且你也必须要承认，
宇宙可以四处延展并且没有界限。
不论你是否认为有一些东西可以阻止它，
让它不能飞速达到自己的目标，
或者你认为它可以继续加速飞去，
这些说法都只能说明飞矛并非从终点发出。
这样一来，我将继续发问，
不论你将终点定在什么地方，
我都会询问这个飞矛的结局。
那么结果将会是，
没有什么地方会成为世界的终点，
向前继续飞的话便能延长飞行的机会。

3. 充满感知的世界，没什么东西可以限制它

此外，我们能够看到，
一个物限制了另一个物，

空气就像一堵墙一样隔在两座山中间，
山又围住了空气，
土地限制着大海，
大海也限制着土地；
但对于真实的宇宙，
没有什么东西可以在外面限制它。
如果宇宙的全部空间，
被限定在一定的边界之内，
四面八方都有着界限，
那么世界的全部物质，
就会由于坚实的重量，
从而从四面八方汇合，
流向世界的底部，
也就没有什么能在天空下发生，
或者就不会有太阳发出亮光，
真的，全部的物质都会堆积在一起，
经过无限的时间而沉积下来。
但现在，我们可以确定，
事物始源的实体，
缺少一个底部，
可以让它们从四面八方聚过来，
沉积在底部，
并且成为它们栖息的地方。
所有的东西都处在没有止境的运动中，
一直从四面八方，
甚至从底部的深渊涌来。
即使是闪亮的雷电，
它们的到来也无法完全穿透，

（2）空间是无限的：否则物质就会沉积在底部

这些雷电穿过永无止境的时间，
但也无法缩短它们在旅程中的路程；
目前为止，
这么多的空间都在向四面八方延伸，
每个方向都没有限制。

（3）物质的无限性：否则事物将不能延续，或者甚至不能被创造

此外，
大自然能够规定万物的总和，
却没有办法为自己设限，
因为她强迫虚空限制了实体，
而虚空也被物质的实体所限制，
因此她通过不断的交换，
达到了宇宙的无限性，
至少是两者中的一个，
如果实体和虚空中有一个不受限制，
那么到底宇宙能延伸多长就无法测量。

(但是我在前面说过，空间是可以无限地延伸的；所以如果物质的总量是有限的话，)

不论是大海、土地，
还是天空中闪耀的银河，
还是肉体凡胎，
或是神明的神圣之躯，
都不能短暂地保持自己的存在。
要将物质从其原来的地方分开，
就需要在一个极大的虚空中完成所有的分解，
而不是如同真实的情况，
所有的东西一起生长，
然后诞生其他任何东西，
因为被分裂的物质是无法相遇的。

其实，事物的始源并非提早有预谋，
它们将自己按照顺序，
妥善安置在应有的地方，
它们也不会订立一个契约，
来决定到底每一步运动应该什么时候开始，
但由于它们当中，有很多事物通过不同方式，
在世界中移动，
被驱赶，被追逐，
尝试着各种各样的运动和联合，
在有限的时间里遭受连续的冲撞打击，
就这样，它们成就了这样的排列方式，
我们的世界就这样诞生了，
就这样凝合在一起。
在这么多年的循环后，
才被好好保存起来，
当其投入恰当的运动之后，
就会使河流向贪婪的大海流去，
用它众多的支流带去大量的流水，
大地，在太阳热度的滋养下，
再次产生出它的后代，
让一切生物变得生机勃勃，
天空中来回移动的火焰就能维持生命，
这些它们永远也做不来，
除非从无限的空间中，
物质源源不断地涌来，
那里是它们习惯的地方，
在一定的季节里可以焕然一新。
这就是生物的本性，

我们的世界不是由预想而形成的，而是通过原子的偶然运动所形成的

或是被夺去食物，
失去它的躯体，日渐消瘦时，
所有的事物都需要分解，
一旦物质的供应出现短缺，
就会偏离其应有的轨道。

世界的留存是由于外界的撞击

来自外界四面八方而来的撞击，
都无法让整体中的每一个已经集结的世界，
继续坚守在一起。
如果再次给予撞击，
它们当然能够维持某一个部分，
直到其他的到来以补充总量，
那么总量的供应便是有效的。
然而有时它们会被禁止再次相互联系，
一旦给予它们空间和时间，
让它们奔向万物的本源，
那么它们便可以从结合体中自由远去。

物质无限性的必要性

因此，这再次说明，
必须要有很多东西作为供应源头，
为了使撞击不失败，
还需要四面八方都能够有无限的力量。

斯多葛学派的错误理论：世界是由向心力维系在一起

莫密乌斯，
你可千万不要相信某些说法：
所有的东西都向中心涌去，
成为总和，
而正是因为这个原因，
才造就了世界如此坚实的本性，
并且不需要任何外来的撞击，
不论是上面还是下面，

都不会向任何方向散开，
因为万物都被迫压向了中心的位置，
（如果你确实相信万物可以自我支撑。）
所有土地下的重物都朝上迫进，
剩下的都是头脚倒置，
如同我们看到的水中倒影。
通过同样的方式，
它们保留了下来，
所有生物都是头脚倒置地行走着，
但他们不会从大地掉下去，
掉进下面的天空，
就像我们的身体，
不会不由自主向天上飞去一样：
当它们能够看见太阳，
我们也能看到夜晚的星星，
当它们向我们轮流展现天的各个时辰，
它们所过的夜晚等于是我们的白天。
但是空洞的谬误将这些幻想给予了愚人，
因为他们怀揣的是歪曲的逻辑。
中心是不能有的，
因为宇宙被创造出来是无限的。
就算有一个中心，
任何东西也不会在中心停留，
也不会由于别的原因而被驱逐走：
不论是场所也好，空间也罢，
我们称其为虚空，
需要经过中心，
或者不经过中心，

这理论是极度荒谬的

来给有重量的躯体让路，
不论它们的运动倾向于哪一个地方，
也不会有一个地点，
当物体到达那里之后，
它们可以由于自身的重量而失去一定的力，
而是能够停留在这虚空之中；
虚空无法支撑任何东西，
但是却能够按照本性的指引让出一条路来。
物与物不能这样维系在一起，
好像被中心的渴求所强迫一样。

矛盾：因为不是所有东西都趋向于中心

并非所有的东西都向中心聚拢，
只能那些土和水，
海水和从高山上倾泻而下的水浪，
以及那些现在和曾经都包藏在土地里的东西；
但另一方面，
他们让空气中的微风，
还有炎热的火焰同样都被从中心带走，
由于这样的原因，
整个天空都闪烁着星星，
太阳从蓝天中汲取养分，发出光芒，
从中心逃离的火焰都聚集在此；
顶端的树枝无法变得枝繁叶茂，
除非能从土地中一点一点地获得食物与养分。

(大自然提供补给，它们的思维与其本身并不能和谐统一。物质必定是永恒的。)

如果没有永恒的物质，那么世界必将被毁坏

这些树木怕是像火焰一样，
突然间就飞离开世界的壁垒，
在广阔的虚空中分解，

人或者其他物种也将紧随其后，
雷电所在的天空也会裂开，
从上面掉落下来，
大地从我们的脚下快速地撤走，
在它和天的混沌中毁灭，
这样一来，
物体自身的框架就松散了，
在深深的虚空中流逝，
在这一刹那，
没有任何残余的东西会留下，
除了空荡的空间和无法得见的始源。
因为不论你认为在哪一方面物质的框架躯干最先解体，
那么，
那一方面就将是万物的死亡之门，
大量的物质就会冲散这扇大门。
你不用花费太多精力就将学到的知识， 知识的发展过程
由此而引领着你，
一件接一件，
事情会慢慢变得明晰，
漆黑的夜晚也无法阻碍你前进的道路，
你将看清所有的、
大自然所能呈现的、
最为真实的真理：
万物都会为别的事物点亮新的光芒。

卷 二

De Rerum Natura

序：哲学所到达的平静的高峰

当狂风卷起大海的波浪时，
我们站在远处的陆地上，
目睹其他人在远处拼命地挣扎，
这是多么令人愉悦的事情；
并不是因为其他人就应该遭受苦难，
而是因为我们清醒自己可以免于受灾。
远处的平原上是打仗的军队，
他们整齐划一排列在那里，
而我们却不在其中，
和危险相距甚远，
这是多么令人愉悦的事情。
但是我们身处平静的高原，
坚定地用智者的教诲来面对这四面楚歌，
同时看向下面的人们，
看到他们充满了迷茫，
四处徘徊，
努力寻求生命的道路，
他们相互比拼智慧，

或者攀比自己的出身，
日日夜夜地挣扎，
只为了爬到权力的顶峰，
或者得到更多的财富，
走上世界之巅。
这样比较来看，
我们是那样地幸运快乐。
啊，可怜虫的精神，
冥顽不灵的心啊！
在黑暗的生活中，
在可怕的危险中，
惶惶不可终日，度过苦短的年华。
你没听到大自然的大声哭诉吗， 大自然的需要
她不为自己求得任何东西，
却要痛苦不近己身，
只要能让疼痛远离自己就好。
因此，我们可以看到， 肉体方面
肉体上，我们所需的东西是极少的，
甚至减轻身体疼痛就好。
尽管有时他们用各种方式，
为我们准备奢侈享乐的东西，
但大自然本身也不会感觉到有所缺失。
如果大厅里没有黄金打造的孩童雕像，
雕像右手持着火把，
照亮举办宴会的夜晚，
如果房间里没有闪烁着光芒的银器，
或是发着微光的金器，
天花板也没有色彩夺目的镀金工艺，

来让鲁特琴的琴音得以回响，
人们和朋友们却还能躺在柔软的草地上逍遥，
临近河流，在高大的树荫下，
无须花费太多的钱财，
就可以开怀行乐，愉悦身心。
尤其在天气晴朗，阳光普照，
每年花开的季节，
草地上会布满点缀的花朵。
病热不会很快从身体消退，
如果你穿着紫袍在花毡上辗转反侧，
较之于躺在穷人的床榻之上。
如果我们的身体不能受益于尊贵的出身，
或者充满荣耀的王位，
我们必须要相信，
它们对我们的精神同样没有任何益处；

精神方面。尘世的力量与宗教的恐怖

除非，当你看到罗马军团涌进了练兵场，
模拟起战争，
双方都备有强大的储备力量，
以及精良的武器，
所有的一切都是为了打一场激烈的战争。
当你看到舰队在海面上集结，
被这样的阵势吓到惊慌失措，
宗教就会面如土色逃离你的大脑，
或者死亡的恐惧掏空了你的心脏，
从而远离畏惧。
但如果我们看到这全部的装腔作势，
其本质是人类的恐惧和担忧，
它们不会害怕军队或战争中的武器，

它们大胆地往来于世上的国王和君主之间，
它们不害怕闪烁的黄金，
它们也不害怕这些紫色长袍，
那个时候你还会再质疑吗？
质疑这些仅仅属于思想的力量，
这些是生命的挣扎，
尤其是黑暗中的挣扎吗？
正如孩童们在颤抖，
害怕一切与黑暗相关的事物，
我们有时会害怕，
害怕那些在白昼里的东西，
这种恐惧不会比孩子们颤抖着以为在黑暗中发生的东西更为可怕。
这种恐惧，
是思想的黑暗，
无法通过太阳闪耀的光芒驱散，
也无法通过白昼突现的光明驱散，
只能凭见外界的远见，
以及大自然内在的法则驱散。
现在，我将会展开讨论，
产生世界万物的物质是通过什么运动，
产生了这个多种多样的世界，
它们受到何种力量的约束而这样做，
以及什么样的速度，
让它们可以在广阔的虚空中运动：
还记得我告诉你的话吗？
其实物质并不会与其紧密结合的自身分裂开，
我们仔细观察，

宗教与哲学

原子的运动

连续生长与消亡的原因

便能看到这一切是如何衰退的，
在时间的长河中，
岁月的流逝使它们从我们的眼中溜走：
我们可以看到每个事物轻微的生长，
以及万物的悄然逝去，
宇宙还是和从前一样，
毫发无伤，不受丝毫影响。
离开了万物的物质，
都会使得后面离开万物的东西越来越少，
而附着在万物上的东西却在慢慢增多；
它们限制了之前不断生长的东西，
让其放慢衰退的速度。
这样一来，
所有的东西都在被不断地得到营养的滋补，
那些肉体凡胎就借着这永恒的相互给予和索取而活着。
有的民族变得强大了，
有的民族变得弱小了，
在这短短的时间和小小的空间里，
万物在不断地变化着，
活着的人和物也在不断更迭，
就像赛跑者手中握着的火炬一样。

原子不断地运动
及其两个原因

如果你认为，
万物的始源可以一直保持静止，
且在静止下，
还能产生新的运动，
那么你就远远地偏离了真理。
既然它们都在这虚空中游荡，
那么，

万物的始源需要通过自身的重量移动，
或由于外面的另一个始源的撞击而移动。
在快速的不断重复的运动中，
它们会与彼此相遇，
然后相互碰撞，
它们就会突然地跳开，各自后退，
这是因为它们坚实的躯体，
没有任何东西在其背后阻碍它们的运动。
此外，随着对物质了解得越来越多，
请记住，
整个宇宙不存在最低点，
也没有什么初始物体可以停止的地方，
因为，可靠的推理已经证实我所说的内容，
空间可以在没有束缚的环境下向四面八方散去，
并且会延伸出无法测量的长度和方向。
既然这些都是真实的，
所以，无疑在整个宇宙的虚空中，
初始物体不能够有任何宁息，
相反，它们会不断地进行着多样性的运动，
有时它们彼此冲撞在一起后就向后跳开，
有些会跳开很大的空间，
有些则已被撞出很小的距离，
那些被迫驱赶在一起的，
本来都是紧密相连于一起的，
都会向后弹开一段很小的距离，
并且彼此相互结伴联结，
形成特有的形状，
这就造就了坚固的石头，

空虚中游离原子的运动

结合在一起的原子的运动

坚硬的铁块，
以及与其相似的东西。
剩下那些在广阔的虚空中游荡的原子，
有很小的一部分跳开了一段距离，
留下了很大的空隙在其中；
这些空隙为我们提供了空气，
还有太阳明亮的光芒。
更多的，
会在这虚空中游荡，
从万物的结合体中抛出，
不和其他的事物在始源的运动中有任何的关联。
我所说的这个事实，

有一种与其相似的情形和画面时常出现在我们的眼前。

对阳光中微粒的描述

凑近了看，
不论阳光何时照进，
或者洒满充满黑暗的房间：
你都将看到许许多多的微粒以各种方式混合在一起，
在这样的光线所照亮的空间里，
仿佛一场永无止境的战争，
它们相互撞击着，叫喊着，
又不断地相互碰撞着，
聚集又分离；
你也许会猜想，
万物的始源，
在广阔的虚空中是否进行着永无止境的摇荡。
一件小事就能够揭示大道理，
从而追寻本质的踪迹。

出于这样的原因，
你应该更多地去观察这些物体，
你能够看到这些日光中来回冲撞的微粒，
这些冲撞的微粒，
恰恰暗示了它们所隐藏的物质的运动。
隐藏的秘密或者无法看到的东西。
你会看到有很多的质子，
在不可见的退开之后又迎来撞击，
从而改变了它们原本的路线，
时而这里，时而那里，
四面八方地移动。
你也许知道，
这些质子的运动，
都是从始源开始的。
最初物质的始源是自行移动的；
那些形成了小小结合体的东西，
才能够最接近始源的力量，
并且在那些不可见的撞击下活跃起来，
之后，这些运动经由原子逐步上升，
变成了更大的东西。
就这样，这些运动在不断上升，
一点一点地积累，
最终积累到了我们可以感知的程度，
就这样，这些物体开始移动，
在太阳光的照射下变得清晰可见，
但是却无法看清什么在促使它们运动。
现在，物质的始源具有什么样的速度，
莫密乌斯，你能够从这几句话得出：

对于原子这样不可见的运动，进行描述

原子的速度与阳光相比较

当黎明用新的光芒照进大地，
各种各样的鸟儿从林中飞出，
在柔软的空气里发出它们独有的叫声，
我们能够清晰地看到这一切，
升起的太阳是如何习惯在那个时间，
突然散发自我的光辉，
阳光包裹着万物，
让所有的东西都沐浴在它的光芒之下。

阳光被外界的对立物所阻滞

太阳发出了热，
它散发的灼眼的光芒，
无法穿透并非虚空的空间；
因此，
一切都变得慢了下来，
被空气的波浪冲撞，破碎。

阳光也被内部的移动所阻滞

这些发热的原子粒并不是一个接着一个地移动，
而是相互紧密联结在一起，
组成了一个巨大的联合体；
因此它们立刻就会由于其中一个原子粒的后退而整体后退，
由于一个原子粒的退出而整体退出，
一个原子粒受限于某个原子粒，
使得整个运动都变得缓慢。

而原子则完全不受阻滞

但是说到万物的始源，
有着坚实的单一性，
当它们通过广大的虚空时，
没有任何东西可以阻滞它们，
而它们本身作为一个独立的个体，
也是其自身的全部，

就这样诞生了。
它们被挤压后，
朝着一开始就有的目标方向而去，
我们大概可以确定的是，
它们的运动必定有更大的速度，
并且要以比光的速度还快的速度运动，
当与太阳光照进天空的同一时间里，
始源穿梭过的距离更大更广，
或者跟随不同的始源，
看看每一个被承载的单独个体是如何运动的。
有些人完全忽视了物质，
就反对这一意见，
(飞越了物质本身的一致性，其本身不会在岁月中被击败。)
他们认为大自然不能没有神明之力的参与，
否则就无法很好地符合人类的需求，
使一年之中有四季的变化，
产生谷物以及其他的一切，
那神圣的快乐吸引着人们不断接近，
而自然本身，
作为生命的引导者，
依靠并且通过艺术之神维纳斯引诱着人们，
来不断繁殖其新的世代，
以免人类的种族灭绝。
但是，当上帝为人类创造万物时，
所做的这一切都远远违背了真理。
我对万物的始源知之甚少，
根据天的行为和许多其他事实，

世界是神力为人而创造的，这是一种错误的理论

但所创造的世界很糟糕

我敢就这一点断言，
万物绝非神的力量为我们而创造，
因为这中间有着太多的缺点。
莫密乌斯，
关于这一点，之后我会给你详细说明。
现在，关于始源的运动，
我将把尚待说明的阐述清楚。
原子运动的原因
现在我将给你证明，
没有任何物质能经由自身的力量，
被带着向上移动，
或者自己向上移动；
也不要让火种在这里欺骗你。
1. 普遍的向下运动
当火焰向上运动之时，
金黄的粮食作物和树木就这样产生了，
它们在不断向上增长的时候，
粮食和树木也会趋向繁茂。
虽然万物都有重量，
这样的重量也会让它们向下生长。
2. 向上运动永远是由于力的作用
当火焰吞噬了房屋的屋顶，
火苗快速舔舐着房屋的梁柱，
我们需要思考，
这是出于其本身的意志吗?
是否有其他的力量推动它们向上。
即使是从我们身体里射出的血液，
向上喷溅到很高的地方，
使得周遭被血污所覆盖。
你难道没有看到，
水通过什么样的力量，

把木头和梁柱吐出来？
我们越是用力将它按得深入水底，
越多的压力聚集在一起，
它们就会越向上，向外吐出，
以致它们有大半截露出水面。
我想，
我们从未质疑过，
它们以及它们里面所有的重量，
都是在虚空中不断下沉的。
因此，同样地，
当火焰被向下挤压时，
也会由于空气的吹拂而向上升，
即使它们的重量在奋力抗争，
将其往下拉。
你是否见过，
夜晚仿佛扫帚般扫过天空的流星，
留下了长长的尾巴，
仿佛一道火焰，
它们走过的道路便是大自然留出的通道？
你是否见证过星辰与星座陨落，
掉在大地上？
太阳也从天空中向周围倾注大量的热，
并且在田野中散播出它的光。
不难发现，
太阳的热也是朝着大地往下走。
你看到雷电在雨中划过，
有时这里，有时那里；
从云朵迸出的火花冲下来，

火焰的力量，
同样滑落在地球的各个角落。
3. 原子的偏离
就这些问题而言，
我希望你还能认识到，
万物的始源被径直下拉时，
在虚空中由于自身的重量直直下坠，
在非常不确定的时刻，
以及不确定的地点，
它们会从原有的轨道稍稍偏离，
这样的偏离在你看来会称作是略微的方向改变。
但如果它们没有习惯这样的偏斜，
所有的一切都会掉进深深的虚空当中，
就像雨滴下落一样，
到那时，在各个物体的始源之间，
便不会有冲突，
也不会有撞击。
如此一来，
人自然就永远不会创造出任何东西了。
较重的原子掉落的速度更快，这是一种错误的理论
但是如果有人相信，
在虚空中，更重的物体可以更快地下落，
就能从上面击中较轻的物体，
这样便会产生撞击，
这些撞击足以产生物体的运动，
那么，他就远离了真理。
所有可以落在水中的东西，
以及所有可以穿过稀薄的空气落下的东西，
都一定会按照各自的重量，
以不同的速度下落，

由于水和稀薄的空气都无法相等地阻挡每一个物体，
而对于较重的物体，
下落时可以腾出更多的空间，
让其快速下落。
但是，从另一方面来说，
不论这宽广的虚空在哪一边，
在任何时候，
支持任何东西，
都是会最终屈服于自己的本性，
从而给出一定的空间；
所有的事物都需要经历平静的虚空之旅，
虽然是不同的重量，
却要以相同的速度移动。
重的物体永远不会从轻的物体上方掉落下来，
它们自己本身也不会带来碰撞，
更别提这碰撞可以产生的多种多样的移动了，
这移动恰巧也是万物所承载的本性。
再次说明，
万物的始源必定会从原来的轨道略微偏离，
但这仅仅是最小程度的偏离，
我们似乎会想象有一个倾斜的运动，
但是事实会在这方面驳斥我们的想法。
如果我们看得清楚且真实，
只要这些物质是垂直的，
便不会产生倾斜的运动，
只会从上面直直地掉落下来，
就像你能看见的一样。
但是又有谁能够凭借感觉辨认出根本就没有任何东

这无法在虚空中发生

轻微偏离是必要的

西能够从其直线的道路稍向旁侧偏开？

并且不与事实相冲突。偏离说明了生物自由运动的能力

再者，若一切的运动都永远是相互联系的，
新的运动总是从旧的运动中产生，
并且遵循一定的秩序，
并且万物的始源也不会以它们的偏离而产生出一个新的特定的运动，
来打破这命运的约束。
如此一来，
原因就不会跟着这无尽时光中产生的原因而来，
这大地上的生物的自由意志又将从哪里来呢？
我不禁发问，
如何能从命运的手中把它夺取过来——
我们正是借此自由意志向前迈进，
在此，
愉悦会带领着我们中的每一个人，
同样，
我们正是借此意志而在运动中略微偏离，
不是在一定的时间，
也不是在一定的空间，
而是在心灵所前往的地方。

从我们的意志开始，遍布我们的四肢躯干

毫无疑问，
是每个人的意愿给予了这个运动一个开端，
从每个人的意志开始，
就像洪水般这运动侵袭了四肢全身。
你没有见过吗？
在某一瞬间，
阻滞的大门终于敞开了，
马儿的迫切冲动却无法使其直接向前奔出，

就算那是马儿自身的意志，
也无法做到？
因为整个身体中的所有的物质，
都必须被刺激而运动起来，
这样才能带动全身的四肢，
让其随心所欲的向前奔去，
跟随着自己内心深处最深的渴望。
你可以看到，
运动的开端是你的内心，
首先从意志出发，
然后就会分散到全身和四肢。
在我们受到其他人用力的冲撞或者限制时，
与此大不相同。
很清楚地可以看到，
我们全身的物质都在那个时候动了起来，
并且以很快的速度对我们的意志进行抵抗，
直到我们的四肢被意志勒住。
你还没有看到吗？
即使外界有力量在推动着人类向前，
并且会阻碍住其凭借自己的意愿前行，
让人被迫向前冲去，
我们的胸腔中却仍旧有一些东西，
会与这种外力进行抗争，
并经受得住这样的折磨？
事物中的物质都是一种人们的预期，
现在限制着我们的行动，
然后又转而限制我们的四肢和其他部分，
当被推动前进时，

这与被迫进行的运动是非常不同的

又会被勒住后退，
停下脚步休息。
在这些种子当中，
你也要允许相似的情况出现，
除了撞击和重量之外，
还有一个导致移动的原因，
既然我们知道无物可以从无中生出，
那便是我们体内自己生出的力量。
重量可以阻止所有的东西都是由于撞击而产生，
这种撞击则是来自外部的力量。
但是我们的意志存在于万物之中，
并且认为这里存在着一定的必然性，
并不像一个被征服的事物一样，
只能是被迫来忍受，
被迫来经历磨难，
这是由于万物始源产生的些微的偏离所引起的，
这样的偏离在空间中没有指定局限的方向，
也没有指定局限的时间。
物质之间从来不曾比现在更加拥挤过，
也不比现在拥有更加宽广的距离。
没有什么可以为其增添内容，
也没有什么从中将东西取走。
万物的始源在时间的长河中，
也有过与现在相同的运动，
在这之后也会产生相同的运动，
而且昔日被产生出来的东西，
在此后也会按照统一的规律被产生，
并且存在于世，

这是由于运动的第二种原因，即原子的偏离

运动的总量如同物质的总量，都是不变的

长大，变得强壮有力，精力充沛，
按照自然法则对每一个物的规定而生长。
没有任何的力可以改变万物的总和，
宇宙外并没有什么东西存在，
可以让任何物质离开这个地方，
奔向那里去，
有新鲜的力量正在冉冉升起，
在宇宙中大爆发，
改变整个万物的天性，
使得运动进行了更改和调整。
我们不需要思考这样的原因是什么，
所有的物体的始源都处在运动当中，
除了任何开始运动时便投入了整个躯体的东西，
其他的均在休息时呈现出一副完整的姿态。
万物始源的本性离我们的感官很远，
远在我们的感知范围之外，
既然你无法向上触碰到它们，
那它们就必须要从你那里将运动偷走；
以上，
有这样我们可以仰望的东西，
又时常在到达空间中某个遥远的时点，
就从我们身体中溜走，
并且还经常掩盖它们行动的轨迹。
一群羊正愉快地在山坡上吃着牧草，
肥美的青草在向它们招手，引诱着它们前进，
羊儿们吃得很饱，
在相互顶着犄角快乐地玩耍。
这一切的一切对于站在远方的我们来说，

即使整个物体都休息了，原子在运动时依旧不可见

相似的经历

都是模糊不清的，
我们能看到的就是绿色的小山丘上，
有一大片白色。
还有，
庞大的队伍在平原上前进，
整个平原都被他们占据，
那里举行着一场演习，
刀剑四处飞舞，
到处都是铜盔铁甲发出的光，
勇士操练的声音从他们的脚下响起，
山谷的峭壁都在被这喊声所冲击，
就这样，
把这些喊声送上了天空。
骑兵也来了，
突然间平原的中央也充满了他们的力量，
他们就这样猛然向敌人的方阵冲去。
在高高的山上还有一个地方，
在这里能看到的一切都像是静止不动的，
只是广袤的平原上有一大片光亮。
现在，我们需要进一步认识，
万物的始源到底是什么种类，
它们在形式上有多大的区别，
它们是如何用各种各样的形状来塑造其多样性的。
原子的形状和其多样性
并不是说只有很少的始源有相同的形式，
而是在这些始源之间并不是全部相同。
这是由于原子数目的无限所产生的
不需要感到奇怪，
万物的始源数量如此之大，
没有止境，

就像我们所知道的，
也没有总数，
我们几乎可以确定，
它们一定不是每个的数量都相等，
每个的形状都相同。
人类，
河流中的鱼类，
还有成群在海里游来游去、无声无息的鱼类，
快活的牲畜，
还有所有野兽，
各种各样的鸟类，
居住在美好的水边栖息地，
还有河岸边，
喷泉旁，池塘边的鸟儿，
还有那些聚集在遥远的，
人迹罕至的森林中的鸟类，
无论你挑哪一个，
你都会发现，
它们与其他的任何一个的形状都不同。
如果不是这样，
孩子们就不认识他们的母亲，
母亲也会不认识他们的孩子，
不过我们发现，
它们可以这样做，
并且它们不仅仅能将其与人类区别开。
在伟大的神庙前，
一只小牛犊被宰杀了，
圣坛之上烟雾缭绕，

这是同一类的个体之间相互区别的原因

举例说明：母牛和牛犊

它的胸腔里流出了尚有余温的血液。
这时那头失去了孩子的母牛在青翠的草地上，
四处逡巡徘徊，
它仔细寻找着那熟悉的牛蹄踏过的脚印，
双眼看着四周的每个地方，
想要在某个地方找寻着失去的牛犊的踪迹，
有时，它会突然停下来，
那哀鸣便传遍了这空旷的树林，
有时它会回到牛棚中寻找，
心在渴望中破碎。
发新芽的柳树和带着露珠新鲜的绿草，
还有那可爱的溪流，
在河岸之间散发着光芒，
即使是这样，都无法让它愉悦，
也无法让它暂时转移自己的心情，
在附近吃草的小牛犊，
都无法使它忘怀痛苦。
它在焦急地寻找着，
寻找着它熟悉的，
属于它的东西。
小山羊发出咩咩的叫声，
它们认识自己带着羊角的母亲，
那些用羊角相互抵着玩耍的小羊，
也认识它们的羊群，
小羊羔和它们的母亲
它们当中的每一个都理所当然遵循其本性，
找到属于自己的母亲的乳房。
谷粒
最后，我们以任何谷类为例，
你会发现对于任何谷类来说，

没有哪一粒是和另一粒是完全相同的，
以致它们之间在形状上再没有什么差别。
同样地，
我们可以看到大地上贝壳的踪迹，
装点着大地，
轻微的海浪撞击着干涸曲折的沙滩。
就这样又一次证明，
事物的始源都是由自然而存在的，
而不是通过某个特定的形式，
仅仅按照一个定型来造成的，
一定会有一些始源和其他的完全不同，
带着不一样的形状到处飞翔。
只要我们能够用心去读读这些谜语，
就很容易得出答案。
和我们用松脂生火相比，
闪电的火能穿透更多的东西。
你也许会说，
闪电的火是那样地惊喜，
由很多的形体构成，
这样就能穿过那些小孔，
如果是木材和松材所生的火，
便不能通过那些小孔。
再者，
光可以穿过角灯射出来，
而雨水则会被挡回去，
这是为什么？
除非是因为那些光要比水所形成的甘霖更小。
我们看到酒可以迅速流过过滤器，

贝壳

正是由于这种多样性，有些东西才能经过别的东西所不能通过的地方

反之橄榄油则是慢慢地流过：
我们也许可以确定，
这就是因为它由更大的原子构成，
或者彼此之间相互勾连，
一个与另一个连接在一起，
因此，
始源就无法突然与彼此分开，
而一一渗透过一件东西的各个小孔。

味觉的不同也是因为它

当我们喝进嘴里时，
蜂蜜和乳汁都给我们的舌头带来愉快的享受，
但是另一方面，
令人恶心作呕的苦艾，
还有辛辣的龙胆草，
都会让人在吃进去后连嘴巴都歪掉；
你便很容易就能知道哪些可以使我们的感官愉快，
这些令我们愉快的东西都是圆滑的元素构成的，
那些更凸显苦味和辛辣的东西，
都是由更弯曲的元素缠结在一起，
正是由于这样的原因，
我们的感官才会被撕裂，
这些东西的进入破坏着我们的身体。

还有听觉中的所有不同也因为它

最后，所有让我们的感官觉得舒服的东西，
和所有让我们的感官觉得不好受的东西，
都是由不同的形状构成的，
这些东西彼此相互敌对争夺。
你也许碰巧认为，
那让人起鸡皮疙瘩的锯子声，
是由和音乐同样光滑的元素构成的，

像手指在琴弦上跳跃所带来的，
乐师们拨弄琴弦所塑造而成的旋律一样。
也千万不要以为，
腐烂发臭的实体在焚化的时候，
会发出和舞台上新鲜的西里西亚的番红花一样的味道，
这和圣坛周围散发的，
钻入我们鼻孔中的阿拉伯香味形成的元素不同。
也不要以为那令人赏心悦目的颜色，
和那些让人眼睛刺痛流泪，
面目可憎的东西一样，
是由差不多相同的种子构成的。
不论是什么形状，
那些令我们感官陶醉其中的东西，
都是由始源中的平滑性产生的；
但是，从另一方面来说，
那些粗糙的具有冲撞性的东西，
在产生的过程中一定少不了粗糙的元素。
还有一些元素，
既不平滑，也没有带着弯曲的钩子，
但是又有些许的不平整；
既能挑动我们的感官，
又不会伤害它们；
这种类型的比如说酸性的酒石，
莴苣菜的味道，
或者，烈火和寒霜，
也具有不同的原子通过不同的方式来刺探我们身体的感官。

嗅觉

视觉

愉悦和痛苦都是由原子的形状决定的

在我们接触这两者时就得到了很好的证明。

触觉是感觉的终极原因

因为触觉，
没错就是触觉，
借神灵赋予的神圣力量，
是身体感官的一种，
在外界有东西想进入体内时，
或者体内生出了东西要伤害我们，
或者在其消亡过程中给予我们快乐，
或者当体内的种子在相互碰撞之后，
一个唤醒了另一个，
或者扰乱到我们的感官：
如果有可能，你可以用你的手，
去击打你身体的任何一个部位进行实验。
因此，
始源必须要在形成的过程中完全不同，
才能带来这种多样化的体验。

硬的东西是由于原子形状极为不同所造成的

再者，
那些看起来更坚硬、更紧密的东西，
一定是由于彼此之间联结更紧的粒子造成的，
就像是一个有树枝丫的粒子，
紧紧地从根部把它们联系在一起。
首先，
在这样的东西里，
一定会提到的就是钻石，
足以蔑视一切；
还有那顽强的燧石，
极为结实的硬铁块，
以及黄铜的套筒，

在抵抗门闩的过程中发出高声尖叫。
凡是由流动性的物体，
则确实需要更加圆润光滑的元素构成。
就像从手掌里吸引罂粟花种子，
正像喝水一样简单；
里面许许多多的元素不会相互阻滞，
当它们受到打击时，
就会像水流一般滚动。
最后，
你能观察到的飞来飞去终消散的物质，
比如烟、云和火焰，
即使并不是全部由光滑和圆润的粒子构成，
它们也不会被相互之间联系紧密的粒子所阻滞，
因此它们就不能紧紧联结在一起，
就会钻进我们的身体当中，
就会穿透石头，
最后一个攀上一个。
这样你就能很容易认识到，
不论我们的视觉和感官（比如毒药）如何相遇
（忍受由于风吹导致的分离破损），
都并非元素的紧密相连造成的。
但是因为你看到有些流动的东西，
也是苦涩的，
比如海水，
这要算在其中，
毋庸置疑。
因为既然它是流体，
那它就是由光滑、圆润的粒子组成，

流体，亦然

刺激且易逝的东西，亦然

流动而苦涩的东西，亦然

但也有很多粗糙的粒子在其中盘旋，
使其痛苦；
那么就需要这些粒子之间不能相互勾连。
你应该清楚，
它们无论如何不会形成球体，
尽管它们是球形的，但却有着凹凸不平的表面，
这样它们才能聚集在一起，
给我们的感官带来痛苦。
你也许会想，
光滑的始源中有不少粗糙的东西，
这就使得大海更加苦涩，
应该有办法细细研究，
看看其中的奥义；
除了海水
还有淡水，
它们流过土地，
流进沟壑里，
失去了其原本的粗糙；
由于其中的粗糙已经扎根于土地上，
其始源中的咸涩就可抛诸脑后。

原子形状的不同受到数量的限制

我已经讲了这么多，
现在要开始阐述一个与之有关的事实，
上述内容可以为其提供证明，
万物的始源因为它们各种各样的形状受到限制。

否则，1. 有些原子体积巨大

如果不是这样的，
那么有的种子就一定需要无限大的物体作为载体。
在任何一个种子里同样微小的身体框架里，
物体的形状是无法多种多样的。

让我们假设，
一个始源物体由三个最小的部分组成，
如果你愿意，
那么可以多加几个部分，
当你试图通过各种方式，
把这一个物体的所有部分都上下左右，
进行交换，
你才能看到每一个全新的安排；
除此之外，
如果你还想改变这个形状，
你就必须要增加其他的部分；
如果还要再改变形状，
那么就要求有其他的部分加入，
进行排列；
如此一来，
物体的结构都会跟随新的形式而增加。
因此，
你可能不相信，
种子的形式有无限多的不同，
否则你就会迫使其中的一些种子，
让它们成长为一种我在上面指出的，
无法被证实的巨大的东西。
你会看到蛮人的长袍，
以及用色萨利的贝壳染了色的，
美利波蛮人所穿的紫袍的光彩，
孔雀们如金子般闪耀的后代，
带着悦目的美丽，
就这样被崭新的颜色所超越；

2. 我们经验中的所有的极端都会被超越

没药树的味道和蜂蜜的甜美会被轻视，
天鹅的歌唱和阿波罗的颂诗，
曾经被多次弹奏，
却也渐渐悄无声息。
那些比一切都还要出色美好的东西，
永远会不断出现。
同样地，
所有退步的东西，
归类在劣质物品一列的东西，
正如我们所讲的那样，
也会向好的方向发展。
从另一方面来说，
有些东西会比其他的东西更恶心，
不论是从嗅觉、听觉还是视觉或者味觉上。

然而，还是存在一些既定的界限

但是，事实并不是这样的，
凡物总有一个固定的界限，
在标记事物的两端尽头，
你必须要承认，
最初的物质也是这样的，
它们的形状是有着有限的区别的。
同样地，
从正在经历的炎热到冬天的冰霜，
这些都是有极限的，
若是以物质举例，
来来回回的路程长短都是一样的。
所有的热和冷，还有不冷不热的温暖，
都是这条路上的一员，
处在两个极端的中间，

以一定的顺序来满足这个总和。
因为它们以两端的两个点作为标记，
所以它们之间的区别会因受限程度而不同，
比如这一端是火焰，
另一端是坚硬的冰霜。
既然我已经说了这么多了，
我想要在这个基础上多讲一个事实，
这个事实立足于此，
并且从这些内容当中可以得到证明，
那就是万物始源的形状相互间是相同的，
并且数量是无限的。

每一种形状的原子，它的数量都是无限的

既然不同形状的数量是受到限制的，
那么就需要那些有相似性的东西是无限的，
或者被创造的物质总量是有限制的，
在我的诗篇中已经证明过这并非事实，
物质中那些永恒的微小粒子都在以一个集合的形式，
作为一个团体不断相互撞击，
从任何一个方面来看都无法打破。

否则，物质的总和就是有限的

你能看到，有些动物本身是较为稀有的，
并且可以察觉到，
大自然对于这些动物更是鲜少给予馈赠，
但是在别的地方，
在那些遥远的国土上，
也许会有很多同样品种的动物，
这样一来就能够补充这类动物的总量。
正如在四足动物中，
我们首先看到的是那些有着蛇一样手的大象，
在印度，它们的数量成千上万，

在某个地方稀有的动物，在别的地方又会很普通

在交战中用象牙筑起壁垒，
这样就使我们无法找到通往其内部的道路：
这些野兽的数量太过庞大，
然而我们所能见到的则少之又少。

即使是一个独特的东西，也可以证明这一类所需要的原子是无限的

但是，
让我来证明一下，
如果你觉得可以，
就想象一下我说的这些，
有些东西非常独特，
从它出现以来就独自生存在一个物体内，
整个世界范围内都没有一个和它相似的东西；
除非孕育和产生这样的物质是无限的，
否则，
它便不能被生产出来，
或者生长或者获取滋养。

如果数量有限，它们可能会在宇宙中来回穿行，并且永远不会相遇

事实上，
如果我说的这个是合理的，
能产生某一个单独个体的物体是有限的，
并且会在宇宙中来回碰撞，
那么在经过力量产生碰撞之后，
它们会通过什么相遇，
又会通过什么在这宽广的海洋中聚在一起？
又会通过什么在这异类的嘈杂中相聚呢？
它们没有办法结合在一起。
我猜，
它们没有一个可以相聚的法子，
但是，
当很多巨大的船只的残骸在海洋上出现时，

大海会让它们向这边和那边摇摆航行，
船夫的座椅，
船的龙骨、船头、桅杆和船桨，
沿着遥远的海岸都能看到那些漂浮的船尾的残骸，
向凡人发出警告，
来避开大海的埋伏，
避开它的残暴和欺瞒，
当汹涌的海浪发出带有欺骗性的微笑，
警告人们在任何时候都不要相信它；
即使是这样，
如果你认为特定种类的始源是有限的，
那么无论何时，
它们都必须经受物质的各种浪潮，
将其拍打到四处游荡，
如此，它们便永远不会被驱赶到一起，
也无法成为一个联合体，
或者成为一个固定的集体，
当然也无法增长；
每一个东西都是可以产生的，
事实向我们每个人清楚地证明，
很多东西既能产生，
也能不断增长。
已经证明了，
不论是哪一种始源，
它的数目都是无限的，
且万物都从那里获得了物质的供应。
那些导致毁灭的运动也无法取得胜利，
并且将生命永远地埋葬在了坟墓里，

创造和毁灭之间有着势均力敌的斗争

那些带来创造和生长的运动，
也无法给万物带来生命，
或者长久地保存它们。
因此，
在万物始源的冲突中，
留存着那些永远都保持胜利的战争。
时而在这里，时而在那里，
万物中最为致命的力量相互征服着。
在那葬礼之中混杂着的是阵阵号哭，
这哭声是由刚到达亮光彼岸的婴儿发出的，
没有一个黑夜跟着白天，
没有一个黎明跟着黑夜，
但是却在新生儿那虚弱的哭泣中，
悲伤为死亡和黑色葬礼陪同护葬。

没有任何东西是由单一种类的原子创造的

在这真理之中还有一点，
望你在心中好好记忆封存，
保留在你那善于储存的大脑当中，
在那些我们可以看到的万物中，
没有一个是由一种始源构成的，
没有一种不是由混合的种子构成的。
不论其中蕴藏着什么，
具有更多的力量和特征，
都会表明在其本身中，
有着最多种类的始源，
也有着最多形状的始源。

大地有着各种原子

首先，
大地在其自身当中便包含着万物的始源，
正因为如此，

泉水流出了冰冷的水，
不断地补充着那深不可测的大海。
它也包含着产生始源之物的大火，
在很多地方，
大地的外壳就这样被点亮了并燃烧着烈焰，
仿佛地狱一般，
但是埃特纳峰的怒火从最深处喷涌而出。
更多的是，
它也包含着那样的种子，
这样便能给人们生产出长势喜人的庄稼，
和令人心神喜悦的树木，
同样地，
可以给群山上的野兽们，
提供连绵的高山，
不绝的溪流，
美味的树叶和可喜的草地。
因此，
只有她才被称作神的伟大的母亲，
野兽的母亲，和人类身体的生育者。
昔日，
古希腊的诗人曾对她歌颂，
其中讲到，
她坐在四轮车中的宝座上，
驱赶着一群狮子，
用以教人知道，
大地是悬挂在天空之中的，
并不能安置在另一个大地之上。

因此大地才被称作母亲

她的贡献都极有意义；她的狮子们，还有城墙状的王冠

车子上套的是野兽，
因为，就算它们如何野蛮，
都会被父母爱的关怀所征服，
所软化。
她的头顶上，
戴着一顶塔楼状的王冠，
因为在这荣耀王冠高之又高之处，
有着一座她所支持的城池，
今天，
仍然装饰着同样的图案，
在庄严而使人敬畏的气氛中，
在那古代的膜拜仪式上，
不同的国家都称她为艾达的母亲。

弗里吉亚的护卫

它们给予了她弗里吉亚的队伍作为她的护卫，
因为那些地区是谷物的发源地，
那里生产的谷物遍布全世界。

祭司加利

被阉割的祭司被指派于她，
因为他们想要证明，
那些亵渎了大地母亲的圣灵之人，
还有那些对父母不忠之人，
是不值得被养大的，
是不值得被带到光之彼岸的。

音乐

紧绷的手鼓在他们的手中发出雷电般的声响，
周围响起了大镲的声音，
锣鼓喧天之后是凶狠的号角发出的雄厚沉重之音。
管笛则奏起了弗里吉亚的调子。

和武器

他们抬着武器走在前面，
象征着他们危险的狂怒，

他们能够以女神的暴怒，
使得这些忘恩负义的大脑，
还有并不虔诚的心有所畏惧。
当她的车队经过每一座伟大的城池，
用她无声的致意来保佑着每一个凡人，
在她前行的道路上，
撒满了铜币和银币，
人们献给她无数的义捐和礼品，
在她头上撒下雪花一般的玫瑰花朵，
遮盖住了这位大地之母，
与她的随行护卫者。
接着是一支武装队伍，　　枯瑞忒斯
希腊人称其为弗里吉亚的枯瑞忒斯，
因为他们自己有时习惯于玩手持武器的游戏，
在节奏之间来回跳动，
看到血的时候都会感到开心，
并且在点头的时候，
头盔上的羽毛也在一起摇动着，
这支武装队伍让人想起狄克忒的枯瑞忒斯。
据传说，
他们曾经在克里特岛，
用声音淹没了婴孩宙斯的号哭声，
同时，他们的乐队，
那些年轻的孩子们都围绕着这个婴孩，
迈着急促的步伐，
手拉着手，跳着舞，
他们用铜器相互击打，
发出合适的节奏，迎合着他们的步伐，

这样一来，
魔王便不能抓住他们，
也无法将他们禁锢于自己的爪牙之中，
并且在大地之母的心里留下了永恒的创伤。
出于这个原因，
他们才武装成队伍来护送这位伟大的母亲，
又或者，
他们要借此来表示，
这位女神教导过，
人们应该要热诚地用武装力量，
来保卫自己的国土，
准备好为他们的父母充当守卫，
准备好献身。

但这一切都是虚假的。神灵们过着与世无争的平静生活

所有的神灵本身必定就享受着，
在完美的平静当中的生命的永恒，
这与我们的世界相差甚远。
远离所有的悲伤，
远离所有的危险，
伟大的神灵们本身就有着一切的恩赐，
从来不会受到我们的打扰，
他们所有的一切不是靠贞洁的祈祷，
也不会被愤怒所干涉。
其实，大地在任何时候都是毫无感觉的，
这是因为获得拥有万物始源的种子，
就可以通过各种方式，
把各种东西都带到阳光里去。
因此，如果有谁决心称大海为尼普顿，
或者称五谷为克瑞斯，

并且宁愿滥用巴克斯这样的名头，
而不是直接说出烈酒本身的名字，
我们就准许这样的人，
继续称这大地为神灵的母亲，
只要他不用恶臭的宗教，
污染自己的灵魂。
因此，那些羊群和牛群，
那些渴望战斗获得荣耀的马匹，
通常都在一个草原放牧吃草，
在同一片蓝天下生存，
喝着同一条水源里的水解渴，
但是他们却过着完全不同的生活，
并且遗传着父母留下的样貌，
模仿着父母的行为举止，
一代传着一代。
在任何一种草当中，
在任何一条溪流当中，
都能看到如此巨大的物质的多样性。
再者，每种生物中的任何一个，
都是由骨头、血、管脉、热气、水分、肉体和肌腱组成，
这些也相距甚远，
这就是由于形状不同的始源造成的。
并且，所有被火点燃、燃烧殆尽的东西，
都会先储存在它们自己的身体里。
如果没有其他的东西，
至少有那些粒子，
有了那些粒子，

同样的食物可以给予不同的动物营养

它们的血肉、骨头等都是不同的

不同的身躯包含着火的种子

他们才有可能射出火花，
射出光芒，
才能让火焰飞扬，
把剩下的火焰都撒到宽广的远方。

同样的东西能触动不同的感官

同样，对其他所有的东西，
在你脑海中进行一番有逻辑的推理，
你会发现在它们的躯体中，
藏着许多物质的种子，
其中也自然包含了各种不一样的形状。
再者，
你看到很多的东西，
它们有颜色，
有味道，并且都被赋予了气味。
首先，
要说到的是在众神的祭坛上焚烧的那些献品，
这些是必须要用不同的形状制造的；
烧掉的东西发出的气味，
会进入我们的体内，
穿透我们的身体，
色彩经由一条路，
味道则由另一条路，
找到它们自己的路进入我们的感官；
这样你就会知道它们的始源形状也不相同。

所有的物质都包含形状各异的原子

所以不同形状的原子汇集成了一团，
万物都由相互混合的种子聚集而成。

元素虽然相同，但是总数是不同的

更多的是，
你能看到在我的诗歌里，
有许多相同的字母，

也有许多相同的单词，
你必须要承认的是，
这些诗篇，这些单词，
都是由不同的字母组成的。
很少有字母的使用是相同的。
或者说没有哪两个字母总能在一起组成单词。
但是它们并不是在单词中有所相似。
在其他的东西中，
很多始源都和其他的很多东西相同，
它们可以随着总数的不同而存在。
因此人类的物种，
五谷庄稼的物种，
还有令人心神喜悦的数目，
其实都是被不同的质点构造而成的。
不要以为所有的质点都可以通过任何方式连接起来，
比如半个人类的构造，
半个野兽的构造，突然长成半人半兽的东西，
有时高高的树枝会从人身上伸出，
陆地上野兽的肌体，
长着来自海洋中的野兽的四肢。
大自然在整个大地上孕育着一切，
是万物的父母，
同时还养育着那从恶臭的大嘴中吐出火焰的狰狞怪物——
很明显的是，
这样的事情一件也未曾发生过。
我们看到的一切东西，
都是由一定的种子和爹娘生育出来的，

但是并非所有的结合都是可能的

每个东西都有属于它自己的种子、食物和运动

在他们生长的过程中，
依旧能够保持着他们自己的种类特性。
你要知道，
这都是根据一定的规律发生的。
这些生物吃下的每种东西都会分离出粒子来，
这些粒子走遍它们全身各个角落，
并且在体内相互连接起来，
而产生了适当的运动。
相反的是，
我们看到大自然如何在表面，
就抛弃了这些有异于它们本身体质的东西。
许多看不到形体的东西则因为受到撞击，
从它们的身体飞离而去，
那些无法和体内任何部位连接的部位，
早已无法进行协调的运动，
也无法模仿身体本身。

这对于无生命的物体和有生命的物体一样，都是真的

也许你会认为，
只有有生命的物体才会受到这些规律的限制，
但是，
同样的条件也对所有的物体起到限制作用。
正如现在所创造出来的东西，
作为一个整体来说，
它们的本性是各有不同的，
所以每个物体的始源形状都是不同的；
只有极少数有着相似形式的始源，
但是并不是每一个都和另一个相似。
更重要的，
因为种子是不同的，

那么它们所处的空间也必然不同，
它们组成的路径也不同，
它们的结构松紧也不同，
它们的重量大小也不同，
它们彼此间的撞击、相遇、行动都不同，
这不仅仅分离了有生命的东西，
同样也分离了大地和大海，
还将整个天空托举起来，
与大地分开。
来吧，听听我在快乐享受劳动后讲述的这些话吧，
可能你会想这些白色的东西，
这些在你眼前发出闪亮的光芒的东西，
是由白色的始源种子组成的，
或者黑色的东西是由黑色的种子生成的；
又或者我们应该相信，
任何我们能看到的染上颜色的物体，
都是从有着同样颜色的物质粒子上取的这个颜色。
组成物体的物质本身是没有任何颜色的，
不论是和这个物体相似的颜色，
又或者是和这个物体不一样的颜色。
如果你以为意识无法在这些物体中，
投射出它自己的身影，
那你就大错特错了。
有些人生下来就是盲人，
他们从未见过太阳的光芒，
只能通过触摸来感知物体，
并且从来无法将颜色与这些物体相关联，
你也许知道，

原子是无色的，但人们的意识却能很好地猜想它们

我们的意识也很明白，
物体如果没有染上什么颜色，
也会非常清晰地进入我们的认识范围。
并且，
我们自己能够感知到，
不论我们在漆黑一片的地方触摸到任何东西，
那些东西都是没有被染色的。
既然，我说服了你，
那么我会向你指出万物的始源是没有任何颜色的。

颜色是能变化的，但是原子本身却必须是不变的

不论是什么颜色，
也不论会变成什么颜色，
始源物都不会改变，
因此就需要有些东西是不会改变的，
所有的事物都不是从无中来的。
不论一个东西何时改变，
何时超越它本身的极限，
在它前面都必然要经历死亡。
因此，
要注意不要给万物的种子染色，
你会见到所有的东西终究都走向无。

2. 如果原子是无色的，那么它多变的形状等就是万物颜色不同的原因

并且，
如果颜色的本质还没有赋予在始源身上，
但是却已经有了丰富的形式，
那么每个种类就会有不同的颜色，
巨大的物质就会由其他的所有的种子组合起来，
不论是位置，还是运动，
这些种子都会共同将其赋予这个物质，
你就能很容易地立刻将这一切弄明白，

为什么不久前是黑色的东西，
能够在一瞬间就变成了大理石般的颜色，
就像大海，
在狂风卷起了海浪时，
就会变成白色的浪花，
闪着象牙白的光芒。
你也许会说，
我们平常看见是黑色的东西，
是因为其中的物质被搅拌起来，
其始源的顺序被更改，
特定的物质被加入其中，
同时又抽走了一些特定的物质，
这样一来，
看起来就是闪光的，
看起来就是白色的。
但是，
如果平静的海水是由天蓝色的种子构成的，
那么它们便无法变成白色。
不论以何种方式，
你如何将这些天蓝色的种子进行摇晃，
它们都无法变成象牙般的白色。
但是如果这些构成颜色单一，
十分闪亮的大海的种子被染了色，
就算是不同的形状，
或者是形状不同的一些小方块构成了单一的形状，
那么很自然地，
就像在这些正方体中我们看到的，
形式不同的东西，

但是，如果（1）它们的颜色与它们构成的东西颜色相同，那么就不可能变化，并且（2）如果它们有所有的颜色，那么各个单一的颜色都可以被看到

也会出现在大海的水中，
或者是其他的单一且没有和别的东西混合的明亮，
这样的颜色是和其他颜色完全不同，
各个小方块的颜色也完全不同。

整体就不会在颜色上被统一；另外，这也和我们对原子也许有颜色的想法相背离

更多的是，
那引导我们，
引诱我们直接给始源分配颜色的理由，
已经不存在了，
白色的物体不是由白色组成的，
我们看到是黑色的物体也不是黑色生出的，
它们都是从不一样的，
多种多样的颜色中来的。
事实是，
白色的东西更容易从无色，
而不是黑色中诞生和成长，
更不会从其他的有可能与之抗争、
反对阻滞它的颜色中诞生成长。

3. 颜色需要光，但光和原子是不发生关系的

既然颜色没有光就不能存在，
万物的始源也不会从光中来，
那么你要知道，
它们便不会带着任何颜色。
什么颜色才能存在于伸手不见五指的黑暗中？
没有，就算是在光里，
也会根据光的亮度而改变，
这样就会存在于一束垂直或者倾斜照耀的光束里；
即使是环绕着鸽子脖颈柔顺的羽毛，
也会在阳光中显现颜色；
不久，

就会变成光亮的石榴般的红色，
有时在特定的视角下，
又会变成混杂着绿宝石色的珊瑚红。
孔雀的尾巴沐浴在充足的光线中，
在转来转去的同时，
颜色也跟着一起变化；
由于这些颜色都随着特定光的撞击而产生，
我们就不能认为这些颜色离了光还能够存在。
眼睛的瞳孔认知到白色时，
是因为它自身接收到了一种特定的撞击，
当它感知到黑色或者其他颜色的时候，
是因为受到了另一种撞击，
当你触碰到一种东西的时候，
它是什么颜色都不重要，
重要的是它到底是什么形状，
你也许会发现它的始源是并不需要什么颜色的，
但是正因为它们各式各样的形状，
才产生了触觉上多种多样的类型。
既然特定的形状并没有一种特定的颜色，
所有始源的构造都会根据你的意志而存在，
为什么它们所构成的东西里，
并不是每一类都会有每一类的颜色。
如果飞翔着的乌鸦能够在飞翔的过程中，
从黑色的翅膀发出白色的光，是不足为奇的，
那么黑色的天鹅也就由黑色的种子产生，
又或者由任何你愿意的单一或者多彩的颜色而产生。
还有，
如果一件东西被撕扯得越碎，

4. 对于颜色的知觉是由视觉上的一种撞击形成的，而从触觉上来说，重要的是形状而非颜色

5. 既然颜色和形状无从关联，如果原子有颜色，那么同类物种中就会有颜色不同的个体

6. 物体形态越小，它所拥有的颜色就越少

你就能看到它的颜色消失得越厉害，
一点一点直到它被完全消灭掉：
当紫色的华丽织物被撕碎成小片，
当它的线条被一条条拆下，
黑紫色也好，
猩红色也好，
无论再鲜亮的颜色最后都会被毁灭；
这样你便能知道，
这每一个小片都会在它们归为万物的种子之前，
消失掉所有的颜色。

7. 正如有些东西没有气味或者没有声音，原子也是没有颜色的

最后，
因为你承认所有的物体，
并非都会发出声音，
或者散发气味，
因此，
你无法直接将声音和气味赋予在它们身上。
就算是这样，
我们用眼睛也无法看到所有的东西。
你要知道有的东西是没有颜色的，
正如有的东西没有气味，
或者又如有的东西没有声音，
我们敏锐的思想会知道，
正如它能够认识缺乏别种特性的东西一样。

原子也没有热度、声音、味道或者气味

但你也不要以为，
物体的初始形态只不过是没有颜色而已，
同样它们也跟温暖和寒冷无关，
也没有燃烧的热度，
并且既没有声音，也没有味道，

它们自身也不发出任何的气息。
正如你企图制备一种没药或墨角兰香水时，
或者是一种松香的香芬时，
它们的气味应该像花蜜一样，
你首先应该去寻找，
目前你也许还能找到，
就是那种天然无气味的橄榄油，
也许这样的油无法散发出任何气味，
因而更不会钻进你的鼻子里，
这样就不会因为那强烈的味道而污染，
或者破坏了和它相混合进行蒸馏的香精。
因此，
在所有的始源都结合在一起时，
并不能给事物提供它们自己的气味或声音，
因为它们无法从自身释放出任何东西，
也不能以同样的方式释放出任何味道，
也不能以同样的方式释放出寒冷，
同样地，
也不能释放出温暖和热气，
还有其他更多的东西；
但既然这些东西被创造出来时都有命数，
柔软的东西其躯体柔软而不免于死，
易碎的东西因结构易碎而不免于死，
中空的东西则因身体多孔而必死，
所以这一切都需要和物体的始源分开来，
如果我们想要让万物都建立在永生的基础上，
那么生命的总和便要有所歇息；
以免你看到的所有的东西都最终归于乌有。

因为它们无法从自己的身体中散放出任何东西

原子也不会有感觉

你必须要承认，
凡是我们所见是有感觉的所有东西都是由无感觉的始源构成。
这是毋庸置疑的事实，
肉眼可见的事实，
不论是用言语反驳还是用武力反抗，
最后都变成了它们引领着我们，
限制着我们，迫使我们去相信，
正如我说的，
生物都是由无感觉的东西产生的。

1. 我们在别处看见的有感觉的东西是从无感觉的东西生出来的

我们也许能看到虫子从臭气熏天的粪堆中出现，
被浸泡在漫天大雨的水中的土地已经逐渐腐化；
再者，
我们能看到所有的东西都在一定的规律中改变着它们自己。

2. 无生命的食物创造了有生命的身体

溪流、树叶还有令人心神愉悦的草地，
将它们自己转化成了牛群牲畜，
牛群牲畜将它们自己变成了我们的身体，
而我们的躯体，
又常常壮大了野兽，
以及巨翼之鸟的身体和力量。
大自然让所有的食物都变成了鲜活的躯体，
各种各样的感觉就油然而生，
那样的方式就像她将干燥的木柴丢进火焰中，
将这一切都变成了大火。
你难道还看不出，
万物的始源是遵循什么样的秩序而排列的吗？
它们又是和其他什么样的始源混合在一起，

并且相互给予和取得运动的？
其次，
又是什么触动了我们心灵的最深处？
是什么刺激了它，限制了它，让你无法相信，
想法是多种多样的，
让你不相信，
感觉是从无感觉中生出的？
我们也许坚信，
石头和木材还有土地虽然被混合在一起，
但也仍不能产生有生命的感觉。
因此，要记住这一点：
我并没有说感官是在所有条件都具备的情况下，
从所有能形成感觉的东西中，
感觉绝对可以被产生出来；
这里，
极为关键的是：
第一，那些构成能感觉的东西的始源，
其大小如何？
其次，有什么形状？
最后，它们是处于什么样的位置？
又有着什么样的运动和排列？

3. 通常有感觉的东西不会来自无感觉的东西，这个事实不足以构成反对的理由

所有这一切都取决于原子的大小、位置、排列和运动

这些东西没有一件是我们能从木块和土块中看得出来的，
但当它们可以在某种程度上被感知时，
便是它们在大雨形成的泥土中生存之时，
接着就生出了小的蛆虫，
因为物质本身会被新产生的东西所打扰，
从而改变旧的排列，

以新的方式重新结合，
由此，有生命的东西，
就必定会产生。

4. 有感觉的种子是柔软的，因此便无法永生

其次，
那些认为有感觉的东西可以从有感觉的东西中生出，
而后者也会从中生出对于其他东西的感官，
“这使得它们自身感官的种子变得无法永生”，
也是这些让它们变得柔软。
所有的感官都和肉体相关联，
也和肌肉、血管相关联，
我们通常会在大自然所拥有的凡胎肉体中得见。

5. 就算能够永存，它们必定是下面两者中的一个：（1）感觉像整体中的一个部分；（2）作为一个整体单独存在，但情况（1）中“像整体中的一个部分”本身作为一个部分，自身是不能有感觉的

但是现在让我们承认，
这些都是可以永远留存的：
那它们就会有部分有着特殊的感觉，
或者被认为应该像一个完整的生命体一样有感觉，
但部分本身不能有感觉，
因为在我们的肢体里的所有感觉都依赖于我们自身，
砍开的手或者我们躯体里的其他任何一个部位，
单独其本身并不能维持感觉。
这就只剩下另一种可能：
它们的构成必须类似于整体的生物，
以便能够在每个部分和我们一起共同去感受生命的感觉。

情况（2）中，①它们是无法永恒的

如果是这样，
那么，它们是如何被称为万物的始源的？
是如何避免走上死亡的道路？
既然它们也是生物，
那所有生物都和凡胎肉体一样吗？

就算它们可以永存，
它们的一切可以相遇结合，
除了一群生物组成的乌合之众之外，
如人、牲畜和野兽，
什么也产生不了。
但如果有机会，
它们失去了它们自己原本的感觉，
从而获得了另一种感觉，
那么赋予它们之后又取走，
到底有什么好处呢？
再说了，就像我们之前提到的，
我们观察到禽卵破壳，
变成了鲜活的小鸡，
虫子从湿润的泥土中钻出，
在地面上感受淫雨的滋润，
或许我们就明白了，
感觉是可以从无感觉的东西中产生出来的。
如果有人说，
感觉可以通过物质的改变，
或者是某个物体种类的诞生，
就能从无感觉中来，
那么只需要向他清楚地证明：
除非这样的结合是之前就形成的，
或者结合后也不会有什么改变，
否则就不会有诞生的说法。
首先，
没有东西可以在它的生物的自身特质显现之前，
就产生感觉，

②它们只能造成成堆的有感觉的东西的混合体

③如果在整体中它们失去了自身原本的感觉，为什么还要将这些感觉赐予它们？但是我们之前给的例子已经足够了

6. 感觉不能借由一种变质或一种诞生而从无感觉的东西生出；因为这两者都蕴含着一种结合

（1）一个物体在其物质结合之前，是没有感觉的

因为，
它的本质是四处分散的，
有些分散在空气中，
有些分散在溪流里，
有些从土地中破土而出，
它们也未曾相遇过，
或者以适当的方式相结合，
结合之后进行那些生命的运动，
这样一来，
那知觉一切的感觉就会被点亮，
并且能够确保每一个鲜活生命的安全。

（2）一个撞击就能结束感觉，因为这一撞击会解散掉所有的结合，并且停止生命的运动

再者，一个超过其本性所能忍受的猛烈撞击，
会立刻粉碎这个生物，
并且会加速使得其身体和精神的一切感觉迷乱。
因为始源的位置被破坏了，
并且生命运动也深深地被阻碍了，
直到全部的物质在经历了一阵猛烈撞击后，
在整个躯体中完全震透了，
就把灵魂的那些活命的结子从身体解开，
并将灵魂分散地抛出体外，
又经每一个小孔中把它驱逐出去。
我们还能想出来什么作用，
是一个撞击所能带来的？
一个撞击是不是就能将物质都击打成碎片？
一个撞击是不是就能将物质都撞松散？

感觉恢复意味着重新结合，也意味着运动重新开始

也有这样的情况，
当撞击我们的过程中，
力度有所减少，

遗留下来的生命运动就会时常赢得胜利，
没错，
赢得胜利，
并且缓和了撞击带来的巨大的颠簸，
将每一个部分都再度唤回到各自的既定轨道上，
把那统治身体的死亡运动震为碎片，
重燃那些几近丢失的感觉。
除此之外还有什么别的办法吗？
还有什么可以将鲜活的万物都聚集起来，
并且在它们濒死的边缘唤回它们的生命，
又或者在它们的种族已经几乎要消失，
或者灭绝的时候，
将它们召回？
再者，
既然物质的躯体也会在被某些力量，
刺穿鲜活的肉体、肌体时遭受痛苦，
它们的体内也会在每个地方颤抖，
当它们重回自己归属地的时候，
舒适的愉悦会再度袭来。
你也许知道，
万物的始源不会被痛苦袭击，
也无法从他们自身找到愉悦：
他们不是始源的任何部分组成的，
因为那种物体带来的新的运动，
可能会导致其处在痛苦当中，
或者去寻找任何生命能够给予的快乐所带来的享受。
他们是被限制住的，
并不是天生就具有任何感知的。

7. 愉悦和痛苦都是由原子内部的运动所引起的：原子本身是无法经历愉悦和痛苦的

8. 归谬法。有感知的原子本身应该会哭会笑，会思考、会争辩

再者，
如果，
所有有规律的生物都应该能够感知，
那么，
我们必须把感觉归予它们的始源。
那些人类的特性又是如何增加的？
你必须要想的是，
它们会像人一样颤抖着发出大笑，
脸颊上是欢笑的泪水。
这些泪水填满了脸颊上的纹路，
它们有着机智和幽默，
可以谈论万物与世界构造的问题，
它们还在继续追问，
其始源究竟是什么；
就像整个的人的同类，
他们是由其他的元素构成，
以此类推，
以至于你都不敢在半路停下脚步：
不，我要一直向你追问，
一直到你承认，
不论是你说话，大笑或者思考，
那些种子都是由其他的元素构成的，
而这些别的种子也可以做出同样的事情。
但是如果我们可以认知到，
这一切是多么可笑的疯狂，
一个人可以大笑，
即使他体内大笑的元素并没有增多，
即使他并没有思虑的种子，也不会雄辩，

为什么是这些呢？
正如我们所见，
那些自己有感知的东西，
为什么不能由相互混合却完全没有感觉的种子所构成？

结语：大地是宇宙的母亲

我们都是从天的种子而来，
万物皆有一个共同的父亲，
那养育万物的大地之母，
从他那里取得水滴，
从而孕育出她的孩子，
长势喜人的谷实，
快乐的树木和人类的后代；
她也带来了野兽的所有世代，
同时她也为这所有一切供给了食物，
而哺育了它们成长，
并将这快乐愉悦的生活传递下去，
繁衍子孙后代。
从而正当地赢得了母亲的称号。
即使，
曾经也从大地而来，
最终又归于大地中去，
那些被以太的海岸所送回的，
就算再度回到天上，
也会被它在天上的种族接受。

死亡并非毁灭而是重新组合，结合起来之后就产生了性质和感觉

死神也没有破坏事物，
让物质的物体都毁灭殆尽，
她只是拆散了物质的结合罢了。
接着她会联合其他的东西一起加入新的物质，

最后使得所有的东西都改变形式，
改变颜色，
并且可以获得感觉，
在某一个时刻，
又失去了它们，
这样你便会知道，
重要的是：
万物的始源是和什么其他的始源联结在一起，
处在什么位置，
并且在互相给予和接受什么样的运动，
不要以为我们所看见的那些浮在表面的，
或者忽然诞生忽然又消灭的东西，
可以安然常驻于这永恒的始源中。
确实，
即使在我的诗歌里，
最重要的是每一个元素和什么别的元素，
以及被按照什么次序放置。
同样的元素标志着天空、海洋、大地、河流、太阳，
同样的元素标志着谷物、树木、生物；
如果不是全部的，
至少是一大部分是相似的，
但是由于位置不同，
听起来也是有区别的。
所以，
事物本身是相似的，
当相遇、运动、顺序、位置、形状被改变后，
事物本身也必定发生变化。

空间中的其他世界。勿为新奇事物而感到惊奇，要去探究我们的世界之外有什么

现在，请用心听真正的推理，
因为这里是一个非常新奇的真理，
正竭力要进入你的耳朵中去，
事物的一个新面貌正要显露出来。
但是，
没有什么是这样容易的，
以至于当它首次出现之时，
并不是那么容易让人相信，
没有东西可以如此问答，
或者如此了不起，
但是一点一点，
所有的一切也会慢慢减少它们令人惊奇之处。
首先，
是天空明亮的色彩，
和它所包容的一切的东西，
天空中闪烁的星星，
还有月亮、太阳那灿烂的光芒，
这一切，
如果它们第一次出现并且终有毁灭的一天，
如果不曾预见，
它们便突然就出现在了视野当中，
还有什么是人们视线不敢相信的呢？
没有，什么都没有，
我想：
这样的景象是多么令人惊奇，
现在，
大家对于看到这样的景象已经不再感到惊奇，
没人再仰头去看这样的景象，

看这闪亮的天空!
所以,
不要再因为事情的新奇而感到惊诧,
因此就把理性从你的心灵当中抛开;
如果你看到它们是真实的,
那么举起你的手投降吧;
如果是假的,
那就投入战斗。
我们的心灵在探求缘由,
空间的总和是没有边际的,
超过了这个世界的墙壁,
在那之外很遥远的地方,
精神正要向前进,
不受任何约束地向远处瞭望,
没有阻碍地向前一路飞去。

除了我们的世界之外还有其他的世界。1. 有无限的原子在无限的空间中相遇,此时就有机会产生这些世界

首先,我们发现,
不论在哪里,不论是哪个角度,
在这世界之外,
上面也好,下面也好,
在整个宇宙中,
是没有界限的,
就像我展示的这样,
也正如真相本身指出的那样,
无底深渊的本性暴露无遗。
和我们思考的方式不同,
既然空间向着各个方面无限制地,
自由地伸展,
而数不清的种子在这个深不见底的宇宙中,

通过各种方式飞翔，
做着永无止境的运动，
这个世界和这片天空诞生了，
在这之外，
物体的物质都归于无了；
以上，
世界由各种特质所组成，
所有事物的种子都有着自己的一致性，
随着时间一点点流逝，
通过各种方法被推到了一起，
很快地，偶然地，徒然地，
就这样在最后他们联合在了一起，
突然间就被抛在了一块，
就这样造就了伟大的事物的始源，
比如大地、大海、天空，还有生物的族类。
再一次，
你需要承认，
别处也有这样的物质聚合，
像以太一样贪婪地拥抱着我们的这个世界一样。
此外，在物质很丰富的时候，
空间也具备相应的条件，
没有东西或者原因来进行阻碍的时候，
事物必然是被承载其中并且是完整的。
如果种子的库存量是巨大的，
这些生物的生命种子是不可数的，
如果其力量和本性是一直不变的，
那么你就一定要承认，
存在别的世界，

2. 物质、空间和特性都保持一致，必然产生了它们

在其他的领地中有其他世界存在着，
那里有各种各样的种族的人，
还有不同种类的野兽。

3. 自然中没有什么东西是独特的

并且在宇宙中没有什么东西是单一的，
没有什么东西生来就是独特的，
也没有什么东西的成长是独特且唯一的，
任何一物都只是某一种类的一员而已。
首先，
用你的大脑想想那些有生命的东西，
你会发现，野兽在群山间逡巡是这样的，
人类的子孙也是这样诞生的，
还有带鳞片的沉默无声的鱼类也是如此，
还有所有的飞禽。
因此你需要清楚的是，
以同样的方式，
天空、大地、太阳、月亮和大海，
还有其他存在的东西并不是独特的，
只不过是数量的多少而已；
如同那深深竖立的生命的界碑，
它们也没什么不同，
只不过它们本身的躯体是不会灭亡的，
就像这个世界上其他同种类的东西一样。

可见大自然是自己在运作着，不受神灵所控制

如果你能够好好地认识并记住这一点，
就会发现大自然是自由的，
从一切暴主中解放了出来，
独立自主地做一切他想做的事情，
不受神灵的控制。
让神灵的心灵来做证吧。

它们在那和平的，
悠久的岁月中，
度过那无忧无虑的平静生活；
谁能够掌控这无边无际的宇宙，
谁能够用坚定的手，
来执掌那无底深渊的巨大缰绳，
谁能够立刻让一切旋转，
来温暖这富饶的土地，
用神火让一切变暖，
又或者出现在任何时候、任何地方，
这样就能让黑暗中充满云块，
用雷电震动起天空中原本安宁的地带，
并且投射他的闪电，
常常突然地就击毁了他自己的庙宇，
或者是退后到那愤怒的荒野中，
放出雷霆万钧，
却将有罪的人放过，
而让纯真和无辜的人们死去。

世界在它成长发育的阶段，由于外来的不断增添的东西而长大

在世界初生之时，
在海洋和大地的第一个生日，
在太阳升起之时，
很多的物体从外面加入，
种子从各个方向被介入，
这宽广的宇宙在自身被抛来抛去的过程中聚集在了一起；
在这个过程中，
大海和大地可能会被增加，
同样地，

所有的物体都在生长，只要它们汲取的比给予的要多

天空中的广厦会更为广阔，
以便空气可以从地上上升至此。
所有地方的所有物体，
都在撞击中被分散，
和它们自己的同类分开，
然后就这样被传递到了自己的族群中去，
水分归于水分，
土壤类的物质在大地中生长，
火焰追随火焰，
天空跟随天空，
直到万物的父母——大自然，
用其完美的双手将所有的东西都聚在一起，
再让其生长。
这样一来，
送进生命的血管中的东西，
不再多于它们流失的东西。
到了这里，
万物的生长就要结束了，
到了这里，
大自然用她的力量阻止了一切的增长。
因为但凡你能够看见的，
通过愉悦的补充而增长，
一点一点地长大到壮年时的东西，
它们汲取的东西都比它们给予的要多，
只要食物能够轻易渗透进它们的血管里，
所有的物质还没有在身体四处散播，
造成的浪费远大于它们成长所需要的补给。
你就应该举起双手并且承认，

很多躯体都会随着事物一同流失，
但是需要更多的东西被添加进来，
直到它们达到了可容纳被添加物的顶峰。
一点一点，
随着事物年龄的增长，
达到了它们完全成熟的时期，
接着就会开始走下坡路。
一个东西越是饥饿越是肥胖，
一旦它的体积增长开始消失，
那么它就会向四周开始散放更多的物体，
从自己本身遣散出去，
这样食物就不会轻易进入它的血管，
或者得到很好的充足的储存，
一旦食物不足，
不能用新的供应物来抵消它抛开的那些衰退的东西。
那么，就有理由相信万物都要走向死亡，
所有的东西都会由于衰退而逐渐变得稀少，
最后食物将会不够充足，
身体也无法从中汲取营养，
它们就会因为元素的衰退而变得消瘦，
而外来的打击又把它们击倒的时候，
它们便不能战胜这样的打击了。
宽广的世界周围都是墙，
这些墙会被暴风击倒，
从而被破坏，
甚至被震动至毁灭。
这时就需要食物来修复所有的东西，
让其焕然一新，

接着就到了衰退的阶段，这时它们所流失的就要大于它们所汲取的

世界的情形也是如此

食物就足以支撑它们，
维持万物。
这一切终究也会白费，
因为血管无法承受它需要汲取的东西，
大自然也不能够满足供应的需求。
对，就算生命已经受到了伤害，
就算它曾经创造了整个种群，
还将这些种群都哺育长成了巨大的野兽，
筋疲力尽的大地无力再去创造，
一个微小的动物。
我想，从来没有一根金绳子，
可以让所有的生物的种族都从天上到地面来，
又或者从天上到海洋中，
到浪花中，
没有一根金绳子鞭打着巨石，
创造了它们，
但是同样的大地接纳了它们，
现在用自己的物质滋养着它们。
再者，
她自己首先创造了也会死亡的东西，
比如长势喜人的谷实，
还有万众所欢的葡萄，
她自己带来了这些甜蜜的果实以及快乐的草地。

它现在也显露出衰败的征候

现在就算得到我们劳动者双手的帮助，
也很难长大。
我们用垮了牛和牲畜，
叫健壮的田间工人精疲力竭，
我们的铁犁也被发挥到了极致，

田地却依旧无法供应充足的东西，
来保证它们的产出，
还加重了我们的劳动力。
现如今，
上了年纪的农夫，
摇着头叹息，
他那健壮的双手早已一无所获，
当他用眼前的光景和过去做对比时，
他常常对自己父辈的好运赞不绝口。
因此，
就会发出喋喋不休的抱怨，
说古时候的人们都充满了虔诚的心，
只想着过得简单舒适，
虽然只有一小块自己的土地，
但也怡然自得。
因为，
如果按照每一个人去算，
那时每一份田地确实比现在要小很多。
还有那手上满是老茧、闷闷不乐的葡萄种植者，
也咒骂着季节的变化，
还要不断去烦扰老天，
他也不明白，
所有的东西因岁月和生命的消逝所损耗，
也都必定逐渐衰老而走向坟墓。

卷　三

De Rerum Natura

序诗：对伊壁鸠鲁的赞扬，他向人们揭示了宇宙的真相

你，是你从黑暗的深渊中第一个举起了明亮的火炬，
你，是你最先照亮了生命的真实喜悦，
我跟随着你，
这希腊人的启明星。
我跟随着你坚定的脚步，
并非热衷于和你争荣誉，
只是出于对你无与伦比的敬爱，
想要向你学习，
以你为我的榜样。
燕子如何能与天鹅相争，
双足尚未站立的羊羔，
又怎么能和强壮有力的骏马，
相互赛跑竞争？
你是艺术之父，
你是真理的发现者，
你以一个父亲的身份告诫着我们，
从你的这书页中，贤名远播的你，
就像蜜蜂在繁花盛开的地方吸取每一朵花的花蜜一样，

我们以你那如金子般的圣言教育自己，

这如金子般珍贵的话语就是最值得我们为之奋斗的东西。

就像你的哲学一样，

从你那如神灵一般的灵魂中诉说，

开始大声地宣扬万物的本性，

思想的恐惧消散了，

世界的墙壁倒塌了，

我看到万物在虚空中运动起来。

上帝的庄严就这样被揭示，

它们那宁静的驻地，

不论是风还是雨都无法侵害，

也不会被严寒冻住，

更不会被白茫茫的大雪所损坏，

没有云的天空永远会替其遮风挡雨，

带着散开的光辉对着它们微笑。

大自然赐予了它们所需要的一切，

也没有什么可以在任何时候搅乱它们平静的思想。

但是却再也没见过地狱出现了，

大地上也没有任何的障碍，

可以阻碍我们看到一切事物，

我们也看不到在我们脚下的虚空中所承载的一切。

在这些景象前面，

有一种神圣的愉悦，

还有敬畏的战栗流遍我全身上下，

因为你的力量，

大自然就这样清晰地现身了，

所有一切都这样展露在了人的眼前。

灵魂的本质

既然我已经展示过，
万物伊始是什么样，
它们之间的形状有什么不同，
它们是如何受到永久动力的驱动，
从而自由飞翔的，
以及万物是通过什么方式，
可以产生创造什么样的东西。
在这之后，
思想的本质还有灵魂的本质将会在我的诗歌中一一展现，
那古老的对于阴间的恐惧将会被驱逐干净，
正是这份恐惧从根基上搅乱了我们的生命，
给万物都笼罩上了黑暗的死亡阴云，
不让任何的欢乐保持着应有的纯洁和清明。

哲学的假正经

就算人类总是声称，
疾病和生命的耻辱是比死亡更恐怖的事情，
它们知道，
灵魂的本质是血液，
又或者是风，
如果这是他们奇怪的想法，
就不需要我们现有的这种哲学，
你也许知道，
他们为了自己的名声，
为了赢得赞誉可以夸下海口，
这并不是因为真理本身可以接受。

一个生死关头就会揭露出那些对死亡的古老的恐惧

同样是这些人，
从他们的国家被驱逐出来，
流放到很远的地方，

带着恶臭的罪名受着各种悲苦，
却仍旧需要活下去，
并且不论他们到了什么地方，
他们依然会举行献祭活动，
他们会宰杀黑色的牛，
当作贡品献给下界神灵，
在这样痛苦的境地里，
仍旧要向宗教求助。
所以要去观察一个处在怀疑和危险当中的人，
去看看他在那样的境地中是如何生存的，
这样才能看到他内心深处发出的最真实的号哭：
面具才会被卸下，
这时剩下的真实面目才会显露出来。
再者，
贪婪以及对荣誉的盲目追求，
限制了一个人，
并且会让其跨越权利的界限，
有时迫使他们去干违法的勾当，
并且常常变成了罪行的帮凶和工具，
而又夜以继日地卖命工作，
从而攀上权力的顶峰，
这些生命中的苦难都来自对死亡的恐惧。
对于大部分轻蔑带来的耻辱，
还有穷苦都是和幸福愉悦有保障的生活相距甚远，
它们像在死亡大门前抖擞的尸骨一般，
当人们被错误的恐惧所驱使，
打算逃离避开这些东西时，
就会用同胞的鲜血来增加自己的好运，

这种对死亡的恐惧也是很多罪恶的渊源

屠杀一个接着一个。
就算面对兄弟凄苦的死亡，
他们也会硬起心来在葬礼上狂欢，
他们厌恶并且惧怕亲友对人的慷慨。
同样地，
出于一样的恐惧，
嫉妒就常常使他们憔悴，
因为在他们眼前谁带着光荣的名位前进，
谁就有权有势，
谁就受人敬仰，
他们在抱怨的时候，
自己也就被卷进了无边的黑暗与泥淖中。
他们中有些人为追求立碑留名而丧失生命。
往往因为对死亡的恐惧，
以至于深深活在了对活着和看见阳光的憎恨之中，
如此一来，
他们便带着一颗黯惨的心，
去了结了自己的生命，
忘记了这样的恐惧正是一切忧愁的源泉，
这攻击着他们的荣誉，
燃烧着友谊的纽带，
推翻了人们对一切的崇敬。
早在今天之前，
人们就常常背叛自己的祖国，
还有自己深爱的父母，
只为了避开死亡的国土。
孩子们颤抖着，
惧怕一切在黑暗中无法看见的东西，

必须通过科学将其驱散

同样地，我们有时会害怕在光线中的东西，
有时也怕更多的东西，
这些东西并不比黑暗中颤抖的孩童们害怕的东西可怕，
想象一下，
这一切都会过去的。
这种恐惧，
这种灵魂的黑暗，
一定会被驱散的。
不是被太阳的光芒驱散，
也不是被清晨炫目的光线所驱散，
而是被大自然的外部面貌，
和大自然内在的规律所驱散。
首先我要说说心灵，

心灵的本质。心灵是身体的一部分

我们通常叫作理解力，
这时生命所遵循的逻辑，
也是指导生命的力量，
它是人的一个部分，
如同手和脚还有眼睛，
都是被创造出来，
作为生物本身的一个部分。
(然而很多智者都认为)
心灵的感知并不是存在于任何一个指定的位置，
但是对于身体来说却一定是一个重要的东西，
希腊人称这种状态为和谐的状态，
它使我们和感觉和平共处，

但它并不是一种“和谐”

即使没有一个部分存在着智力，
我们常说健康是身体处在良好的状态，
并不是说健康是健康人的某个部分。

所以智者不会把心灵的感觉，
放在人的任何特定的部位。
依我看，
这就错得离谱了。

（1）无论是感受愉悦还是痛苦，心灵和身体都是独立的

正如我们看到的那样，
我们的身体经常会生病，
但我们却在某些不可见的部位感觉到一种愉快。
相反的情形也会经常发生，
心灵痛苦的人依然也会感到，
快乐充盈着他的体内；
当一个生病的人，
他的脚很痛的同时，
他的头也许不会痛。

（2）在睡梦中的身体是没有感觉的，但是心灵却是活跃的

再者，
当他的四肢把自己交给温柔的睡眠，
而他沉重的身体松弛又毫无知觉地躺着，
这时就有一种别的东西存在于我们的体内，
在那个特殊的时候，
被许多不同的方式搅动着，
接受一切体内快乐的波动，
还有那不切实际的来自心中的担忧。

灵魂存在身体中，但并未达到一种和谐

现在你应该已经认识到了，
灵魂同样也在我们的四肢里，
但是在身体中感知它时，
却并不和谐。

（1）当身体的大部分都已经丧失时，灵魂仍活着

当我们身体中的大部分已经被去掉之后，
生命仍旧苟延残喘在我们的四肢当中，

同时，
当为数不多的热被冲散，
就会有一些空气从口中被压散冲出，
同一个生命就会突然间抛弃了血管，
离开骨头；
这样你也许从中就能知道，
身体当中并不是所有的粒子都扮演着同样的角色，
也不是所有的粒子都是生命的支柱，
但是除此之外，
风和灼烧人的热气的种子，
是生命仍旧存在于肢体里的原因。
热和给予生命的风就在我们的身体里，
在我们死亡之后就弃我们而去。
心灵和灵魂的本质，
已经被揭示作为身体的一部分存在，
放弃和谐这样的名字吧，
这是从赫利孔山流传给音乐家们的一个名称，
又或者是他们自己从别处生拉硬拽而来，
在这个东西还没有别的名称的时候，
赋予了它。
不论它是什么，
让我们先保持这样，
你会听到我其他的教言。
我说过，
心灵和灵魂是统一的，
它们自己形成了一种单一的自然，
但是整个躯体的首领和统治者，
仍是那我们称之为心灵或者智力的理性，

（2）热和气的粒子丢失，是造成死亡的原因

我们必须摒弃像“和谐”这种生命原则的观念

心灵和灵魂是同一个本质，但是从胸腔中出发的心灵是处在最高位的

而这理性牢牢占据着我们胸膛最中心的位置。
在那里，
惊慌与恐惧在跳动，
在这周围，
环绕着快乐与享受，
这里，
便是智力和心灵存在的地方。
灵魂的其他部分，
分布于我们身体的各个部位听候命令，
受心灵的示意和动作而移动。
它本身有痛苦，有快乐
心灵本身有对其自己的理解，
当没有什么东西来扰乱灵魂或者身体的时候，
它有自己单独的快乐。
当我们的头或者眼睛，
受到打击而感到刺痛之时，
我们并不会同时感到全身在受折磨；
心灵自己会感受着痛苦，
或者充满了一种强烈的快乐，
当灵魂剩余的部分穿透四肢和我们的躯干，
它便不会被任何新的感受所唤醒。
但是心灵如果有过度的感觉，就会被灵魂共享，并且传递给身体
尽管如此，
当心灵被某种更为强烈的恐惧所干扰，
我们就能看到四肢百骸的灵魂也有所感应，
此时人会全身冒汗，面色惨白，
舌头也打结了，声音也被卡在了喉咙里，
眼前一片模糊，
耳朵嗡嗡作响，
双脚无法支撑，

我们经常看到由于内心的恐惧，
人会当场倒地，
所以，
我们很容易就能明白这一点：
灵魂和心灵是相互联结为一体的，
而当它受到心灵力量的扰动时，
它也立刻反过来打击和推动我们的身体。
同样的推理证明，
心灵和灵魂的本质是物质的。
因为既然我们看到它能驱动身体，
从睡眠中唤醒身体，
改变人们的脸色，
并且指导和扭转整个人的状况，
而这其中没有一个是可以不通过接触发生的，
如果没有物质则也不会有接触——
难道我们还能不承认，
心灵和灵魂是由物质的自然所构成的吗？
再者，
你也看到我们的心灵和身体一起受到摧残，
在同一个躯体当中共享同样的感觉。
如果来自矛枪恶毒的疾刺，
直接刺穿了我们，
让白骨裸露，
让肌肉外翻，
但却没有伤及性命，
那么我们必会晕倒，
接着就会伴随着一阵愉悦的眩晕倒地，
心灵同时也会产生一种模糊混乱感，

心灵和灵魂是物质性的。因为心灵由于接触而在身体上起作用，并且会受到身体痛伤的影响

时不时地，
会想要再站起来。
因此，
心灵的本质一定是物质的，
因为它会被物质的矛枪所击中，
而感受到痛苦。

心灵和灵魂是由很小的粒子构成的

那究竟是什么物质构成了心灵？
它又是由什么成分组成的？
我会在接下来的论述当中给你答案。
首先我要说的是，
这是一种非常精细的材质，
是由非常小的粒子构成的。
因此，
如果你有所注意，
你便能从以下看出来。

（1）因为它们是很容易移动的

没有任何东西可以发生得那样快，
就像心灵所预设发生的和开始去做的那样。
所以和任何可见的东西相比，
心灵可以更为迅速地让自己动起来。
但是，身手如此矫捷的东西，
一定是由最圆最小的种子构成，
从而，这些粒子即便是被很微小的力所撞击时，
它们也能被推动起来。
就像水受到一点最微小的影响就会产生波动，
由于它是由会滚动的小粒子构成，
因此便能很快地动起来。
但是，
从另一方面来说，

蜂蜜的本质更稳定，
它的液汁偏于惰性，
它流动得更加迟缓，
因为它的物质更加牢固地黏结在一起，
因为，
它们不是由那般光滑，
那般小而圆的粒子所构成。
一个轻微的颤抖的气息，
可以迫使高高堆起的罂粟籽，
从上到下滚落下来，
滚到你的眼前，
但是从另一方面讲，
一堆石头，
或者一堆带刺的麦穗，
就根本不会如此轻易地被吹倒。
因此，
物体越小越光滑，
就越容易动，
相反地，越重越粗糙的物体，
就越不容易动。
因此，现在，
既然心灵的本质是如此容易动，
那么构成它的种子就一定格外的小，
格外的光滑，格外的圆。
一旦知道了这个事实，
我亲爱的朋友，
它将在其他各个方面，
都会是非常有用的，

（2）因为它们在人死亡后离开，并且不会在其外表或者重量上引起任何的改变

并且也会帮助你做很多事情。
这一事实，
澄清了心灵的本质，
以及构成它的材质有多么精细，
如何只用一点点地方就可以容纳它，
当死亡那无忧的安定占有了一个人，
心灵和灵魂的本质也离去了的时候，
你可以看到那里并没有任何变化，
你发现在整个身体中，
就外形和重量而言，
并没有什么被带走。
除了生命的感觉和一些热气之外，
死亡保留了一切。
因此就需要整个灵魂的构成是非常小的种子，
并且要和血管、躯体、肌肉相联结，
因为即便当这一切都准备好离开我们的整个身体，
四肢的外部轮廓仍可被完好无损地保留，
身体的重量也可不减分毫。
正如当美酒的味道飘过，
当香水甜美的气息在空气中飘散，
又或者当这些味道从一些东西中飘出，
还是无法看到这些东西的外形有肉眼可见的变小，
或者体重有所降低，
因为，味道还有气息都是由很多微小的种子构成。
因此，一次又一次地你就明白了，
心灵和灵魂的本质是由极微小的种子构成，
这样即便这些小种子逃走离去，
也没有把重量带走分毫。

虽然如此，
我们不能认为这个本质是简单的。
因为那些将要死去的人，
会发出一阵极为稀薄的气息，
这样的气息里夹杂着些许热度，
这热又带着气一同飘走，
没有任何的热是不和气相互混合的。
因为这样的特性非常稀薄，
就需要很多气的始源来促使其运动。
如此一来我们就知道，
灵魂的本性是三重的，
所有的东西都不足以创造感觉，
心灵并不会承认，
这些运动可以创造感觉，
以及随那心灵所转动的思想。
一定需要第四本性来加以辅助。
但是这一切加起来都没有名字；
没有任何存在的东西比它更加容易动，
没有任何存在的东西比它还要精致，
没有任何存在的东西的构成是比它还要小，
还要圆滑的粒子。
它会先送出运动，
将感觉送到四肢，
因此最先被扰动的，
也就是这些最小的物体所构成的东西。
接着热度就会接收到运动，
接收到看不到的风带来的力量，
接着就是气。

灵魂的构成：风、热、气

第四本性

然后所有的东西都会准备好移动，
血液接收到了震动，
整个躯体都会感受到这样的战栗；
最后会传送到骨头和骨髓，
不论它是愉快的，
还是与之相反的激动的感觉。
但是，
痛苦却不会走到如此深处，
那恼人的疾病也不行，
但是这样一来所有的东西都被打乱了，
就没有地方留给更多的生命，
灵魂的一部分就会通过身体的每一个孔四散开来。
但是大多数身体的部分还是对于这些运动有所限制，
比如身体的皮肤表面，
通过这样的方式才能保住我们的性命。

灵魂中各种元素的结合

现在，
我渴望告诉你，
这些部分是通过什么样的方式，
才和其他物质相混合，
通过什么样的方式结合在一起，
这样才能发挥其作用，
但我们祖国贫乏的语言却可悲地阻碍了我的表达。
不过我还是会竭尽所能，
根据这个主题浅谈几点。
万物的始源围绕着它们做着往复的运动，
这样就没有一个单独的物体，
可以跟其他的分开，
如果被空荡的空间分离，

那它也不能发生任何作用，
但是它们就在那里，
一个单独的个体有着很多的力量起作用，
在任何一个生物的肌肉中，
存在着气味，
一定的热度，还有味道，
这一切组成了一个单独的个体。
热度，空气，还有隐藏起来的风的力量，
用矫捷的力量混杂在一起，
创造出了一个大自然，
这个大自然会从自己的始源送出运动给它们，
这些运动首先产生了感觉，
然后这种运动就会传遍全身，
更多的是传遍灵魂，
尤其是深深埋藏在身体最深处的灵魂。
这个本性就深深地隐藏在最下面，　　隐藏的第四本性
在我们的身体中，
没有什么比它隐藏得更深。
并且，
它是整个灵魂的真正灵魂。
正如在我们的四肢和整个身体里面，
心灵和灵魂的力量混合在一起，
并悄悄隐藏着，
因为它是由少数微小物体所构成。
所以，你看，
这个没有名称的力量，
这个躯体娇小的力量，
悄悄地隐藏着，

并且它是整个灵魂的真正灵魂，
并且主导支配着我们整个身体。

其他的元素

风和空气还有热也在一起，
用同样的方式，
混合在我们的身体里发挥着作用，
其中有一个会比其他的更加出众，
又或者比其他的隐藏得更深，
这一个就会被认为是其他所有一切的构成；
否则单单热和风，
根本不用气的力量，
就会使感觉终结，
用分离来使它们消散。

热引起愤怒

再者，
心灵里确实拥有那种热，
当它暴跳如雷，
从眼前快速燃起怒火时，
便会带上它。

风引起恐惧；气让人平静

还有那些冷风，
和恐惧一同前行的冷风，
会让你的四肢战栗，
会扰乱你整个身体的框架。
但同时也有那种会令人平静的气，
当你的胸中充满了平静，
当你看起来从容不迫时，
它便存在了。

以动物为例

但是那些生物，
有着更多的热，
它那烦躁的心，

和过激的精神，
很容易就在愤怒中被激化。
比如狮子那凶残的力量，
这类生物经常因为咆哮得太过激烈，
而撕裂了它们的胸膛，
因为它们无法在胸中容纳那汹涌的怒气。
但是麋鹿那冷静的心灵，
却有着更多的风，
可以更加快速地激起它体内那冰冷的寒气，
这就促使颤抖运动在其全身上下开始运作。
但是牛类和牲畜则要凭借冷静的气来活着，
那些投下了幽暗阴影的容易暴怒，
冒着烟的火炬也从未因为与其接触，
就能惹怒它们；
也不会被恐惧的冷箭而射穿，
或者就此僵起来。
这类物种介于鹿和凶猛的狮子这两者中间。
人类这一物种也是如此。 以人类为例
虽然有很多教育让人们获取平等的教养，
但还是把每个人心灵本质的那些原始痕迹保留下来。
我们不能以为，
这样的宿疾可以被连根拔起，
而以致不会有人比别人更易陷入暴怒之中，
也不会有另一个人更易陷入恐惧之中，
更不会有第三个人更能逆来顺受。
在许多其他的方面， 哲学的力量克服了自然的习惯
一定还会有差别，
多种多样的本性造就了人与人之间的不同，

随之而来的就是人和人之间不一样的习惯；
但是我现在不能揭开这一切形成的原因的秘密，
也不能找到初始原子形状的名字，
正是这些原子带来了物体之间的多样化。
我在这里能看到的，
并且可以确认的一件事，
就是这些本性留下的痕迹再小，
小到真理也不能为我们将其驱散，
也没有什么可以阻止我们，
去过一种配得上神灵的生活。

灵魂和身体的结合是生命开始的原因

这个灵魂的本性是受到了整个身体的保护，
它本身也是身体的守护者，
也是这个生命开始的原因。
这两者由相同的根紧紧连在一起，
除非是死亡，
否则它们不会被拆散。
就如我们想要从乳香块中取掉它们的芬芳，
而却不致使它的本性同时也死亡消散，
这并非易事。
所以想要把心灵的本质从整个身体里抽离掉，
或者想要灵魂从全身抽出而不致使全体消散，
都是不容易的。

两者是彼此必需的

万物的始源是那样接近地相互交织着，
从它们刚出生，
刚显现的时候就是这样，
和生命分享着共同的东西，
很明显地可以看出，
身体的力量或者心灵的感觉被分开了。

自己本身也不需要来自其他力量的帮助，
但是通过两者之间共同的运动，
这种运动在同一边，
感觉就被点亮了，
在体内被煽动起来了。
此外，身体并不是单独存在的，
也不是单独生长的，
更不是在死后还会长存。
因为水的湿度会浇灭这样的外来的热度，
本身并不因此而被毁，
反之，却仍会保持完好无损。
要我说，
通过这样的方式，
那被抛弃的身体则不能够承受灵魂的分离，
但是它最终还是会消散，
会毁灭，
会腐烂，
会死亡。
所以从身体和灵魂存在的开始，
从它们两个共同的接触和结合开始，
学习那些给予了生命的运动，
即使是藏在母亲的四肢和子宫里时，
也是存在的，
这样一来，
没有伤害和毁灭，
就没有分离，
所以你能认清，
既然它们生存的根源是相互关联的，

并且不能失去彼此而单独存在

身体本身会有感觉，这是由于与灵魂结合的原因

它们的本性也一定是相互关联的。
此外，
如果任何人认为身体没有感觉，
并且相信灵魂承载了这种运动，
在我们的身体里来回摇荡，
我们称之为感觉，
他甚至还会和直白且不容置疑的真实的事实相抗争。
对于那些曾经告诉我们，
身体的感觉是什么样的人，
这难道还不够佐证吗？
这难道还不够教导我们的吗？
“但是当灵魂都离身体远去了，便同时也剥夺了感受。”
是的，
它失去的并不是在它自己的身体中存在的，
当它从生命中被剥夺后，
除了这以外，其他的事物也失去了。

举例：眼睛本身可以看到，但并不是“灵魂的大门”

再者，
说眼睛本身不能看物，
但是当门打开时，
心灵便可以透过它向外看物，
这种说法很难说得通；
因为眼睛里的感觉恰恰把我们引领上了另外一条路；
这种感觉把我们拽着向前，
强迫着放进了我们的瞳孔里，
我们常常不能看到太亮的东西，
因为我们的眼睛被光阻碍。
但是这样的事情不会发生在门的身上；
对于门来说，

我们可以透过它看到东西，
在它打开的时候我们不会遭受任何的痛苦。
再者，
如果我们的眼睛是大门，
则我们的心灵，
在门柱和其他的阻碍都被清除之后，
就可以更好地看东西。
你可以不接受上面的教导，
这是被尊为圣人的德谟克利特的判断，
他在我们之前就下了这样的结论，
灵魂和身体的始源可以交替，
可以一个接一个地交替，
第一个后面再接着下一个，
这样便织成了网，组成了我们的四肢。
因为灵魂的粒子要比我们身体和肌肉的构成，
小得多，同样，它们在数量上也少得可怜，
在全身也是零星稀疏地散布在这里和那里，
所以你能够保证这一点：
灵魂的始源之间维持着的距离，
最少要和某些最小的物体的大小一样，
当这些物体投射在我们的身上时，
就可以在我们身体内激发出那产生感觉的运动了。
因为有时候我们感觉不到，
这些紧紧停留在我们身上的尘土，
或者是轻轻被摇晃掉落在我们身上的粉笔末，
夜晚稀疏的薄雾，
又或者是当我们在移动时被蜘蛛的丝网缠住，
还感受不到那蜘蛛编织的丝线，

灵魂原子和身体原子不是一个接一个交替排列的

灵魂的原子彼此间是有间隔的

万物的证明：当这些东西触碰到我们的身体时，我们却感觉不到它们

又或者是鸟儿的羽毛，
或者是植物那种太过轻巧的飞絮，
轻得连落下来也不是很容易的东西；
也感觉不到每种爬行的生物，
或者是小蚊虫在我们身上留下的足迹。
确实，
我们的身体里许多粒子必须受到一定程度的搅动，
才能使灵魂的种子穿透我们的身体，
并且感受到了始源带来的震颤，
在它们可以相互连接起来，
彼此之间留下间距，
之后又相互碰撞，
结合，又再彼此跳开分离。
对于生命来说，心灵比灵魂更重要
心灵更是生命的守护者，
它比灵魂更多地可以统治生命，
因为如果心灵和理智不存在，
就没有一点灵魂可以停留片刻，
它会立刻随着心灵在风中消散，
留下冰冷的四肢在死亡的寒霜中。
但是谁的心灵和理智还留存，
谁就还活着。
不论身体被如何残忍地割害，
不论四肢被如何砍掉，
不论灵魂如何从四肢离开，
身体仍旧会活着，
并吸进活命的气息。
即使被剥夺了几乎全部的灵魂，
他也会弥留在这人间，

抓住自己的生命不放手。
即使眼睛的四周被割裂，
如果瞳孔还没有受到损害，
那么视觉便会一直坚定地存在，
只要你并没有将眼球毁坏，
也没有围着瞳孔把四周全都割下来，
而让瞳孔自身孤立存在，
因为这样的事情是无法在不把双眼都全毁坏的情况下做到的。
但是如果眼睛中间一个小小的部分被戳穿，
那么光明立刻就会消失，
黑暗就会随即而来，
然而没有损坏的地方眼珠仍然很清亮。
灵魂和心灵就是以这样的契约彼此捆绑联结在一起。
来吧，
现在为了能够使你认识到，
所有生物的心灵和很轻的灵魂，
都是有生有死的，
我将很快继续写下我的诗，
长期地探索，
快乐地努力找寻着，
找寻那些值得作为你生命指导的东西。
请你将这两者联合起来，
并起一个名字，
让我们选一个例子，
我将继续讨论灵魂，
证明这确实是会死亡的，
假设我同时说的也是心灵，

举例说明：眼睛的瞳孔

灵魂的生命终有尽头

它们是一个接着一个，
一起组成了一个单独的东西。

证明：（1）它是由微小的原子构成的，并且是易动的

首先，
既然我已经证明了，
灵魂是由非常纤细的东西，
由微小的粒子构成，
其始源要远远小于流动的水，
似烟的云，
并且在移动的速度上远远超过了它们，
在受到轻微的击打时，
更容易动起来，
因为它们确实会受到烟或者雾的推动；
即使在我们沉沉入睡的时候，
能看到那圣坛上高高漂浮的蒸汽，
还有将它们送上来的烟；
毫无疑问地，
这些都是向着我们而来的，
现在，
既然你已经看到了当瓶子被打破的时候，
瓶子里的液体就会流失，
既然烟和雾都会在风中飘散，

因此，当它离开了身体之后，就不能在空气中再被保持在一块

你就要相信，
灵魂也会同样地消散，
甚至更快，
一旦它离开了人的四肢，
并且被分解之后，
则更为迅速地分解为它的原初物体。
确实，

身体之于灵魂相当于是一个容器，
如果恰逢这容器被打碎，
或者因血液从血管中流出而变得稀化时，
就不能将它聚在一起，
你又如何能相信，
灵魂可以被任何的空气聚在一起呢，
那比我们的身体还要稀薄（并且能保留的更少的灵魂）？
再者，

（2）灵魂随着身体一起诞生、成长和衰老

我们感受到心灵和身体是同时出生的，
并且一起长大，
一起变老。
就像孩子们用柔弱的四肢蹒跚学步的时候，
相对应地，
他们的心灵中就有那微弱的智力。
然后当他们逐渐成熟，
身体壮大，
那他们的智力也会更大，
心灵的力量也会更加强壮。
之后，当身体随着时间的流逝而损坏的时候，
身体的力量就会随之而衰落，
智力也会变得残缺，
舌头也无法说出清晰的话语，
心灵就会垮掉，
因此很自然地，

因此它会和身体一起被解散

灵魂也会被解散，
像烟一样，
会被风吹到高空中，
我们看到它和身体一起出生，

一起成长，
就像我指出过的那样，
同时会在经历过岁月的摧残之后一起粉碎崩溃。
（3）心灵，正如身体一样，有痛苦
接着我们便能看到，
就像身体本身会遭受可怕的疾病和痛苦，
心灵有它的痛苦、悲伤和恐惧。
（4）身体的疾病也影响心灵
不，还有，
当我们的身体生病的时候，
灵魂也不在其位，
它会失去理性，
胡言乱语，
有时候会晕倒，
双眼紧闭，脑袋低垂，睡起觉来，
接着便进入了沉沉的睡眠当中；
当眼睛和头止不住地下垂，
就听不到任何声音了，
也无法认出那些在其周围前后的面孔，
那些召唤它回归生命，
泪流满面的面孔。
因此，
你必须要承认，
既然传染性的疾病可以进入身体，
那么心灵也会解体。
不论是痛苦还是疾病，
都和死亡何其相似，
我们都被教导过，
人最终都会逝去。

再者，
当烈酒进入一个人的身体，
那种热度就会散布在他全身的血管，
为什么紧接着他的四肢就会有沉重的感觉，
他的双腿不听使唤，
步履蹒跚，
他的舌头打了结，
他的思想变得沉重，
他的眼睛充满了眼泪，
大喊着、哭泣着，与人争吵都在不断地滋生，
其他所有的标志都会相伴而来；
为什么这些会发生。
除了是酒起到了主导作用，
是否是身体里的灵魂被搅乱了？
但是不论何时，
事情都会遭到扰乱和挫折，
他们在证明着一切，
如果一旦有更有力的原因介入，
它就会被夺去生命而灭亡。
更多的是，
有些人，
就在我们的眼前，
突然被这暴力的疾病所抓住，
就这样像被闪电击中般摔倒，
口吐白沫，
他在不断呻吟，
发抖，
失去了他的理智，

（5）醉酒对人的身体和心灵的影响是同样的

（6）癫痫的影响会更厉害，甚至可以撕碎灵魂

他的肌肉变得僵硬，
来回扭动着喘不过气，
因为不断的痉挛抽搐，
四肢也用尽了力气。
因为，你大概能确定，
他的灵魂仿佛要在这疾病的暴袭中，
被驱逐出自己的身体之外。
再者，
他勉强发出了一声呻吟，
因为他的四肢被痛苦紧紧扼住，
但主要的还是因为声音的种子被驱逐了出来，
集结着通过他们习惯经过的口腔，
顺着那早已被筑好的大道，
它们走了出去。
就这样，失去了应有的智慧，
因为心灵和灵魂的力量已经被扰乱，
正如我已经指出的，
这些都被分裂抛散了，
并且被同样的毒物所粉碎。
稍后，
当那些疾病的原因都已经不复存在，
那被伤害的身体当中的剧毒，
会再度回到它们原来幽暗的洞穴当中去，
这个人首先会摇摆不定地站起来，
然后渐渐地恢复一切，
直到把灵魂都收回来，
因此，
既然在人的身体里面，

心灵和灵魂也会受到这样的大病的震动，
会这样悲惨地受到压迫，
那么你又怎么能相信，
在身体处在空旷的空气中的时候，
它们竟然能够活着不死，
还能和大风搏斗？
既然我们能够看见心灵被治愈，
就像生病的身体被治愈一样，
我们能够看到它们被肉眼可见的药物治好，
这是否也在提前警告我们，
心灵的生命也会有尽头。
对于那些企图并且已经着手改变心灵，
活着寻求改变它的其他本性，
一定要加上些新的部分，
或者把原有的次序加以调整，
或者从整体中移出一点。
但是凡是不朽的东西，
对于它自己来说，
一定不会让别的部分添加进来，
或者是让什么部分被重新排列，
也不会让任何部分偷偷溜走，
因为任何东西的改变超过了原来的极限，
那么就等于这个东西立刻死亡了，
因此，
不论思想是生病了，
还是被药物医好，
就像我证明过的，
都表明，它是不免于一死的。

（7）心灵和身体一样，可以被药物治愈

所以一个真实的事实是，
它反对一切的错误的逻辑，
关闭了敌人撤退的道路，
不让他们逃跑，
用两面刀锋的反驳证明这是一个谎言。

(8)灵魂，在面对死亡这件事上，也会随着身体一起走向灭亡

再者，
我们总是会看着一个人一点一点逝去，
他的四肢逐渐慢慢地失去生命的感觉；
首先，
是他的脚指头和指甲会变成青灰色，
接着他的双足和腿部就死亡了，
这样的情况会一点一点贯穿他全身，
然后再贯穿他躯体其余的部位，
走上了通向令人战栗的死亡的道路。
同样，
灵魂也不能单独存在，
并且灵魂的生命一定有尽头。

它不能收缩于一个地方，就算可以，也终会有消亡的一天

但是，
如果你认为，
它有自己的力量，
可以将自己拉进全身上下，
并且把它身体的每个部分都收缩于同一处，
这样就可以放逐躯体里所有的感觉。
如果是这样，
那里也是灵魂聚集的地方，
需要拥有更加多的感觉；
但是既然无法发现这样的地方，
你应该确定，

就像我们之前说的，
它会被切成碎片，
散落在各个地方，
最终走向灭亡。
更多的是，
如果我们希望承认这一切都是假的，
并且允许灵魂和身体混淆在一起，
这躯体在死亡之后，
便会一部分一部分地离开白天的光明，
你也一定要承认，
灵魂有死亡的一天，
不论最终会四散在空气中，
又或者会从一个变成很多个，
之后慢慢腐烂，
既然一个人每个部位的感觉都会逐渐失效，
那么他每个部位的生命力也会越来越少。
既然心灵是人类的一部分，
就像耳朵，
眼睛，
还有其他指导人类的生命，
掌控生命方向的感觉器官一样，
是固定在一处的，
就像手、眼睛和鼻子，
离开我们之后，
我们便没有了知觉，
但是实际上，
在很短的时间内它也会融化腐烂，
因此心灵不能脱离人体本身而存在，

（9）心灵就如同其他器官，不能脱离肉体而存在

身体就像心灵的容器，
又或者你可以想象，
它是任何别的可以跟它连接更紧密的东西，
仿佛打了一个结，
和身体紧紧相连在一起。
（10）灵魂和身体都是因为共同的结合才会存活于世
再者，
身体和心灵中活着的力量，
只有相结合才能战胜一切，
一个和另一个在一起，
才能享受生活的乐趣；
心灵的本性是无法脱离了身体产生生命的运动的，
脱离了灵魂的身体也是无法长存并且有所感知。
我们要知道，
正如眼睛从根部脱离了身体，
那就无法看到任何东西，
因此很明确，
灵魂和心灵本身没有力量。
无疑是因为二者紧密结合后贯穿于血管和肉体里，
穿过肌肉和骨头，
它们的始源被整个身体紧紧包裹在一起，
不能够彼此之间分离，
留下巨大的空间。
这些被禁闭的东西，
造成了那些有感觉的运动，
在人死后，
这些东西飞离体外，
在这空气的微风中，
便无法做出同样的运动，

因为它们并不是通过同样的方式聚在一起。
因为气会是一个身体，
一个活物，
如果灵魂可以自己聚在一起，
并且在运动中维持自己，
维持以前在筋骨间所做的运动，
所以，
一次又一次，
当身体的包裹已被打开，
生命的气息被驱散走，
你一定要承认，
心灵感觉和灵魂的感觉也已解体，
尤其是作为生命存在的理由，
灵魂和身体紧紧相连。

在空气中，灵魂无法保持在一起，或者产生那些生命的运动

再者，
既然身体无法忍受与灵魂分离，
一分开就会腐烂并且发出难闻的味道，
为什么你还会怀疑，
灵魂的力量已经从最深处聚集了起来，
并且渗透了出去，
像烟一样地飘散了，
身体已经发生了变化，
在这样巨大的毁灭中崩塌，
因为它的基础已经从它所在的地方被移开，
灵魂随着身体中蜿蜒的路线和小孔渗透出了四肢外，
所以你可以在多方面认识到，
灵魂的本性已经分成无数的部分，
沿着身体跑了出去，

(11) 身体的逐渐腐烂，表明了灵魂在离开之前就造成的破坏

在飘散到风中之前就已经被粉碎。

（12）巨大的震惊并不会导致死亡，这表明了灵魂有着同样的困扰

更多的是，
当它还在生命的限制中移动，
经常通过某些原因，
灵魂会被撼动或者是移动，
并且希望可以被释放，
离开身体；
这时脸会变成灰青色，
就像到了濒死的时候，
所有的四肢都会变成毫无血色的僵硬肢体。
即便是这样，
正如人们所说，
心脏曾经因受震惊而跳动过，
又或者它自己曾停止了跳动；
如果这一切都是警示，
一个个都拼着命紧紧抓住那跟生命之间的最后联系。
因为接着心灵被震得很厉害，
同时，
灵魂所有的力量也被震得很厉害，
它们在全身上下是那般地摇摇欲坠，
以至于略微有力一点的诱因就会把它们完全解散。
既然这样，那你为什么还怀疑，
一旦灵魂被驱逐出了身体之外，
就会很脆弱，
离开了开放的空气，
又被剥夺了它本身的庇护，
是不是不仅无法长久地存活下去，
甚至连短暂的存活都不可能？

因为很明显没有人，
在他垂死的时候，
会感到他的灵魂完整地一下子就离开全身了，
或者也不会先到他的喉咙，
再到口腔，
而是直接跌入到它本该在的地方；
就像它知道，
其他的感官会在属于自己的地方被分解。
但是如果我们的心灵是不死之身，
那么它在垂死之时若要被分解，
便不会那样地悲痛，
而是会一路向前，
像蛇一般蜕皮重生。
再者，
为什么心灵的智力与判断力，
从来不曾出现在头里或脚里或手里，
而却在一个人的身体中有着固定的位置？
除了有些位置指定给那些已经出生的东西，
还有一些东西当其被创造之后就可以有自己的位置，
这样一来，
就会安排各种各样的部分，
这样它的四肢顺序就无法被反转了？
事物是如此确定地一个跟随另一个，
以致火焰不会从水中诞生，
寒冷也不会生在火里面。
此外，更多的是，
如果灵魂的本性是不灭不死的，
并且在离开我们身体的时候是有知觉的，

没有哪一个垂死之人感觉到灵魂一下子就完整地离开

（13）心灵有其所属之地，就像其他最终会消亡的东西一样

（14）一个不死不灭的灵魂必须有自己的感官

我认为我们必须赋予其五种感官。
因为只有这样，
我们才可以想象自己的灵魂在地狱中游荡的样子。
因此画家还有过去的那些诗人，
都将那赋予了感官的灵魂带到了我们面前。

但是感官不能离开身体而存在

不论是眼睛还是鼻子，
甚至是手如果孤立地离开了身体，
就无法为灵魂而存在，
舌头和耳朵也是一样，
因此，当他们孤立地离开身体时，
灵魂就不能感觉也无法存在。

（15）当身体被砍断，残躯的部分会有一点灵魂幸存，但是却无法永生

既然我们能够感觉到，
生命的感觉在整个身体中存在，
我们能够看到，
整个身体是一个有生命的东西，
如果突然有一种力量，
用迅速的打击砍到了它，
就可以将每个部分分开，
无疑这种灵魂的力量也会被一劈为二，
被割断，跟着身体一起被撕裂。
但是凡是能分裂成这么多的部分的，
当然就不能说，
它的本性是永生不死的。

举例：战争中被砍断的四肢

我们听说过，
在一场疯狂的屠杀中，
战车如何用它那闪亮的镰刀，
突然砍掉人的手脚，
这些身体的躯干就算掉在了地面上，

也依旧在颤抖，
心灵和灵魂却感觉不到痛苦，
与此同时，
在突然的哽咽中，
此人还是全神贯注地在战斗的狂热中沉迷，
带着他身体剩余的部分，
继续战斗厮杀；
他还没注意到，
带着盾牌的左臂已经不见了，
被车轮和镰刀带到了马蹄的中间，
另一个人未注意到，
他的右臂已经缺失了，
甚至还想爬上他的战马，
再度向前冲。
而第三个人，
还在痛苦地挣扎，
已断了腿却还企图站起来，
不远的地上，
他那垂死的脚还扭动着它的脚趾。
脑袋从温暖而活着的身体上被砍下来之后，
就算掉在了地上还是摆着那张活着时的面孔，
双眼睁得很大，
直到最后，
才会交出全部剩下的灵魂。
如果你选择将一条还在吐着舌头，
尾巴摇来摇去示威，
拥有长长的身体的蛇，
被用斧头砍成很多段，

一条被砍成了很多段的蛇

你就会看到每一段，
都会由于新受创伤而左右扭动着，
并用它的血迹染遍泥土，
头部也在那儿张着大嘴找寻着尾部，
它为了这样做，
忍受着伤口带来的灼热的疼痛，
这样的疼痛或许能通过它自己的撕咬止住。
我们是否应该说，
在这每一个小的碎段里都有一个完整的灵魂。
但是如果真是那样的逻辑，
那么，一个生物身体里就会有许多灵魂。

在上述两个例子当中，灵魂都是可分的

因此，
和身体一起的灵魂就分成了许多段，
不论灵魂还是身体都一定无法免于死亡，
因为它们都能被分成许多段。

（16）如果灵魂是永恒的，那么我们应该能记起它前世的样子

再者，
如果灵魂的本质永恒不朽，
并且在我们出生之时就进入我们的身体，
那么为什么我们不能记起前生前世？
为什么我们没有保留下之前所做事情的痕迹？
心灵的力量被改变得如此之多，
以至于它对所有过去事情的记忆都这样丢失了，
那么，这种状态，
我认为，
离死亡也不远了；
因此，你必须承认，
灵魂，
尤其是以前存在的灵魂，

都已经逝去了，
现在的灵魂，
现在才被造出来。
再者，
如果我们的身体已经造成之后，
就在我们刚刚诞生出来的时候，
就在我们刚刚跨过生命的门槛，
我们心灵的力量就习惯性进入身体，
那我们能看到它随着身体和四肢在血液里面一起生长，
就不再是自然现象了，
而是应该像住在一个洞穴里一样，
在里面独自生存，
这样一来整个身体就会充盈着感觉。
因此，
一次又一次，
我们一定要承认，
灵魂既不是没有诞生，
也不是不受死亡的规律的限制。
因为我们不能认为，
如果灵魂从外面被嫁接在了身体内，
那它就可以和我们的身体连接得如此紧密，
但即便所有这一切真是这样，
那事实也会昭然若揭，然后去反对一切：
因为灵魂和血管、肉身、肌体还有骨头，
甚至是牙齿是如此紧密地交织在一起，
以至于它们共用着感觉。
就像牙痛还有喝了冰水所带来的刺痛感，

（17）如果灵魂是从外面进入身体的，就不能那样紧紧地和身体联系在一起

或者是咬了一粒，

藏在面包中的尖锐石子，

既然它们是那样地交织在一起，

它们就不能那样毫厘未损地从整个筋骨、关节中完全脱离。

（18）如果它从外面进入了身体，然后又被分配到各处，那么在这个过程中它必定灭亡

如果你认为，

灵魂习惯于从外面进入然后依附于我们的身体中，

并渗透贯穿于我们的四肢，

那么，既然它是这样与身体融合在一起，

那它就更加会死亡，

因为凡是能渗透的，

也就会被解体并因此而死亡。

因为正如食物通过身体的小孔扩散输送并遍布于四肢和全身之后就离去了，

然后用其自身给另一个本性作材料，

同样地，灵魂和心灵也是如此，

在它们进入新生身体的时候，

不管它们那时有多么完整，

但是在渗透其中的过程中仍会被解散，

而这个时候穿过所有的小孔，

输送到四肢是那些粒子，

正是它们才构成了这个心灵的本质，

而现在它掌控着我们的身体，

从中诞生，

再走向死亡，

和四肢一起同生共死，

这样看来，

灵魂的本性既不能脱离一个诞生的过程，

也无法豁免于死亡。

再者，

灵魂的种子到底是否会被留在那毫无生机的身体内？

因为如果它们被留在了那里，

那就只能说明它是不能永生不朽的，

因为离开身体就意味着一定会失去一些部分，

像残疾了一样。

但是如果是四肢无损地离开的，

或者在还是整体时逃离了四肢躯干，

那么灵魂便不会在身体里留下任何部分。

又怎么解释，

尸体，

也就是我们的肉体腐烂之后，

滋生的蛆虫，

又怎么会有这么一堆没有骨头，

没有血的生物，

盘踞在这个被抛弃的躯体上？

但是如果你认为，

是许多的灵魂从外面进入了蛆虫的肉体之中，

而且还可以就这样单独进入它们的身体内，

并且你也不去考虑一下为什么在只有一个灵魂离开的地方，

竟然有数以千计的灵魂群集在一起，

那么看起来这里还有一点需要解答，

并加以检验：

究竟那些灵魂是在四处捕猎蛆虫的种子，

是为它们自己筑起了一个居住之所呢，

还是他们似乎已经进入了那早已造好的巢穴。

（19）如果灵魂原子被留在了体内，那灵魂一定是被打碎了；否则，尸体中滋生的蛆虫又如何解释？

他们的灵魂不能是从外面来的

或者它们既不能为自己造身

但是没有一个好的理由可以解释，
为什么它们应该为自己造身，
为什么要承受这样的痛苦？
确实，
当它们没有躯体的时候，
就不会受到疾病和饥寒的折磨。
正是因为受到这些疾苦与折磨，
正是因为心灵与身体的接触才会有病痛。
但是，
就算建造了一具躯体来居住，
对它们来说也是很有用的。
但这似乎看起来是它们无法办到的。
那么，
灵魂就不能为自己造身。

也不能进入已经造好的肉体

它们也不能进入早已经造好的躯体，
因为如果那样，
他们就不能很好地和身体交织在一起，
也不能通过共享感觉来与身体进行真正的接触。

（20）各种动物之所以能保持它们的特性，只是因为它们的灵魂是由身体决定的并且随着身体一起长大

为什么阴郁的狮子总伴随着剧烈的暴怒？
而狐狸却总是天生狡猾？
为什么麋鹿常有从祖先那里继承而来的逃跑的技能，
以及与生俱来的恐惧感助长了它们那敏捷的肢体？
为什么所有这一切总是在诞生的那一刻，
就在四肢和脾性里产生？
难道不是因为有一种心灵的力量来自于它自己的种子，
和自己的族群，
伴随着每一个动物的身体而长大？

但是如果灵魂是永生的，
并且习惯更换它的肉身，
那么生物的习性会混乱地交织在一起；
赫卡尼亚的猎犬常常会逃开，
以此来躲避迎面而来的长角鹿。
鹰在空中遇到飞来的鸽子，
便会落荒而逃。
人类会丧失智慧，
野兽来临的时候反而会更有理性，
因为那样的论证是建立在错误的推理之上，
当人说不灭不死的灵魂会在肉身更换时变化，
因为，但凡是变化了的，
就会解体，
从而失去生命死掉。
因为那些部分被转移，离开了原有的秩序，
因此他们必定也能够在整个身体里面解散，
最后他们会随着身体一起死亡。
但是如果有人说，
人的灵魂会进入人的身体当中，
我就要发问了，
为什么一个有智慧的灵魂，
最后还是会变得粗蠢鄙陋？
为什么没有一个孩子是能够辨别是非的，
而小马驹却无法训练得像一个成年骏马一样好？
我们也许能确定，
他们被迫承认，
心灵在一个虚弱的身体里待久了也会变得很虚弱。
但是就算是这样，

（21）如果永生的灵魂进入了动物的身体，那动物们就会有各种各样的特征。因为一个永生的灵魂不能在从一个身体渡过另一个身体时自己就产生变化

（22）即使人的灵魂只进入人体内，那它们从老人到年轻人的体内中去时也有变化

也要承认，
灵魂是会死亡的，
因为它在整个身体里是会发生这样大的变化，
以至于失去了之前的生命和感觉。

（23）灵魂除非是和肉体一同诞生，否则就不能同它一起长大

灵魂又如何跟肉体一样成长，
一样壮大，
并且获得所渴望的生命的花朵？
除非从最开始的时候，
它诞生的时候，
就是身体的伙伴了？

（24）如果是一个不朽的灵魂，那它就不会离开一个衰老的身体

又或者，
为什么它要离开衰老的身体？
难道它是害怕留下来就被禁锢在一个腐烂的身躯中，
或是害怕被那悠长的岁月之河消耗了它的居住之所从而倒塌在它上面？
但是一个不朽的东西，
自然也不会知晓那危险。

（25）以为不朽的灵魂也会争夺会死亡的身体

再者，
在维纳斯的婚礼上，
或者是在野兽的诞辰日时，
灵魂就会显现，
看起来似乎是有些可笑；
不朽的灵魂会成千上万地在那里站立着，
等待着终将灭亡的肢体，
疯狂竞争着谁最能先跑进去！
除非说灵魂们都已经订立了契约，
规定谁先飞来谁就先进去，
这样彼此间就不用再动任何武力。

（26）灵魂与心灵和其他的东西一样，有着它们自己指定的地方，一旦离开这个地方，它们就不能存活

再者，树大无法在空中存活，
云朵也不能在深海中存在，
鱼儿无法在田野里存活，
木材里也不会有血液流动。
石头里也没有汁液的存在。
每个东西在哪里生长，
在哪里存在，
都是已经被安排好的。
因此，
心灵的本性是不能脱离肉身单独存在，
也不能离开肌肉和血液而存在。
但是就算这一切是可能的，
那这个心灵的力量也更可能在头部或者肩膀存在，
又或者就长在脚跟上，
不论它长在哪个部分，
仍旧是在同一个人的身上，
在同一个容器当中，
但是既然是在我们的身体之内，
那它便是固定在我们的心灵和灵魂之中都存在和生长的地方。
所以我们更应该否认，
这一切可以在身体之外继续存在和显现。
因此，
当身体消亡之后，
你必须要承认，
灵魂也是会消逝的，
在整个身体中慢慢腐化消亡。

（27）把会灭亡的东西和永恒不朽的东西相结合，这种想法是荒谬的

确实，

把终将灭亡的概念和永恒不朽连接在一起，

并且认为这两者可以相互感觉，

并且可以相互作用，

这种想法是非常愚蠢的。

还能有什么东西比它们更加多样呢，

还有什么东西比它们相差更为悬殊呢，

还有什么东西比它们之间更不协调呢？

上述这一切，

都无法和一个会死的东西与一个永恒不朽的东西结合相比较，

这两者也将面临更加猛烈的风暴吧。

（28）灵魂不满足永生不朽所需要的条件

再者，

如果有任何的东西，

可以永恒存在，

那一定需要这两者中的一个，

因为它们的身躯是坚固的，

所以它们能够击退一切打击。

也不会承受任何身体里带来的，

会让它们内部变得松散的东西，

比如那些物质的本性我们在之前便阐明的；

或者是那些可以一直在时间的流逝中坚持的东西，

因为它们就如同虚空一样，

不会受到打击；

又或者就是周围没有额外的空间，

可以让这些东西进入其中，

之后再进行解体，

就算它的总和是永恒的，

由于它之外也没有别的空间，
让物体可以向那里飞散，
或者有什么可以给它们以打击，
用强有力的打击令它们解散。
但是如果灵魂被认为是不朽的，
那么一定是因为它由一些生命的力量，
武装和保护着，
又或者是因为，
从未有过什么东西会威胁到它的参与，
也许是那些我们可以感受到会带来伤害的东西，
在来临之前就已经被击退。
（清楚的事实告诉我们情况并非如此）
除了和身体一起遭受病痛的折磨之外，
也有很多其他的折磨，
会让灵魂生病，
会让灵魂变得恐惧焦虑，
并且会让灵魂感到彻底的疲惫，
当恶魔已经离去，
罪恶会带来忏悔的救赎。
心灵总是有种特别的癫狂，
并且很容易忘记过去，
是的，就仿佛整个心灵都浸泡在了昏暗的浪潮之中。
死亡，对于我们来说不算什么，
也不会和我们有一丝一毫的关系，
心灵的本性无外乎就是一个终将灭亡的所有物。
即使时间在流逝，
我们也没有感觉到任何痛苦，
当步犁兵从四面八方涌来的时候，

死亡对于我们来说什么都不是，我们在死亡之后是不会再有意识的，这就和我们出生之前几乎是一样的

我们便被那战争所围绕，
整个世界都会被可怕的，
战争的怒潮所震慑。
在那高高的苍穹之下颤抖着。
没人会知道，
究竟人类统治陆地和海洋的权力会在谁的手里；
因此，当我们已经不存在的时候，
当我们的心灵与灵魂已经分解的时候，
我们联合成了一个人，
你也许知道，
没有任何事情会发生在我们的身上，
没有人会来扰乱我的情绪；
没有，就算大地被海水所惊扰，
相互混杂，
就是海水和天空相互混杂在一起，
就算心灵的本性还有灵魂的力量都有感觉，
在其离开我们的身体，
进而又分解之后，
对于我们来说就什么都不是了，
我们只有在灵魂和身体的结合中，
在这样的联姻中，
我们才能被造就成一个完整的人。
如果在我们逝去后，
时间还能将我们本来的物体都聚集起来，
并且带它们回现在所在的地方，
如果生命之光再次赐予我们，
即使这一切都已经完成了，
当我们和自己相关联的记忆都被割断，

即使灵魂单独时能感觉，这也与我们毫无关系。即使时间可以将那些现在形成我们的原子重新结合起来，那也依旧无法影响我们也和我们没有任何关系。
我们现在所在乎的是我们自己，
和曾经的我们，
我们不会为了它们遭受到的痛苦，
而感动或者受到折磨。
当你回首看看那些无法测算的时间流逝，
想一想它们是如何频繁地运动，
你就会很容易相信，
就是这同样的种子，
是现在造就了我们同样的种子，
经常会被按照它们现在同样的顺序被放置，
我们也无法让思想回忆起那些曾经的记忆，
在生命中断的线条之间，
所有的运动都已经离开了感觉，
相互之间走散了。
如果一个人有悲伤有痛苦，
他就需要自己同时存在于那个时刻，
那病痛就可能降临在他的身上。
既然死亡先发制人，
使他无法承认，
这些悲惨的事情也太过集中发生在一个人的身上，
我们就会知道，
对于死亡我们不应该恐惧，
他也不再需要被人怜悯，
如果他从未出生过，
或者不朽的死神取走他终将消逝的生命，
那么这里便没有什么太大的区别了。

悲伤和痛苦是有感知的，但是死亡阻挡了我们的感觉

一个声称自己相信灵魂终将灭亡的人，他其实并不是真心相信

当你看到一个人在抱怨的时候，
在他死亡之后他便会随着他的身体一起腐烂，
腐烂在这大地上，
又或者为火焰所毁灭，
又或者丧失在野兽的利齿之下，
你也许知道，
他的话语没有半点是真的，
在他的心底深处藏着一些秘密，
不论他如何否认自己，
否认人们在死后还有感觉，
都不是真的。
他并不想承认他说的话，
我想，
他也不愿意承认他陈述的前提，
他不愿意像抛弃大树的根和树枝一样，
在生命中抛弃自我。
但是他仍然想着要还有一部分的自我，
仍旧继续生存下去。

他意想着有一个自我活着留下来来为肉体的命运悲伤

每个人都会在自己的一生中想象，
想象他自己一定会死去，
野兽和飞禽会来啃食他的尸体，
他为自己感到惋惜，
他无法将自己与那具尸体分开，
也无法将自己全然从那具被抛弃的尸体上移走，
但是还会想象一下，
他自己就是那具尸体，
他就站在旁边看着，
将自己沉浸在自己的感觉中。

因此他在抱怨，
抱怨自己生而为凡人，
并看不到在真正的死亡中，
没有第二个自我存在的，
没有第二个自我还在世，
也没有第二个自我为他自身的逝去而忧伤，
又或者站在那里，
全然痛苦着，
为他自己被啃啮或焚烧而痛苦。
如果死后被野兽的锋利爪牙所啃啮伤害，
是一件恶事，
那么我看不出来，
为什么被放在火上焚烧，
或者被放进蜂蜜中窒息，
又或者躺在冰冷的石头上逐渐冻僵，
或是被大地的重量所压垮，
怎么就不是非常痛苦的事情了。
现在，
再也不会有人在温暖的家里欢迎你，
也不会有好妻子，
乖孩子们跑过来拽着你的衣角，
缠着你要一个亲吻，
也不会有那无声的幸福快乐来触碰你的心脏。
在通往成功的路上，
再也没有保佑你的力量。
你也无法再守护你的家人。
“真是个可怜的人啊，”
人们满怀怜惜地说道，

但没有一种处置死尸的方式会比另外一种更能伤害他

死者对于生的乐趣再也没有任何的渴望，生者不应为死者进入安息之中而就此活在悲痛之中

“一个不吉的时日已经从你身上夺走了生命的全部赏赐。”

不过他们没有在后面加上，

“可是你的身上再也不会充斥着对这些美好的渴望了。”

如果他们能够真正认清这些事情，
并且在言语中践行，
那么他们就能把自己的心灵，
从痛苦和恐惧中拯救出来。
“确实，即使你已经堕入了死亡的睡眠之中，
此后你都将这样安息着直到永远，
从所有的痛苦和悲伤中解脱。
但是，我们则带着无法抑制的悲伤在一旁为你哭泣，
而在那黯惨的火堆上，
你正在变成骨灰，
从此，那永无止境的悲伤就这样永驻于我们心间。”
但是我们要向说出这话的人发问，
有什么大不了的悲痛，
竟能令一个人在永恒的忧伤中憔悴下去，
即便事情到头来不外是进入了睡眠，
或是就此安息？
当他们躺在榻上，
手握酒杯，
脸被埋藏在花环之下：
他们打从心底里说，
“对于我们这些弱小无助的可怜人来说，
这一切很快就会过去，
之后便无法再将其召唤回来。”

人们说：“既然明天就要死去，喝酒就是最好的解脱。”但是死亡之后，不会再感觉到饥渴

仿佛死亡之后他们最主要的疾苦，
就会变成因为没有水喝，
在这焦渴之中受苦，
又或者是有任何别的需求，
却无法满足的苦。
当灵魂和躯体都在沉睡的时候，
没有人还渴念自己和生命。
我们对于睡眠的关切可能永远不会结束，
对自我存在也不会有任何的渴望。
当一个人从睡梦中惊醒，
重新再打起精神，
身体四肢的始源，
便开始远离那些可以带来感觉的运动。
如果和我们看到的相比，
这一切就是无，
那就更不用说，
在死亡中会发生什么了。
我们死后随之而来的是更大的骚动，
还有物质的四散，
并且对于生命的那种令人激动的中止，
已经一度落在这个人身上，
使得无人可以再度清醒站立。
再者，
假如有一个东西突然间提高她的音量，
亲身来责难我们：
“为什么对于你们来说，
死亡竟然是如此巨大的事情，
凡人啊，

在睡梦中，我们没有对生命的渴望，更不用说在已经死亡的情况下

大自然可能会因我们为死亡悲痛而公正地谴责我们

竟然会因为死亡悲痛成这副模样吗？
为什么要为已经逝去的，
曾经带给你欢乐的生命如此号啕大哭
毕竟这些快乐不会像倒在破漏的瓶子那样流失，
还没有享受就已经失去了，
为什么你不像一个饱尝过生命喜宴，
最终退休离场的人一样，
思想中带着平静？
你们这些愚蠢的人，
剩下的难道还会不在乎吗？
但是如果你所得到的这些，
都已经被浪费了，
并且也逝去了，
生命早已变成了一件令你厌恶的事情，
那为什么还要寻求机会添加东西，
反正这一切也会变得十分愚蠢，
也会再度逝去，
并且还会变得让人无法享受其中；
为什么不能直接为生命，
为人生的麻烦画上句号？
我实在也想不出，
到底我还能从哪里去发掘，
能让你开心快乐的东西：
所有的都跟以前是一样的。
如果你的身体在这些年来还未耗费，
或者你的四肢还没有退化，
那么所有的事情都应保持原样，
即便你还会再活下去，

即便你活得还会再赛过好几代人，
不，
不仅是赛过好几代人，
假设你永远不会死吧。”
除了大自然能够在这里提出更为公正的审判，
并且用她自己的话语说出最真实直白的谴责，
我们能给出什么样的答案？
但是如果现在有一个上了年纪的老人，
这么多年来都在抱怨，
并且会为了自己的死亡而悲痛，
发出令人唏嘘的悲哭，
这样的痛苦远远超过了公平的标准，
那么她岂不更应该提高她的嗓音，
对他大喝一声，
并且用更尖利的语调来谴责他？
快别哭了，
你这丑东西，
你这悲伤真的应该停止了。
你已经享受过生命的所有赠礼，
现在你也将这一切都挥霍了。
但是因为你曾经会去渴求本就不属于你的东西，
轻视了原本就握在手中的礼物，
你的生命在不经意间，
就溜走了，
这已经逝去的生命就变得不够完整，
不够快乐，
你却不这么想，
死亡就站在你的面前，

尤其当一个年老的人对死亡充满了悲伤时

这一切就发生在，
你的心被美好的事物填满之前。
现在放弃了这些，
就可以匹配你现在多病的年纪，
保持自己平静的思想吧，
将一切都让给你的子孙后代们。
这也是你必须要做的。
我觉得，
他也许是对的，
这是很公正的，
他的责难也好，
鞭笞也好，
都是很公正的。
旧的事物就应该给新的事物让位置，
一个事物必须要从别的地方吸取营养，
从而获得补充。
也没有一个人就应该堕入深渊，
或者是掉进黑暗的地狱。
世世代代的人需要成长，
那么就需要一定的物质，
这样他们多数人都会跟随你，
因为只有你能满足他们的生命。
是的，
就像你自己一样，
这些世代早已过去了，
未来也会过去。
所以一个东西永远都只能抓住机会，
从另一个东西中产生，

他应该高兴，能够让位给未来世世代代的人

生命不应该毫无条件，
理所应当地就被赋予任何人，
对于所有的人来说，
这一切都是应该明文规定的。
回首过去，
看看那些永恒的时间，
过去的岁月，
在我们出生之前，
这些对于我们都毫无意义。
大自然将这一切收集起来，
作为镜子拿给我们看，
看到了那些即将到来的岁月，
那些在我们死后，
在我们离开这个世界后的岁月。
这里面难道有看起来十分可怕的东西吗，
或者有什么看似悲惨的事物吗？
和睡眠相比，
这难道不是一种更为平和的安息吗？
是的，
我们知道，
所有的这些东西，
这些故事告诉我们的东西，
在地狱的深处的这些都存在于我们人世间。
可怜的坦塔罗斯害怕挂在头上空的巨石，
就像传说中所说，
因为这样毫无根据的恐惧而麻木，
这些都是假的。
但是在生命中，

在我们死后的未来，正如我们出生前的过去一样，对于我们都不算什么

在地狱里的那些神秘的笞刑，就是对人间悲苦的预言

坦塔罗斯是受到宗教恐怖迫害之人

对于神明的恐惧就这样威胁着凡人；
他们害怕这样的厄运会降临在自己的头上。

提堤俄斯是饱受情欲之苦的人

也没有兀鹰在啃啮着那躺在地狱里的，
提堤俄斯，说实话，
在他巨大的胸膛里，
它们也不能找到足够的东西供它们在整个永恒的岁月中啄食。
然而，
尽管他伸开的四肢占据了大地，
而非仅仅是这九亩大地，
尽管他可以承受永无止境的痛苦，
又或者可以用自己的身体给自己充足的食物补给。
但是这是我们的提堤俄斯，
他躺在情欲之中，
痛苦啃食着他，
任何难以满足的欲望都将他的痛苦撕裂。

西西弗斯是一个失败的公众人物

在我们人世间，
在我们眼前，
也有一个西西弗斯，
他向大众寻求权力的手柄，
还有残忍的刀斧，
寻求征服，
又归于沮丧。
寻求力量的时候，
都是那种徒有虚名，
却无法获得的东西，
在这寻求的过程中，
却要忍受无数的奴役，

就像是用肩膀，
把一块巨石推上山的最顶端，
但是这块石头又再度滚下山来，
滚到了平原上。
接着就要去喂养那些永远不知感恩的，
心灵的本性，
用好的东西将其满足，
它永远不知道满足，
就像一年四季一样，
它们来了去了，
循环往复，
带来了当季的水果，
还有各种不同的快乐，
但是我们却从来没有被生命的喜悦所充盈，
在我看来，
这就是正处在花季的少女的故事，
她将水倒进了永远都无法装满的，
破漏的瓶子里。
冥府的看门狗和复仇三女神，
是黑暗无光的，
坦塔罗斯，
他的嘴里吐出了可怕的火焰。
这些都是别处所不能有的，
也是根本无法有的。
但是在这人世间，
才有人恐惧着，
那些对恶行的公正的报应和赎罪，
牢狱之灾，

丹尼亚斯的女儿们，永不满足的人

地狱是对今生今世的责罪的恐惧

还有从可怕的巨石上被丢下，
鞭笞，
刽子手，
伸肢刑具，烙铁片，淋沥青，用火炬焚烧身体，
就算现在这一切不在我们的眼前，
但心灵还是会带着一种事先害怕被惩罚的意识，
就用铁刺棒刺自己并在鞭笞之下焦萎，
同时也看不到这一切会在何时完结，
又或者惩罚的底线在哪里，
是的，
对于同样的惩罚的恐惧，
可能会在死后加剧。
毕竟正是愚蠢的人，
才让这个世界变得像地狱一般。

想想那些在你之前就逝去的人吧，比如王者们、英雄们、诗人还有哲学家们

你也许时不时会跟自己说：
看，即使善良的安库斯，
也对阳世合上了双眼，
他比你好过千百倍，
你这卑贱的贩夫走卒；
还有其他许多帝王和人君，
在他之后也都一一逝去，
而他们都曾统治过强大的城邦。
并且，
即使是他自己，
也曾经在大海上铺好了大道，
给他的军队打好通路以更好地跨越那深海之域，
教他们徒步走过那咸水海湾，
而且他带着骑兵奔踏过那汹涌的海面时，

也曾蔑视那大海的咆哮狂怒——
他从那垂死的身体中呼出了自己的灵魂。
西庇阿之子，
那战争的雷霆，
迦太基的恐怖，
也将他的尸骸献给大地，
和最下贱的家奴没有区别。
是的，
科学的发明人，
令人心生愉悦的艺术家，
还有赫利孔山的姐妹们的指引者：
在他们之中，
诸如荷马，
他孤身一人坐着，
象征着诗歌界的王权，
也和其他人一样终于陷入了同样的沉睡中。
德谟克利特时时被自己的高龄提醒，
在他的记忆，
即那充满心灵的运动正在衰退时，
他的意愿便是遇到死神之后，
便从容献上自己的头颅。
伊壁鸠鲁本人也死去了，
当他的生命之光熄灭的时候，
伊壁鸠鲁，
这个天才智慧远远超越所有人的智者，
他曾使所有其他人都黯然无光，
就仿佛太阳在空中升起便超越了星空之光。

面对死亡不用犹豫，我们的生命不过是在醒着的时候做的一个梦

你是否还在踌躇，
还是不肯离去？
你虽然还活着睁着眼，
但是却和死去没有什么区别，
多年以来，
你的时间都浪费在酣睡之中，
就算是醒着也还在打盹，
从未停止过做梦，
你的心灵里都背负着无谓的恐惧，
并且无法意识为什么你会这样糟糕，
当你就像一个穷苦的可怜人，
跌跌撞撞，漂浮不定。

如果人们知道自己为什么忧虑，那么他们就不会过着忙碌不安的生活，就像现在一样，拼命挣扎，想要逃离自我，而是去研究自然，弄明白它们在自己死后的状况

只要人类，
能清楚感知他们自己的心灵的重担，
并且它是如此沉重以至于将其压垮，
那他们便能够知道到底原因是什么，
为什么痛苦竟然如此巨大，
就像胸腔上躺着可怕的疾病，
他们不会就这样轻易放过这些生命，
现在大多数人就是像我们看到的那样；
知道并不是每一个都是他想要的，
总是渴望着更换一个地方，
就好像是他因此就可以卸下自己的负担一样。
那些厌倦待在家里的人，
经常出门到那些富丽堂皇的地方去，
突然间又再度返回，
这样可以看出来，
还是家中好。

他急忙赶回家中，
怒气冲冲骑着他的马驹，
就像回到家中救火一样；
当他刚刚踏进门槛的时候，
又立刻打了一个呵欠，
又或者是陷入了沉睡，
想要忘掉一切，
又或者是急忙赶回城中，
迫不及待想要回去。
通过这样的方式，
每个人都可以逃离自己；
当然除非他想与自己密切结合在一起，
说实话，
他也逃不开，
并且还会厌恶自己，
因为他总是会生病，
他知晓自己病痛的原因；
但如果他能够看得更清楚，
所有的人都会抛开一切别的东西，
首先去认识大自然万物的本性，
这是他在永恒中的情况，
并不仅仅是这有限岁月的样子，
要是成为一个问题，
那么凡人所想要的情况就是，
在死后还能这样度过。
再者，
是什么样的邪恶对生命的渴求，
用某种力量限制着我们，

我们对生命的极度渴求是没有结果的

让我们生活在永无止境的怀疑和危险中？
真的，
对于凡人来说，
生命必有终点，这是命定的，
我们无法避免死亡，
我们必须要面对它。
再者，
我们会一直前进，度过我们的岁月，
活动在同样的事物中间，
即使延长我们的生命，
也不会再铸造出新的快乐。
但是，
只要我们还没有获得我们渴求的东西，
对这一个东西的渴求就会超越其他的一切；
在这之后，
当我们获得了渴求的东西，
便会开始追逐下一个目标，
同样地，对生命的渴求就会征服我们，
让我们不断去追求。
其实这一切都不确定，
到底宝贵的时间到来的时候，
会将我们带往何方，
又或者会将什么样的机会带给我们，
又或者将什么样的问题摆在我们的面前。
实际上，
我们并不能通过延长生命，
就从死亡所占据的时间中取走丝毫，
我们也无法减去任何的东西，

更长的生命也无法给予我们新的快乐，也无法减少死亡所占有的时长

无法借此减去那些或许早已死去的东西。
因此，
尽管你可能活满了多个世代，
但永恒的死仍会一直等着你，
而那与今日的阳光一起偕逝的人，
和那在很多个月或者很多年前就死去的人相比，
他死后不再存在的时间将不会更短。

卷 四

De Rerum Natura

序：卢克莱修的使命

我横穿过缪斯时常出没的远方，
那人类从未涉足过的地方。
离那从未有人尝过的泉水越近，
离满足我的渴求更近一步，
我越是欢喜。
我满心欢愉采摘着这里新鲜的花朵，
将它们收集起来，
编织成一个荣耀的皇冠，
戴在自己的头上，
缪斯还未曾编织一个花环，
戴在凡人的头上。
首先因为我教导的东西是重中之重，
并且想将人们的思想快速从宗教的束缚中解脱，
其次因为我在诗中讨论这样黑暗的主题，
却可以将其讲述得充满了光明，
如此便带着缪斯迷人的魅力，
触动了所有人。
这并不是没有好理由的；

即使是一个治愈者，
当他们把令人作呕的苦艾榨汁给孩子喝，
也会先给杯子四周涂抹上香甜的蜂蜜，
这样还未开智的孩子们也许就会被嘴唇所蛊惑。
同时就会喝下那苦涩的苦艾汁，
虽然这样是一种引诱而非一种伤害，
但是通过这样的方式会更容易恢复健康；
因为我的这个学说经常对于那些还未品尝过它的人来说似乎有些苦涩，
大多数人都会厌恶地远离它，
所以现在我也希望，
用这甜蜜的歌声，
来把我的学说向你阐述。
用缪斯女神那柔美的声音，
正好像是把它涂上诗的蜜汁——
如果我可以通过这样的方法，
让你的心神留在我的诗句上，
直到你看到万物的本性，
直到你认识到这一切对于你的好处。
但是既然我已经说明白，　　　　肖像
万物的始源是什么，
以及它们如何以不同的形式而彼此有别，
它们如何不依赖别的东西自主飞翔，
受到一种永恒运动的推动；
以及通过什么样的方式，
万物从其中产生而来，
我已经教导过，
心灵的本质是什么，

是由什么组成的，
并且是在身体内随着一定的顺序成长，
以及如何在身体被撕开的时候，
心灵就回归了始源。

图像是视觉产生的原因

现在我要开始告诉你，
有一个和这个主题关系极为紧密的考量，
这就是我们称作肖像的东西，
这些东西像是从物体的外表剥离出来一样，
在空中来来回回地飞动着，
当它们在我们清醒的时刻与我们相遇，
恐吓我们，惊扰我们，
就算在我们酣睡的时候也是如此。
我们凝视着那奇妙的形状，
还有那些已经失去了白日光明的成像，
这些可怖的东西经常在我们睡着之时，
惊动着我们，
我们会想到从冥府逃脱的灵魂，
又或者是那些在万物中飞来飞去的影子，
又或者是那些我们死后可以留下的东西，
尤其是我们的身体和自然的本性都已经消散，
打乱拍碎成了它们最初的样子。

这类图像的存在可由可视世界中类似的事情来证明

我说万物的相似性，
还有它们的形状都是从物体显现的外表体现，
这就是我们称之为膜或者皮的东西，
因为图像承载着外表和形状，
就和这膜和皮一样，
不论它到底是什么，
它都会以某种方式显露出来，

又或者在外面某处游荡。
不论我们有多么木讷迟钝，
都可以从中学到些什么。
首先，
在很多的东西中我们都能清楚地看到，
有很多东西会放送出物体，
其中的有些部分是松散而容易消散的，
比如木材被烧后发出的烟或者火放出的热，
而有些则是相互交织，
并紧紧地凝聚在一起的。
就像蚱蜢，
它们会在炎热的夏天褪去它们光滑的外衣，
当小牛出生后也会将它们的胎膜从外表脱下，
相似的，
当外表光滑的蛇在蜕皮时，
便会在荆棘丛中留下自己的外衣；
因为我们常常看见，
荆棘丛中到处都是那些随风刮来的蛇的脱皮。
这些事情既然会发生，
那么一定会形成一层很薄的图像，
而这层图像是来自这些物体的最表面。
为什么这些外膜会从物体的表面脱离，
而别的那些更薄的东西反而不会？
人们是无法开口说出这个道理的。
尤其是，
既然物的表面有很多细小的东西，
它们能够从物的表面被抛开，
同时仍旧保持着原有的秩序，

物体抛出的膜。要么松散得像烟，又或者紧致如蛇皮一般

因此外表可以被抛开，因为物的表面上有无数的不受阻碍的原子随时准备分离

和它原来形状应有的轮廓。
是的，
并且还会更快地被抛开，
因为它们更少地受到阻碍，
由于数量少，
并且所处的位置靠前。

颜色从物的表面被抛开，比如像剧场的顶篷一样

因为事实上，
我们看到有很多的东西在大量抛出自己的物质，
不仅仅是从体内最深处抛出，
像我们之前说过的那样，
并且也会从表面抛出，
比如说物体的颜色。
最常见的就是顶篷。
黄色的，红色的，还有铁青蓝色的，
当它们在剧院的顶篷张开拉伸之后，
它们会震动，会颤抖，
在整个剧院的柱子和横梁上展开来。
在那里，它们给下面的观众还有舞台，
以及整个厅里德高望重的老人们染上了色彩。
墙壁越是把整个剧院紧紧围住，
就算白日的光无法照进来，
里面的东西也还是能显现，
比如剧场里的大笑声，
聚光灯下的人和事。
顶篷的布将这一切最外层的表现都凸显出来，
有一些东西呈现出来的样子都是相似的，
尤其是那些薄薄的东西，
不论是何种情况，

都会有东西从物体的表面被抛出。
那么就会有十分清晰的物体形状的轨迹，
在四处飞来飞去，
这些东西生来细长，
也不能在分散的情况下，
一个一个被看到。
再者，
所有的气味，
烟、热，还有其他的从物体中流出的东西，
松松散散地被剥离出来，
因为当它们从物体的深处升起并且出现，
它们在向上蜿蜒曲折的途中就会被破坏，
又或者说没有笔直的路可以让它们走出去，
它们很快就会变成一个大的个体冲出去。
但是，
与之相反，
当一个物体表面颜色的薄膜脱落了，
因为它已经准备好，
并且位于最前方，
就没有任何的东西可以将其撕碎。
最后，
当我们自己的模样在镜子中出现的时候，
在水里出现的时候，
或在任何一个发光的表面出现的时候，
都具备和原物相同的样子，
因为它们就是由那些物放出的图像所构成的。
有很多物体的形式是一些薄的形状，
或者与之相似的形式，

颜色也不像那些从物体内部最深处出来的东西一样，受到阻碍

镜子等物体，会将物体源源不断的图像送返回来

即使没有人一个一个地察觉到它们，
也会有不断反复的图像被逐回的，
比如从镜子的表面被投射回来的图像，
好像也不能通过其他的什么方式，
可以使它们像这样被保存得很好，
以至于可以投射回这些和原物如此相似的形象。

图像的组织十分精细。想象一下组成图像的原子，它们是那样细致：(a) 它们比可见的最小的生物的最小部分还要小

现在我们就来学习一下，
图像的本质是如何形成的。
首先，
既然万物的始源离我们的感知那样远，
比我们眼睛都看不到的东西还要小，
那么我也敢肯定，
下面这几句话可以让我们认识到，
万物的始源是多么细小。
首先，
有时候有的生物太小，
以至于无论如何我们也无法看清它身体的三分之一。
那我们应该想想，
它的内脏到底该有多小呢？
它们圆圆的心脏，
圆圆的眼睛是什么样？
它们的其他部位又是怎样的？
四肢又是怎么样呢？
它们该会是多小啊！
再者，
还有那些构成它们的灵魂和心灵的始源，
又该是怎样的呢？

你难道看不出来，
它们是如何细致？
它们又有多么小呢？
再者，
任何从自己的身体里发出强烈气味的东西，
比如让人恶心的苦艾或万灵草、刺鼻的青蒿，
又或者是有点苦的矢车菊，
如果你用两根手指，
轻轻捏一捏这些东西中的一种，
那么其中的气味就会久久附着在你的手上，
但你却什么都看不出来。
那么你也就能知道，
这一切的始源是多么精细了，
也就能知道这样的味道是怎么形成的。
那又怎么会不能认识到，
有许多的肖像通过不一样的方式，
在空中四处飞动，
它们既是无形体又不可见？
但是你不要以为，
只有那些从物体中飞出的图像，
才会到处飘动，
其实还有别的自动产生的图像，
在天空中自己形成而来，
我们称之为大气。
他们生出无数的形状，
在高空中飞升，
就算变成了液体，
也不会改变它们的外貌，

（b）物可以在你触摸它们之后，在你的手上留下浓厚的气味，但是你却什么都看不出来

也有其他的图像，是在空中形成的，它们永远都在变化，比如大块的云朵

只不过是会变成各种各样的形式。
时不时地，
我们可以看到云块迅速凝聚在一起，
聚在那广袤的天空中，
却对这天空毫无办法，
只能随着它的运动一同漂浮。
人们常常看到巨人的面孔在天空中飞过，
后面却拖着长长的黑影，
有时，
巨大的山和从山岭崩开的巨石，
飞奔向前，
快速地掠过了太阳。
这时便能看到巨大的怪物用力拖拉，
引领着风云。

这些图像的形成很快

现在，
通过快而容易的方法，
这些图像就诞生了，
并且能够不断地从物身上分离而消逝……

1. 因为物的外表经常随时准备离开

因为一切东西的外表总是在流逝，
因此它们会被抛下。
当这个外表抵达别的东西身上时，
它就会穿过它们，
尤其是当遇到玻璃时，
它们就会穿过玻璃。
但是当它们遇到坚硬的石头，
或者是木材的表面，
它们就会立刻被粉碎，
以致无法再返回任何一个图像。

但当紧实而发亮的东西，
被横放在它面前时，
例如镜子，
这种事情就不会发生了。
因为它们既不能像穿过镜子一样从表面上就直接穿过去，
也不能被粉碎——
因为镜面太过光滑，
这样就可以更好地保证它的安全。
因此就可以得到返回的图像。
不论是什么时候，
突然间只要你愿意，
你就能将多个东西放在镜子的前面，
图像就会显现。
这样你就会知道，
从物体的表面，
就会不断有物的薄网状组织，
以及一些很薄的形状，
流散开来。
因此有很多的图像，
在很短的时间里产生了，
这样便会说这些东西的形成十分迅速。
就像太阳必须在短时间内放出很多束的光线，
这样整个世界就能不断地充满阳光，
同样地，
从物那里必定也有物的很多图像，
在一瞬间内通过各种不同的方式，
向各个方向沿着每一个面四散开来。

2. 图像在镜子里的快速形成是一个例子

3. 太阳那连续不断的光线也是同样的

因为不论我们如何转动镜子，
对着物的哪一个面，
在镜子中的物都会呈现出，
形状和颜色与原物相同的东西。

4. 云朵在一瞬间就会在天空中形成，可见一个小小图像的形成岂不比这快很多

此外，
当天空看起来十分晴朗之时，
也会突然间就涌起风暴，
以至于你会以为是地狱的黑暗从四面八方全部都跑了出来，
然后填满了苍穹；
一切都是那样糟糕，
在这可怕的夜晚，
云都聚集在一起，
黑暗的恐惧就笼罩在我们的头上，
但一个图像是这一切的多么渺小的一部分，
没有人可以用言语讲明这一切。

图像运动得迅速敏捷

现在，
随着图像承载着快速的运动，
它们是有什么样的速度，
可以让它们在空气中运动，
以至于它们用很短的时间，
就可以通过一段很长的旅途。
通向任何地方，
通向赋予它们不同冲动的地方，
我将用这甜蜜的诗歌来赞扬一切，
而不是用很长的话来告诉你；
就算是天鹅那简洁的歌调，
也胜过散布在南方云层间的那些鹳鸟的大片混乱的

噪声。

首先，
我们常常看到，
很多轻巧的东西都有着娇小玲珑的躯体，
并且运动都能够非常迅速。
在这类东西中，
有太阳发出的光，
还有它的热量，
因为它们都是由微小的初始粒子所构成的，
这些东西仿佛稍一被撞就会向前推进，
并且不会在穿越空气与空间的过程中，
有所停滞，
并且会受到紧随其后的推力助攻。
因为光的位置就会很快为光所补充，
就仿佛有着一支队伍在催促着它前进，
一个闪光在后面催促着另一个闪光。
就像物质一定需要一个图像，
可以毫无犹疑在一瞬间穿过一个空间，
首先有一个很小的原因，
在后面推动着它们，
承载着它们向前，
在这之后，
它们就降生了，
随着如此快的光束降生了。
因为它们被赐予了非常稀薄的组织，
这样就可以穿过任何你想让它们穿过的东西，
这一切发生在空气之间。

用类比来证明。组织稀疏的轻质物体，运动也迅速，比如太阳的光粒子

理论证明。从物的表面离开的物体要比其内部出来的东西运动得更迅速

此外，
当物的粒子从内部释放而出，
就像太阳的光和热，
可以在一瞬间，
就将自己发散在整个天空中，
并且飞跃海洋和大地，
而流溢于整个天空。
那么那些在物的表面准备着离开的东西又该是怎样呢?
当它们被抛开之后，
而又没有任何东西可以来阻止其离开，
你难道看不出来它们一定要走得更快更远，
并且同时要穿过很多很多倍远的空间，
在太阳的光线扩散到整个天空，
所需的同样多的时间里?

经验证明。天空中立刻反射出来的东西证明了图像运动之迅速

同样地，
下面这件事好像也是一个真正的例证，
说明物的图像是如何迅速地到处在飞动:
每当你在露天的天空底下放一盆清水，
如果那时天空中布满星星，
水面上就会立刻反射出那平静的星光。
你难道没有看见一个图像，
是如何在短短的时间里，
从天空的边缘落下，
又落到了地面上?
因此，
一次又一次地你必须承认，
很多东西以一种惊人的速度被释放出来，

就像一道闪电，
瞬间便唤醒了我们的视觉。
有一些东西，
气味会从中源源不断地流出；
就像河水中的冷流，
太阳里的热，
海浪中喷涌而出的湿雾，
它们蚕食着海岸周边的壁垒。
同时，
各种各样的声音也从未停止在空气中飞舞。
还有，
当我们走在海边的时候，
咸涩的湿气就飘进了我们的嘴里；
而当我们看到苦艾被磨碎调和的时候，
一种苦的味道就这样出现了。
所以，毫无疑问，
在所有的东西里面，
总有各种东西会流出来，
并且会向四处流散，
大自然无法容许这种向外的流动停止片刻，
因为我们的感觉是源源不断的，
我们每时每刻都在看见东西，
都在闻到气味，
都在听见声音。
再者，
在一片漆黑中，
我们用双手所感知到的东西的形状，
在某种程度上，

这些图像就是视觉的成因。1. 我们其他的感觉都受类似的流出物所影响

2. 触觉和视觉给了我们同样的信息：它们一定是由于相同的原因而相互影响

和我们在清晰的光线中看到的是一样的。
所以触觉和视觉都必定是由同样的原因所触动的。
如果我们可以去触摸一个正方形，
在黑暗中它会刺激我们的触觉，
那么，
除了原物的图像之外，
还有什么正方形的东西在白天会落入我们的视野呢?
我们很清楚，
有视觉的原因在于图像，
没有它们也就没有什么可以被看见。

图像到处皆有，眼睛转到哪，哪就有它们

接下来，
我要说的就是我称之为物的图像的这些东西在四处飞动，
从各个面被抛开和放出。
但是因为我们仅仅能够通过我们的眼睛才能看到，
因此，
只要我们把视线转向哪里，
哪里的东西就会以形状和颜色冲击着我们的视觉。
每个东西离我们到底有多远，
借由图像我们可以看出来并进行分辨。

图像推动着眼睛和它之间的气流，我们可以通过这之间的距离来判断物体的距离

因为当图像被送出的时候，
直接就推动驱使着一切的空气，
这位于它和我们眼睛之间的空气，
这空气便滑动穿过我们的眼球，
就好像是刷子刷过我们的瞳孔一样，
就这样一往无前地去了。
因此，

我们就发生了这样的情况，
我们能够看到每个物体距离我们还有多远。
被驱动的空气越多，
穿过我们的眼珠的风就越强劲，
物体就肉眼可见地被移动得更远。
但是你一定要知道，
这些东西都是以超乎正常的速度在进行着，
以至于我们可以看见它，
同时可以看到这段距离有多远。
没有什么理由，
可以让我们质疑：
那些击中了我们眼睛的东西，
不能单独一个接一个被看到，
但是我们却能看到整个物体。

我们不能感知个别的图像，但是可以感知整个物体

因为当风一点一点地击打着我们时，
或者当寒气流向我们时，
我们并没有感受到风和寒冷中，
存在的个别的粒子的，
而是一下子感受到它们的整体，
我们能够感知到其击打我们的身体，
就像什么东西正在鞭打着我们，
使我们感受到在我们之外的它的身体。
再者，
当我们用手指去击打岩石的表面，
我们触到了它的外部，
还有它表面的颜色，
但我们就不能通过触觉感受到这些颜色，
而只是感受到石头内部深处那种坚硬。

正如我们无法感知风或寒冷的个别粒子；还有，尽管我们只击打了石头的表面，但却感受到了它整体的阻力

镜子的奇怪特性。图像看起来是在镜子后面的，但正如我们可以通过门窗看得见物体，我们首先会获得一阵气流，然后是镜子里的图像，再接着就是另一阵气流，最终才是物体的图像

现在，我们来认识一下，
为什么可以在镜子之外看到图像？
确实，它就存在于镜子里面，
只不过是在远一点的地方。
就像我们在门外面可以看到这些十分真实的东西，
当这扇门提供了一个洞口外视视孔，
让我们可以看穿其中，
让我们可以站在门外就看到这些东西。
门窗提供了一个毫无阻碍的环境，
可以看过去，
让每个人站在门外面都能看到里面。
这样的景象可以通过两股一样的空气带进来。
首先被看到的是门柱内的那股空气，
接着就是折叠门，
左右各一扇，
之后便从后面照来一束光，
打在我们的眼睛上，
接着就是第二股空气，
便可以在门后面看到这些东西了。
当镜子呈现出第一幅画面的时候，
就到达了我们的眼球，
它推动着所有在前面的空气，
这些空气就在我们和图像之间，
让我们可以感知到镜子前面所有的空气。
但是当我们感知到镜子本身的时候，
图像就会同时到达镜子，
并且会回到我们的眼睛，
并且继续向前，

推动着前面的另一份空气，
让我们在它自己之前看到它。
一次又一次证明，
我们不应该感到惊奇，
这样的表象可以通过门看到，
并且会从镜面，
又抛回给我们。
不论是哪种情况，
都会借着两股空气而发生。
我们身体右边那部分在镜子里看起来是在左边，
因为当图像落到镜面，
并击打镜面时，
它并不是完好无损地转了一个身子就回头，
而是被迫以直线而非斜线返回来，
正如当有人把未干的泥塑面具，
对着柱子或横木抛过去时，
那个泥塑面具就立刻在那上面留下了自己的形状，
而这形状是倒过来向着投面具者的，
这样就把送回来的那个面貌重塑造了，
现在左眼已成为右眼，
右眼成左眼。
在图像从一个镜子到另一个镜子的过程中，
它也同样发生，
甚至有五个或者六个图像产生。
即使是藏在屋子的某处很远的角落里，
哪怕是离我们的视线很远的，
一条弯曲的小路中，
都能够通过这些曲折的小路，

2. 左右手在镜子里是会倒过来的，因为图像会直接被送回，就像一个泥塑面具挂在柱子上的痕迹一样

3. 图像也许会从镜子反射到镜子的过程中，每一次都改变它的样式

通过这些镜子被揭露出来，
让我们看到存在于屋子里的东西。
当然，物体的图像可以从镜子反射给镜子，
当我们的左手在镜子中得以呈现，
它就会变成右手，
之后还会再次改变，
变成它原来的样子。

4. 曲面且水平的镜子还是会将图像原本的右边呈现出来

再者，
所有的曲面的镜子，
它侧面的弯曲弧度和我们身体弯曲的弧度一样，
可以将我们的右侧反射回来，依旧是右侧，
因为图像是通过镜子传送到镜子的，
然后又直接飞向我们，
在经过两次传送之后，
又或者是因为当它到了一个镜子中，
就被扭转过来了，
所以才会有这样的情况，
镜子弯曲的程度让它可以直接转向，
然后回到我们这里。

5. 镜子里的图像会随着我们的移动而移动

再者，
你应该相信，
物体的成像会随着我们的移动，
一步一步地移动，
并且会模仿我们的姿态，
因为，
不论你的哪个部分从镜子中移开，
那一刻那部分的图像就不会被送回来了。
因为大自然对所有的东西被送回来都有所约束，

并且会将东西以相同的角度返回来。
当看到光亮的东西，
我们的眼睛会自觉避开，
而不去注视它。
如果你试图抬头去看太阳的话；
太阳也会让人眼盲，
这是由于它本身的力量就很大，
而它的图像又是经过明朗的空气从高空沉重地坠落下来，
直接击中我们的眼睛，
将它们的结构打乱。
再者，
任何具有穿透力的亮光常常会烧灼眼睛，
这是因为它含有火焰的种子，
它们一旦找到入口进入眼睛中，
就会让眼睛感到痛苦。
再者，
在黄疸病人的眼睛里，
不论看见的是什么，
都会变成黄色。
因为有很多黄色的种子从他们的身体中流出，
然后碰到这些物的图像，
还有很多黄种子也混进了他们的眼睛，
它们借传染而让所有的东西都染上了它们的病色。
我们可以在黑暗中看到光亮中的东西，
因为首先进入我们眼帘并占据我们睁开的双眼的，
是那离我们较近地方的黑暗空气，
接着那光亮的空气也迅速跟过来了，

视觉的特性：1.光亮的东西会使人眼盲，会灼烧人们的眼睛，只是因为其中包含着火种子

2.黄疸病人会受到自己眼睛的影响，觉得看到的图像都是黄色的

3.我们能在黑暗的地方望见光亮地方的东西，因为光“洁净”了眼睛

它可以清洁我们的眼睛，
将先前那空气中的黑暗驱散。
因为在很大的程度上，
这光亮的空气更加机敏，
更为精细，
也更为有力。
一旦它用光线充满了眼睛的通道，
打开了之前那被黑暗的空气堵住了的路径时，
那些存在于阳光中的东西的图像，
立刻就跟来了，
并且刺激着我们的眼睛，
这样我们就可以看到了。

但不能从光亮的地方望见黑暗地方的东西，因为黑暗堵住了双眼

但是，
与之相反，
我们不能从光亮的地方望见黑暗中的东西，
因为黑暗的空气更加浓厚，
从后面慢慢跟上来，
填满眼睛所有的通道孔隙，
并且堵住了眼睛所有的路径，
以至于没有一个物的图像可以被抛进来，
而刺激我们的视觉。

4. 四方塔在远处看起来是圆的，因为边角的成像在经过空中的时候被磨掉了

当我们从远处遥望，
那些城市中的四方塔，
经常看到的是圆形的，
因为从远处看过去，
每一个边角都被磨平了，
又或者是根本什么都看不到，
它的冲击力消失了，

又或者是因为成像在通过空气时，
已经通过频繁的撞击让这些尖角的成像变钝，
从而它的打击也无法到达我们的眼睛。
这样，
每一个边角都避开了我们的感觉，
塔石的边角结构也就像被磨掉了，
仿佛它们在机床上被磨圆了一般。
不过它们并非看起来就像是，
离我们的视野非常近的真正的圆的东西一样，
只是有一点相似，
形状的影子也模模糊糊。
同样，
我们的影子似乎总会在太阳下跟着我们移动，
跟随我们的脚步，
模仿我们的姿态，
如果你真的相信，
被剥夺了光线的空气还能够走路，
还能够紧跟着人们的步伐，
还有人的动作。
因为我们习惯于称其为影子的东西，
可能不过就是那些被剥夺了光的空气罢了。
但事实上是因为地面上有某些特定的点，
被相继剥夺了太阳的光，
不论我们在哪里，
只要我们在不断移动，
就会阻挡隔断它，
同样，
我们所离开的地方，

5. 我们的影子似乎总是跟着我们，因为我们移动的时候，地面上的光就被连续切成了好几份

则又会再度被光填满；
由于这样的原因，
就有了我们身体的影子，
看起来总是毫无改变地跟着我们。
因为总有新的光束倾洒出来，
而之前的光束便消失了，
就像那消失在火焰中的羊毛一样。
因此，
地面上的光总是容易被剥夺，
并且又会继续被填满，
洗去那原有的黑色影子。

在所有的这些事例中，并不是感官出错了，而是心灵得出了错误的推论

但这里我们不会承认，
眼睛受到了欺骗。
因为它们的任务是去关注哪些地方有亮光，
哪些地方有影子。
但是不论是不是一样的光，
至于那亮光是否是同一片光，
是不是刚刚还在那里的影子，
以及刚刚还在这里的影子是否是正在经过那边的影子，
又或者是不是跟我之前说的那样，
这完全应该由心灵的推理来决定，
因为我们的眼睛也无法认知万物的本性。

1. 在移动的船上看静止的物体，静止的物体仿佛也在运动

所以，
不要把那属于心灵的错误，
归咎给眼睛。
例如，
我们所乘坐的那艘船，

事实上正在航行，
但我们感觉它好像是静止的，
而另外一只实际上是停锚的状态，
我们却误以为它正在航行驶过。
山丘和平原看起来都像在朝着船尾飞去，
尤其是我们满帆开过的时候。
所有的星星，
很快地在这苍穹中找到了自己的位置，
看起来似乎是静止的状态，
但是它们其实处在永远不停歇的运动中，
它们会在夜空中升起，
也会回到那遥远的归宿地，
这时的它们已经用那发光的身体，
穿越了整个天空。
同样地，
太阳和月亮也好像是停在了那里，
但是事实上，
它们也在运动。
从远方的海面耸立起来的山峰之间，
有一个可以容纳一支舰队通过的缺口，
但看起来又觉得它们好像可以连接成一个小岛屿。
当孩子们自己停止旋转的时候，
看着周围的大厅，
仿佛大厅还依旧在转着圈，
柱子还在来回地摇动，
以至于他们以为这个房子都快要塌下来，
砸在他们的身上。

2. 星星仿佛都是静止的

3. 在远方无法看到山峰之间的通道。

4. 对于晕眩的人，四周的东西也好像在旋转着

5. 冉冉升起的太阳好像一步步接近那东边的山头

还有，
当大自然开始向高空举起太阳红色的日光，
并且伴着颤抖的火焰，
将它们举过山峰，
看上去，
仿佛太阳就站在那高高耸起的山峰之上。
它用自己的火焰触摸着它们，
所有的山脉都在离我们很近的地方，
发着通红的光，
那些离我们还有两千个箭程之远的地方，
其实经常只有五百个标枪的射程那么远。
但是在它们之间，
就是那躺在辽阔的海洋地平线上的太阳，
广阔的海洋就在这里伸展，
在这宽广的天空之下，
是无数个陆地，
陆地上有各种各样的种族栖息，
还有这无数野兽的族类。

6. 一个小小的极浅的水塘，就可以反射出整个天空

路边铺石中间那一个不过一指之深的水潭，
赐予我们的视野却超乎意料，
它使我们往地下看时可以看得那么远，
远得就仿佛是从地面朝高空张开的整个天穹的海湾，
以至于你仿佛看见了云朵和天空就藏在那大地底下，
又或者是大地就在那仿佛被施了法的天空里面。

7. 一匹马站立在溪流之中时，就仿佛在逆流而上地动着

再者，
当我们骑的烈马，
稳稳地站在河流中间，
而我们看着下面的急流时，

那股力量似乎承载着马的身躯，
即使它站着不动，
也会看起来像是在逆流而上一样，
凡是我们将眼光投去的地方，
那些地方的东西也好像这样逆流而上地动着，
就像我们自己一样。
虽然一个柱廊看起来非常笔直对称， 8. 视角
并且它从一端到另一端都是安设在等高的柱子上面的，
但从顶部来看，
整个长度就有了不一样的变化，
仿佛是逐渐缩小为一个圆锥形，
直接连接着天花板和地面，
所有左边与右边的柱列也连接在一起，
直到所有的一切都缩小到一个点，
以致原来那锥体也不可见了。
对于在海面航行的水手们来说， 9 海面上的日出
太阳似乎是从海浪上升起，
在海浪中落下，
并在那里隐藏起它的光芒——
这其实是因为他们除了水和天之外什么也看不见，
以至于你会轻信，
在不同的视角点上，
感觉是会产生变化的。
但是对于那些不熟悉大海的人， 10. 折射现象
海港的船仿佛紧紧压在海面上，
受到的摧残使每一艘船都带着破烂的船尾。
因为任何位于海水上面的船桨部分都是直立的，

水面上的舵也是直立的，
但是那些浸没在海水里的部分，
看起来就像是坏了的，
弯折了的，
并且似乎向水面斜上起来，
弯转回来漂浮在水面上。

11. 流动的云让星星看起来也仿佛在移动

当夜晚的风夹杂着散碎的云朵，
静静飘过天空时，
那闪亮的星星们似乎逆向滑过了那大片乌云，
然后就这样飞向了更高的地方，
而远远偏离了它们本身真正的路线。

12. 用手指按压眼球，就可以让眼睛看到的东西数量翻倍

如果把一只手放在一只眼睛下面，
然后去用力按它，
那么就会出现一种新的现象，
所有我们正看着的东西，
似乎都会在数量上翻倍，
那些吐着火花的灯具，
它的光就变成了两份，
整个房间的家具，
也会成双出现，
还有人的脸，
他们的身体，
都会变成两个。

13. 梦

再者，
当睡眠让我们的四肢沉浸在甜蜜的酣睡之中，
整个身体都已经完全休憩，
我们对于自己来说，
仿佛还醒着，

仿佛还在移动我们的四肢，
在这夜的不见五指的黑暗中，
我们以为看到太阳和白昼，
尽管身处在这四面都是墙壁的房间之中，
但我们似乎穿越到了另一片天空、海洋，
另一片溪流和山脉，
我们步行着经过许多平原，
虽则夜晚那严肃的静谧围绕着我们，
我们却仿佛听到了许许多多的声音，
虽然我们一言未发，
但却仿佛给出了回应。
奇怪的是，
我们看到了很多其他这样的事物；
这些事物好像全都企图破坏我们对感觉的信任；
然而所有的一切都是枉然，
因为这些事物的大部分都欺骗了我们，
它们通过心灵给出的意见欺骗了我们，
而这些意见是我们自己添加上了去的，
以致那些感觉并未看到的事物，
也被以为是看到了。
因为没有什么要比从那显然的事实中，
去辨别那不确定的事物更加艰难了，
尤其是那些被我们的心灵自行添加上去的东西。
如果有人认为，
所有的东西都是不可知的，
那么他就无法知道，
这一观点能否被认知，
因为他的前提是承认了他一无所知。

如果怀疑论者否认万物是可知的，他又怎么会知道这样的道理？他又从何处得到了真理的准则

那么我则拒绝和他讨论这个话题，
他这样的想法是把自己的头，
放在了双脚应该在的地方。
然而，
让我们假设他是知道这一点的，
那么我便要提出一个问题：
既然他之前从未见过万物蕴含的真理，
他从何处知道什么叫作认知？
反之，
他也不知道真与假的概念有何区别，
什么事情可以证明，
尚且存疑和确定的事情之间有何区别？

如果感觉是虚假的，那他就必须找出一个更真的标准

你会发现，
真理的概念最初就源于感觉，
而且感觉也是不能被反驳的。
因为你必须要找到某种具有更强有力的肯定性的东西，
让它自己都能够用真实驳斥虚假。
那么，
又有什么比感觉更能提供这种肯定性呢？

但是，（1）基于感觉的逻辑是不能驳斥感觉的；（2）感觉之间也不能相互驳斥。（3）感觉也不能给自己定罪

难道是那种从虚假的感觉中诞生的逻辑？
虽然这种逻辑完完全全来自感觉，
那它反而可以用来反对感觉吗？
除非这些感觉都是真的，
否则所有的逻辑也都会变成假的了。
耳朵可以将自己的评判附加在眼睛上吗？
又或者触觉可以将自己的评判附加在耳朵上吗？
又或者，

嘴巴里的味觉会去驳斥触觉吗？
抑或由鼻子来反对它，
或者由眼睛来证明它是假的？
我认为并不是这样的。
因为每一种感官都已被划分好自己独特的任务，
各有自己的能力，
因此我们必须要通过一种感官方式去感知，
什么是柔软，什么是寒冷或炎热，
而用另一种感官方式去感知万物的各种颜色，
以及与这些颜色相关联的所有事物。
同样地，
味觉有它自己独特的能力，
气味和声音也是这样分别被感知到的。
因此，
一个感觉不能证明另一个感觉是错的。
它们也不能把评判强加在自己身上，
因为不论在任何时候，
都需要赋予每个感官同等的信任。
因此，
不论在每一个场合这些感官感知到了什么，
都真是这样的。
如果逻辑无法向我们揭示，
为什么在近处是方形的东西，
从远处看却是圆形的，
那么在缺乏恰当的理由来解释的情况下，
我们与其让这种如此明显的事情从我们的手指缝中漏掉，
或者去质疑我们最基础的信仰，

因此感觉是真的。宁可承认逻辑也许会出错，也不要去驳斥我们的感觉，驳斥这一切知识的基础，驳斥这生命唯一的指南

又或者怀疑整个生命存在的基础，
还不如提出一个错误的原因，
来解释这两种形状。
因为这样不仅仅会使所有的逻辑都崩塌，
生命本身也会随即解体，
除非你能够相信你的感觉，
避开像悬崖这样危险的以及其他同类的应该避开的东西，
去做与之相反的事。

否认感觉的真实，就像是使用那有毛病的仪器来搭建房屋的基体一样

这一切的一切，
在排列好并且提出来反对感觉时，
都无非是纸上谈兵。
就像在搭建一个房子，
如果刚开始用的标尺就是斜的，
如果曲尺也有毛病，
没有正确的直线，
如果水平仪不管什么地方有点差错，
那么整个建筑就必定会出问题——
歪歪斜斜地向前或向后倾，
全都不对称，
以致某些部分看起来就像是快要倒塌，
或者是已经倒塌，
这一切都是因为最开始的测量是错误的；
因此，
即便你对事物推理的逻辑是歪曲的，
是错误的，
那也都是因为来自错误的感觉。

其他的感觉

现在剩下的，

就是来解释，
其他的感官是如何感知物体的，
这个过程并没有那样艰难曲折。
首先，
每种声响和声音能被听到，
是因为它们找到了进入耳朵，
和用自己的身体去击打感官的方法。
因为那些声响，
既然它们可以击打你的感官，
因此，你一定要承认它们也是有形体，
再者，
声音经常会刮疼我们的嗓子，
叫喊会让我们的气管变得粗糙，
确实，
声音的始源是相互拥挤着，
穿过狭窄的道路，
然后开始向前行驶；
接着，
事实上，
当这些道路都被塞满后，
这扇门也就报废了。
毫无疑问，
声音和话语都是通过物质的元素构成，
所以它们会受到伤害。
同样地，
你并非没有察觉到身体会如何被削弱，
人的体力又如何被消耗，
如果一个人从朝辉初升到夜幕降临，

1. 听觉是声音击打我们的感官时产生的。声音是一种物质：(1) 可以击打感官；(2) 叫喊会使喉咙痛；(3) 不停地说话会使身体疲劳

一直都在不停地说话；
尤其是，假如他一直在大声喊叫，
那就更是不得了。
可见声音必定是物质的东西，
既然长篇大论者会从自己的身体失去一部分元气。

声音的粗糙或圆润源于构成它的原子的形式

再者，
声音的粗糙感来自其始源的粗糙，
同样，
声音的圆润也来自于其始源的圆润。
声音的始源并不都是以一个相同的形式穿过耳朵：
当号角吹出低沉的声调，
当野蛮的贝里辛斯人的管笛，
尖叫着发出嗡嗡作响的声音，
当夜晚的天鹅在赫利孔的边界河中，
用哀悼的声音清晰地唱出它们的悲痛。

声音借助舌头和嘴唇而形成话语。在距离很近的时候，它保持着该有的原形，但是在距离更远的时候，它就会产生移位，并且变得不好识别

当我们将这些声音从我们身体的深处逼迫出去，
并且径直将它们从我们的口中驱逐出去的时候，
那敏捷的舌头，言语的创造者，
就使其成为可以分节的声音。
嘴唇的形状又让其有了自己的形式。
因此，
如果声音从起点到终点，
其间的距离较短，
则话语就必定也会被清楚地听到，
被清晰地辨别。
因为那时声音还保留着它的形状，
保存着它的形式。
但是如果其间的距离太远，

话语由于穿过了太多的空气就必定会相互推挤，
发出的声音在飞过的时候，
就会失去原有的秩序。
因此，
你可以感知到声音，
但是你却无法辨识那些话语的意思，
以至于你听到的只会是让人感到迷惑和混乱的声音。
一个单独的词可以唤醒所有听众的耳朵，
若这样的词是从大喊者的口中发出。
可见，
一个声音会立刻分散开，
变成很多个声音，
既然它在分开之后可以到达很多只耳朵，
在这个词上印出了自己的形状，
还会有清楚的音调。
但是，
有些声音并没有直接击中耳朵，
而是就这样掠过了耳朵，
并且在空气中消散。
有一些打中了坚硬点的东西，
就会被抛回来，
并且将特定的声音返送回来，
有时还会用一个词的回音来嘲笑我们。
当你能够清楚地认识这一切时，
你就能对自己和他人讲明，
为什么在寂静空灵的地方，
大石能将人说出的话以原有次序给返回来，
当我们在寻找着，

一个声音可以到达许多只耳朵里，或者就会四处分散

坚固的东西可以将声音击打回去。因此回音就这样产生了，这才有了很多关于农牧神等的传说与神话

我们那些在昏暗山谷迷路的同伴，
大声召唤着他们，
我们的召唤声就会分散在这里和那里。
当你发出了一个声音之后，
我曾经见过很多地方送回六个或七个回声，
因此一定是一座山峰将声音回击给另一座山峰，
并且不断重复那些词，
让它们来来回回。
这样的地方有很多的居民，
他们便会经常想象，
这里有长着羊蹄的农牧神，
还有居住在山林水泽的仙女纽墨非，
他们大声喧哗的声音响彻夜晚，
并且经常在一起嬉戏狂欢，
就这样破坏了宁静沉默的夜晚；
琴弦的声音就这样被唤醒了，
并且会弹出甜蜜又悲伤的曲调，
从管乐中倾泻而出，
在乐师的指尖停滞；
这些曲调会被周围远近许多人都听到，
当潘神一面摆动着他那半兽头上小小的装饰品，
一面用鼓起的嘴唇吹奏着开口的芦笛，
以免笛子不再送出林间的音乐。
其他像这样的怪事很多，
大家都喜欢提起，
这样就不会被认为是住在穷乡僻壤，
连神明也把他们遗弃。
这就是为什么，

他们在故事里夸大神奇的事物；
或者是出于别的理由才会这样做，
因为人类所有的种族，
从来都是贪恋于将这些无稽之谈喋喋不休地灌进人们的耳朵。

此外，
我们不必感到奇怪，
在这些眼睛看不到的地方，
声音到底是通过什么方法传来的，
又是怎么样唤醒我们的耳朵的，
我们能够通过关着的门就听到其中的声音，
因为我们知道，
声音可以在丝毫无损的情况下，
通过物体里弯弯曲曲的孔洞达到，
但是图像就无法做到。
因为这样它们会被撕碎，
除非能够沿着笔直的孔道飘过去，
比如说玻璃材质的孔道，
这样的孔道，
所有的图像都能飞得过去。
再者，
声音可以被分配到各个方向，
因为一个声音是可以产生另一个声音的，
一旦一个声音跃出之后就变成了许多声音，
就像是一朵火焰，
也经常会把自己分成很多个火焰。
所以，
那些视线看不到的地方，

我们不能看的地方，我们能听。(1) 因为声音可以穿过任何材质的孔洞，视觉的图像只能穿过笔直的孔口；(2) 因为声音可向各个方向扩分为许多声音，而图像只能从它们开始的地方笔直前行

都被声音填满了；
它们在四周悄悄发酵着，
声音赋予了它们生命。
但是所有的图像都是沿着笔直的线传播的，
这条线的起点就是图像开始产生的地方；
因此没有人可以看到墙壁之外的东西，
但是却能够感知外部的声音。
即使是这个声音，
当它穿过房子的墙壁传来的时候，
也是十分沉闷的，
当传入我们的耳朵时，
所有的声音都混在了一起，
我们似乎能听到一个声音，
而不是准确的词语。
我们不需要给感知味道的舌头和上颚，
赋予更多的意义，
或者再去找更多的麻烦。
首先，
我们会在口腔里感知到味道，
当我们在咀嚼食物，
并且将味道从中榨出来的时候，
就像我们用手，
去挤压一个充满了水的海绵。
我们挤出来的东西，
就会穿过上颚的孔道，
并且能穿过那组织松懈的小舌头的曲径。
因此，
当物体渗出的味道是圆滑的，

2. 味觉是由于从食物当中挤出来的味道进入了上颚的小孔而产生的。圆滑的元素会产出令人愉悦的味道，粗糙的元素则恰恰相反。味觉仅限于我们的上颚，到了消化的环节就没有了

那么触感就是令人愉悦的，
它们令人愉悦地触摸着，
舌头四周所有湿溜溜的区域。
但是，
反之，
它们就越强烈地用自己的攻击刺痛着感官，
撕扯着感官，
从而产生令人不愉悦的感觉。
其次，
愉悦的感觉，
仅限于上颚的范围之内；
但在它穿过下颌这个位置之后，
就已经没有任何的愉悦之感，
因为之后它已经四散到肢体当中去了。
身体被何种饮食滋养都无关紧要，
只要凡是你吃下的东西你都能好好消化，
消化之后就可以分散到四肢当中，
并且在胃部保留一些湿润感。
现在，
我们发现为何对于不同的生物来说，
一些东西有时是食物，
有时又变成了毒药，
我将展开来说明这一点，
以及为何那对于一些生物是恶臭而苦涩的东西，
对于其他的生物来说，
却又是美味可口的。
为何这其中竟有着如此大的区别与差距，
以至于一种生物的食物，

不同的食物适合不同的生物，对于一类生物来说是甜的食物，对于另一类是苦的

对于其他的生物，
却变成了致命的毒药？
例如有一个特定品种的蛇，
接触到人类的唾液之后，
就会死亡，
并且会一直啃咬自己的身体，
直到失去生命。
再者，
菟葵对于我们来说，
是致命的毒药，
但是却能让山羊和鹌鹑胖起来。

这是由于（1）有许多不同的种子混合在物里面；（2）因为对于不同的动物，上颚的组成和孔洞也不同

为了让自己能够认识这种事何以会发生，
首先应该记住我们前面已经说过的，
万物中包含的种子是以各种方式混合在物里面的。
其次，
所有摄取食物的生物，
它们的外貌看起来都不同，
它们的外部轮廓还有四肢都会按其所属种类给它们以一定的样子。
所以它们也是通过各种各样的形状的种子，
来塑造自己的形态，
更多的是，
既然所有的种子都不太一样，
所以必须要有一定的空间和通路，
我们称其为开孔，
它们的肢体中这些小孔要不一样，
在口腔里和上颚的小孔也要不同。
其中有些要小一点，

有些要大一点，

有的生物中的小孔是三角形的，

有的则是四方形的，

很多可能是圆的，

有的可能是各种不一样的多角形。

根据形状的安排，

还有运动的要求。

开孔的形状必须要不同，

通路的不同要根据围住他们的墙壁结构的不同而定。

因此，

一些东西对于一种生物来说是甜的，

对于另一种生物来说可能是苦的，

对于那些尝到的是甜味的人来说，

那些最光滑的粒子必定充满爱意地进入到了其上颚的小孔，

但是，与之相反，

同样的东西对于那些尝到的却是实实在在的苦味的人来说，

我们可以确定必定是那粗糙的而多钩的粒子，

进入到了它味觉的通道。

现在通过这些事实，

由于同样的原因，一个人的味觉在生病的时候会有所改变

我们可以很容易从每个例子当中明白：

当一个人发烧的时候，

他体内的胆汁也会升高；

或者疾病通过其他的方式侵袭一个人，

那么他的整个身体就会陷入混乱的状态，

始源的所有位置都会被改变，

那些原本能引起他味觉的始源，

就会不再起作用，
而其他的始源可能会变得更合适，
这时他们就会找到它们的路，
进入身体当中，
并且以酸的味道显现。
这就像混合在蜂蜜中的两种始源，
正如我们之前指出的。

3. 同样，气味也是从物中流出来后，而流进鼻孔。不同的气味会引诱或者驱赶不同的生物

现在，
我会告诉你。
气味的冲击是如何到达鼻孔的。
首先，
必定存在着很多的东西，
各种气味从这些东西上滔滔流出然后不断扩散，
我们一定以为，
这些气味总是流着、流着，
然后把自己向各处抛散出去；
但是一种味道会更加适合一些生物，
另一种味道会更加适合另一些生物，
这都是因为形状并不相似的元素。
微风中的蜜蜂远远就被蜂蜜的味道吸引，
死尸的味道则会招致秃鹫。
那些领头的猎犬都会引导着猎人，
追寻野兽的足迹，
而白色的大鹅，
是罗马卫城的守护者，
它们可以远远就嗅到行人的味道。
所以，
不同的气味会被分配给不同的生物，

这样可以引领它们找到属于自己的食物，
也可以限制它们不去触碰可厌的毒物，
通过这样的方式，
野兽的族群才得以保存。
这特殊的气味，
不论它在何时打搅我们的鼻孔，
有一些气味会比其他气味传播得更远，
但是没有气味可以像声音一样传播得那样远，
更不用提起那些会进入我们的视线，
引起我们视觉的东西。
气味在外游荡，
来的时候是缓慢的，
但是消逝得极快，
它会在微风中一点点地消散。
首先，
因为它是从物体的内部发出的，
但是它并没有打算主动地发散出来，
每当物体被打碎、研磨或是在火焰中烧毁时，
气味似乎都更加浓郁，
所以这就说明气味深藏于物体内部，
是从物体内部流出来的。
再者，
你可能会觉得似乎气味比声音的始源更加巨大，
因为它和声音不同，
是无法穿越石墙的。
因此，
你是很难追踪到气味的源头的。
当这些撞击在风中飘荡时，

味道永远无法像声音一样传播得那样远，因为它是从物体的深处开始的；因为它由更大的原子组成。结果，就会更加难以追踪它的来源

它们会逐渐冷却下来，
随后这些仓促的使者才到达我们的感官，
这个时候，
气味早已不热了。
所以猎犬常常迷失，
要靠寻找那些脚印来找回方向。

这同样的事情发生在视觉上；一定的事物会伤害特定生物的眼睛，比如狮子不能看向公鸡，因为公鸡含有特定的种子，会伤害到狮子而非人类的眼睛

然而，
这一切不仅仅发生在气味和味道上，
同样地，
事物的形态和颜色也无法完美地迎合所有的感官，
对一些生物的视觉来说，
有些东西过于刺激。
确实，咆哮的狮子是无法正视一只公鸡的，
这只公鸡会挥动着自己的翅膀赶走黑夜，
并且用自己爽朗的鸣叫唤来黎明。
所以一看到公鸡，
狮子就会准备逃跑，
因为在公鸡体内有特定的种子，
当它们落入狮子的眼睛，
便会刺伤它们的眼球，
带来强烈的痛苦，
以至于狮子无法凶猛地自信地直视公鸡。
但这一切不会以任何方式伤害我们的眼睛，
这是因为它们无法刺穿我们的眼睛，
即使刺穿了，
我们的眼睛也会有一个出口，
这样它们就无法待在我们的眼睛里，
伤害眼睛的任何一个部分。

思想的成因

现在，

让我告诉你什么东西会扰乱我们的心灵，

然后用简短的几句话了解一下它们是如何进入我们的心灵中的。

图像，在四处飘荡的时候可以相结合，之后便穿透了心灵，让我们想到了那些可怕的形状

首先我要说，

很多物体的图像会朝各个方向通过很多方式到处游荡，

这些细致的图像就可以在空气中和其他图像相连接，

当它们相通的时候，

就像蜘蛛的网和金色的树叶一样。

因为这些图像远比它们落入视线中并且引起我们视线的注意的材质要精细得多，

它们会刺穿我们身体的孔洞，

然后唤起我们思想深处的最佳本性，

并且叫醒它的感觉。

我们看到人首马身的怪物和斯库拉的四肢，

还有冥府看门狗的脸，

以及那些已经死去的人的图像，

还有那些尸骨已经回归土地的人；

各种图像都可能出现在任何地方，

其中有一些是它们自己在空气中创造的，

有一些是从不同的事物中分离出来的，

还有一些是从它们的形状中产生的，

然后组合在一起。

事实上，

人首马身的图像并不是来自一个活着的生物，

因为没有任何活物的本质是那样的，

但是如果人和马的图像相遇，

它们就会结合在一起，
就像我们现在说的，
是由于它们潜在的本性，
还有精致的材质。
所有这一类的东西都是通过同样的方式塑造。
当它们极其轻巧地快速移动时，
正如我在这里所展示的，
任何一个如此精巧的图像都会搅乱它们的心灵，
因为心灵本身也可以这样精致，
也可以这样出乎意料地敏捷。

心灵能看到东西，正如眼睛能看到一样：因此过程是一样的

这些东西就像我说的那样，
通过以下的例子你就可以清楚地了解。
一个和另一个很像，
我们用心灵和眼睛看到的事物，
就一定是经过相似的方法创造的。
因此，现在我已经证明我看到了一只狮子，
是通过一个成像看到的，
这个成像在很大程度上惊扰了我的双眼，
我们也许知道心灵是通过相似的方式移动的，
它看到的狮子或者其他事物都和眼睛看到的完全一样，
分毫不差，只不过它看到的会更加细致。

所以睡眠中所看到的东西，都是由思想中的成像引起的，而此时，记忆无法保持清醒的状态来验证其所见的真实性，因为永远会有不同的肖像不断地涌入

当我们进入睡眠之后，
我们的四肢就得到了休息，
但我们的思想还醒着，
这些同样的图像会继续扰乱我们的思想，
就像我们醒着的时候一样，
所以即使一个人已经失去了生命，
并且埋葬在土里，

我们也会像是真的看到了他一样。

大自然命令这样的事情发生，

是因为身体所有的感觉都已停止活动，

全身上下的所有感受都进入休眠状态，

它们无法用真实来驳斥谎言了。

再者，

记忆也躺下了，

在睡梦中变得迟钝，

也无法提出任何的抗议来证明我们自以为还活着的人，

在很久之前就已经死亡了。

此外，

就算成像都运动着，

有节奏地挥舞着它们的胳膊和其他的肢体，

这也不足为奇。

那些在睡梦中的成像也是这样做的；

当第一幅图像消失之后，

另一个就会以不同的姿势诞生，

前一个似乎就已经被改变了姿势。

确实，

我们必须假设这一切发生在极短促的时间里，

以这样快的速度，

这样多的数量，

我们感知的每一个瞬间，

图像的小细节都是那样丰富，

可以源源不断地供应。

思想和梦的问题。我们为何能够立刻想到我们想要的任何东西

在这样的情况下会产生很多的疑问，
如果我们想得到最直白的真相，
有很多东西我们必须要搞清楚。
首先是为什么不论我们能想到什么，
我们的心灵都能立刻看到。
图像是否一直关注着我们的意志，
能否在我们想到的时候就立刻显现，
不论我们想到的是大海、陆地或是天空？
集会的人们，游行的队伍，
盛大的宴会，激烈的战争，
是否只要我们开口，
自然就会立刻向我们呈上？
尤其是在同一地点时，
有其他的心灵在想着完全不一样的事物？

我们如何在睡梦中看到移动的图像

为何在睡梦中我们看到了随着节奏跳舞的图像，
当它们移动着肢体，
将双手轮流向前挥舞时，
会重复着左顾右盼的动作，
它们的双脚会保持一致的节奏吗？
真实的图像就像一门艺术，
在训练有素地来来往往，
以便在黑夜中同样能够起舞。
这是否才更接近真相？

因为每一个瞬间都会有连续不尽的图像。心灵仅仅能清楚地看到那些它注意到的

因为在我们所能感知到的那个瞬间，
当一个词说出来的时候，
会隐藏着许多理性发现的时间点，
因此在任何时间里，
无论这些图像有多小，

它们都会在很多个地点准备就绪。
它们的速度太快了，
储存的数量太多，
因此当第一幅图消失时，
另一幅图马上就以别的姿态诞生了，
前一个似乎已经改变了它的姿势。
再者，
因为它们很精细，
所以除了心灵想要看清的图像外，
它不会清晰地辨认出其他图像，
除了心灵已经准备好要看的图像外，
其他的都会消失不见。
并且心灵会准备好看到每个成像之后的成像，
此时心灵才会出现。
你难道没有注意过，
当眼睛试图去看那些精细的事物时，
会如何努力并且随时待命，
否则就根本无法看清。
然而，
即使是那些清楚呈现出来的东西，
如果你不能把注意力转向它们，
它们也会分离到很远很远的地方去。
假设心灵失去了其他的一切，
仅仅留下了那些自己坚持的东西，
这又有什么可奇怪的呢？
通过很小的迹象，
我们就可以推论出重要的事情的意见，
并将我们自己都投入到自我欺骗的陷阱之中。

我们在睡眠中无法注意到梦的非一致性

这种情形也时不时地发生着，
一个不同种类的图像出现在我们的眼前，
一位女士眼前的东西，
现在似乎已经变成了一位男士眼前的东西，
或者其他的，
比如一张脸，
一个年龄段的人，
一个接着一个。
但是我们不应该觉得这很奇怪，
睡眠还有它的容易遗忘性。

四肢和感觉并不是根据它们使用的目的被创造的，而是在创造出来后发展出了它们的用途

你一定很想避免这个错误，
用极具前瞻性的恐惧来避免这个错误，
不要认为眼睛中明亮的光是为了我们能够看清眼前的一切所创造的，
也不要认为我们双脚之上的双腿是为了让我们能够大步前进才被创造的。
或者，
我们的前臂可以弯向后臂，
身体两侧各长了一只手，
也是为了能够完成生活中需要完成的一切。
所有诸如此类的推论，
都颠倒了因果关系，
身体上的任何一个部位都不是为了使用才产生的，
而是一开始就存在的，
后来才发展出了它的用途。
我们认为在眼睛能看到之前是没有视觉的，
在舌头被创造出来之前是没有话语的存在的。
但是舌头远远诞生于讲述与论道之前，

耳朵是在声音被听到之前创造的，

简而言之，

所有的肢体都在它们的用途出现之前便存在了。

它们不是以要使用它们为目的才存在。

但是，

与之相反，

技艺会为了某个目的而进行创造

斗争中的冲突与争吵会让人们折断或者损坏对方的四肢，

浑身沾满血污，

这些早在人们使用飞镖造成伤害之前就已经存在了。

因为大自然告诫人们要避免会带来创伤的打击，

这一点早在人们学会用左臂持护盾之前就存在了。

我们要相信，

疲惫的身体需要休息，

这早已是一种习惯，

在柔软宽阔的床出现之前就有的一种习惯，

而喝水解渴这件事也早在杯子出现之前就有了。

这些东西被发明出来就是为了适应生活的需求，

因此可以认为这些东西是出于某种目的而被创造出来的。

但是其他东西就不同了，

但是大自然是不会刻意设计什么的

它们首先要诞生出来，

然后再去显露自己本身的用途。

在这类东西中，

首先我们会注意到感官还有四肢。

因此，再一次说明，

你不能只是认为，

它们是出于一定的目的被创造出来的。

这种对食物的渴求是由于身体组织的消耗引起的，食物是用来进行补充和修复的

同样地，

我们也不必对下面这一点感到奇怪，

那就是所有生物身体的本性都是为自己寻求食物。

我已表明，

很多物体，

都会从事物身上流走，

并且流走的方式极为多样，

但最常见的还是从生物身上流走。

因为它们会在运动过后感到酸困疲惫，

许多身体会出汗，

这些汗通过挤压从深处被排泄出来，

很多物体都会通过口腔的呼吸放出，

尤其是在物体疲惫的喘息时会发生。

通过这些方式，

身体会越来越薄，

它的本性就会被削弱，

紧接着，

痛苦就跟着来了。

因此，

食物的摄取是为了在一切慢慢流逝的时候还可以支撑四肢，

补给力量，

这就让全身每一个毛孔都想张大嘴，

获取食物，

以此让其四肢和血管受益。

饮品可以将身体里过度的干燥和热扑灭

相似地，

湿润的东西可以渗透每一个需要被滋润的地方；

很多热粒子聚集在一起，

使我们的胃部像着火一般，

随着源源不断的液体，

就可以浇灭像火焰一样的东西，

这干燥的热也许就不会将我们的身体产生灼烧之感了。

因此，

这灼人的干渴便会离开我们的身体，

就这样，

那极度的渴求就得到了满足。

那么，

为何只要我们想，

我们就可以向前迈进，

为何我们的四肢如何让我们以各种方式前进，

又是什么力量让这样庞大的身体向前移动，

我将告诉你，

你也要仔细聆听我所说的话。

首先需要有一个步行的成像在我们的脑海中，

并且给我们的心灵带来冲击，

就像之前所说的那样。

接着是我们的意愿在起作用，

人在开始去做任何事情之前，

心灵就已经看到了接下来要做的事了，

因为它能提前看到，

那么这件事的成像就形成了。

因此，

当心灵刺激其本身，

从而可以开始迈步向前时，

运动的原因。我们的心灵中会呈现出自己行进时的图像，接着就是意愿产生的行为。心灵接着就会去刺激灵魂的原子，灵魂的原子进而刺激身体

这就会直接撞击我们的灵魂，
让其扩散到全身的四肢还有我们的躯干中。
这件事做起来一点都不难，
因为这所有的一切其实是一个整体。
接着，
灵魂就会撞击我们的身体，
一点一点地，
这巨大的身体就会被向前推着移动。

锻炼会让我们的身体变得稀薄，其中的空间就会被空气充满，这能很好地在运动中起到帮助的作用

再者，
在这样的时刻，
身体也变得稀薄，
而空气（它通常都是如此敏捷）
就出现了，
它会大量通过那些小孔，
分散到我们身体的每个角落。
接着，
身体会在四个不同的作用下移动，
就像船在帆和风的共同作用下移动一样。

巨大的东西可以被很小的原因所推动，比如一艘被风推动的船或者一台机器

这也不足为奇，
这样小的物体可以将如此巨大的躯体转动，
并且能够让我们整个庞大的身体转圈。
事实上，
风虽然精细柔弱，
但却可以推动身躯如此庞大的船只，
而我们只用一只手便可以掌控这艘船，
不论它在行驶中是什么样的速度，
并且只要有一个舵机就能让它转动；
通过滑轮和踏车，

一台机器就可以移动很多很重的东西，
但是在抬举的过程中却只需要很小的力量。
现在，
睡眠会通过何种方式席卷我们的四肢，
并且让心灵在呼吸之间得到放松和照顾，
我将用甜蜜的诗歌告诉你，
而不会长篇累牍地说，
即使是天鹅吟唱的一首简单的歌曲，
也要比鹤的聒噪声好得多，
这种声音在天空南边的云朵中扩散。
希望你有一只灵敏的耳朵和一个充满渴望的心灵，
否则你只会否认我所说的一切，
也会拒绝其中的真理部分，
但是其实错的是你，
只是你意识不到。
首先，
睡眠会在四肢中的灵魂被撕碎后席卷而来，
一部分被驱逐出去并且离开，
还有一部分会被推进至身体更深处的地方，
四肢就变得松散无力。
毫无疑问，
这样的感觉只存在于我们之中，
这要多亏了灵魂的存在。
当睡眠阻止了灵魂的存在，
我们必须要假设灵魂受到了干扰，
并且被逐出体外，
但并非全部的灵魂都被赶走；
如果是那样，

睡眠的原因

当灵魂在四肢中被撕裂，或者被驱赶，或者深深埋藏其中，睡眠就出现了。感觉是建立在灵魂的基础上，它的停止就表示灵魂的离开，但不是彻底离开，因为那样就等于死亡身体则会在令人战栗的永恒的死亡中度过。
确实，
如果灵魂没有任何部分藏在四肢的后面，
就像火焰隐藏在灰烬之下，
那么，
怎么会有感觉像是突然在肢体中被点亮，
就像火焰可以从看不见的火中升起那样？

这时由于身体不断受到外部的空气击打才引起的，内部则是我们的呼吸

但是，
通过什么样的方法，
物体的这种新的状态才诞生的，
灵魂为何会受到侵扰，
身体为何会变得松弛，
我会展开来讲：
你要注意，
千万不能让我说的就这样悄无声息地消失在风中。
首先，
身体外面的部分被周围空气中的微风所接触，
必定就会经常受到气流的撞打和攻击，
由于这样的原因，
几乎所有的生物都被一层皮所覆盖，
或者躲在一层外壳之下，
又或者带着坚硬的皮肤，
或者是有树皮一样的东西。
当生物呼吸的时候，
随着空气被吸入或吐出，
它也会在生物体的内部撞击。

而且，
既然身体从内到外都遭受着击打，
这些击打会通过这些小小的孔到达第一部分，
到达我们身体最初的原子那里，
因此我们的肢体就逐渐开始垮台。
因为身体的始源还有思想的秩序会被破坏。
接着就是灵魂的一部分被驱逐出体外，
一部分退隐到身体内部；
一部分会在四肢中被撕碎，
并且无法重组其自身，
也无法做出运动和反应。
因为自然把它们相遇的道路全都阻断了，
因此，
当运动被改变之后，
感觉就会退到最深处。
既然这里没有任何东西可以来支持我们的肢体，
身休就会变得虚弱无力，
所有的肢体都会感到疲惫，
胳膊还有眼皮都会垂下来，
当你躺下来的时候，
大腿和臂部也会松弛下来。
再者，
饭后睡眠也跟着来了，
因为食物能带来空气带来的东西，
当食物在全身的血管中游走时。
那些酣睡都是在你吃饱或者精疲力竭时发生的，
这样的睡眠更加沉重，
因为比以往更多的物体都丧失了原有的秩序，

击打会四处扩散，并且导致毁灭；因此灵魂会被驱逐出去，或者沉入到最里面，或者被分散，失去了支持的身体就会变得松软了

食物起到了和空气一样的作用

被沉重的劳动所伤害。
通过同样的方式，
灵魂就被迫深入身体的内部；
同样也会有大量的灵魂被抛出体外，
更多的是彼此分开，
在内部就被撕为粉碎。

我们在梦中的行为和我们在清醒时的活动是一样的

对于那些我们苦苦追寻的事物，
我们所坚守的信念，
还有那些我们为之消耗了许多时间的事物，
在睡梦中，
我们似乎会被同样的事情占满脑袋，
律师会觉得他们还在用法律在法庭上与对方辩论，
司令官觉得自己正在战场上作战，
水手们在和暴风做斗争，
我们则是在一路追寻自己的使命，
在不断地寻找万物的本质，
当我们找到之后，
就会用我国的语言写出来。
因此，
在大多数情形中，
那些人们所追寻的事业和技艺，
会以幻象的形式，在睡梦中控制人们的心灵。

举例来说，玩乐

如果有人持续多日都沉迷于玩乐，
那么我们可以看到，
即使他们已经可以不需要用自己的感官才能理解那些东西，
它们的脑海中还是会有一些敞开的路，
那些玩乐的图像会由此进入。

接下来的许多天里，
同样的景象都会在他们的眼前晃过，
以至于就算他们醒着，
他们也会看到人们在舞蹈，
在移动他们柔软的四肢，
以为自己用两只耳朵听到了竖琴清楚明亮的声音和如诉如歌的琴弦声。
并且看到同样的那群人聚集在一起，
那充满了荣耀的舞台就在他们面前闪耀。
热情和欢愉带给我们的影响就是如此之大。
不仅人类想要为了这些任务付出努力，
一切有生命的动物也一样。
事实上，
你会看到那些强壮的马，
当它们的四肢放松休息的时候，
它们在睡梦中也在流汗，
呼吸急促，
像是在拼尽全力去夺取胜利，
好像围栏已经打开，
它们随时准备冲出去。
猎人的猎狗们经常在睡得正香的时候，
突然踢动四肢，伸出舌头，
并且用自己的鼻子在周围嗅来嗅去。
仿佛它们已经找到了野兽留下的踪迹，
正在沿着这条踪迹寻找猎物。
当它们从沉睡中醒来，
还是经常会追寻着虚幻的麋鹿的图像，
仿佛它们看到了麋鹿在疯狂地逃跑，

甚至对于动物来说也是如此：比如马、猎狗、家犬、鸟类，还有各个行业的人

直到它们摆脱掉这个幻想，
恢复清醒。
有时那些家养的，
平时只会向人类摇着尾巴做讨好状的小狗，
也会猛地抖一下，
并且迅速起身，
就像它们看到了陌生的身影和陌生的面孔。
而且品种越是狂野，
它在睡眠中就越是需要保持愤怒。
但是不同种类的鸟儿突然展翅飞翔，
会在夜间惊扰到神灵的丛林的静谧，
如果它们在平和的睡梦中看到老鹰在飞翔中追逐着它们，
那么势必就有一场恶战。
此外，
有着伟大的动机，
做着宏伟事业的人类，
在睡眠中也会做同样的事情。
国王们侵占城市，
却被俘虏，
他们在战场上拼杀，
随后发出一声大吼，
像是惨遭杀害，
事实上他们一直在睡觉，
半步也未曾挪动。
许多人拼命挣扎，
然后发出了痛苦的叫声，
仿佛豹子或凶猛的狮子用尖利的獠牙咬住了他们，

他们的叫声充斥着四周。
有一些人在睡梦中高谈阔论，
不小心就将自己的罪行暴露。
也有很多人遭遇死亡，
很多，
仿佛他们会直直地从高山上摔落，
心里充满恐惧，
他们就像是失去了理智一样，
几乎不能从睡梦中清醒过来，
身体还因为刚刚经受的混乱在不住地颤抖。
同样地，
一个口渴的人会坐在溪流的旁边，
或者坐在令人愉悦的泉水旁大口地喝水，
像是要将整条溪水都咽进他的喉咙里。
如果很快陷入香甜的梦，
天真的孩子在熟睡的时候，
经常会认为自己站在木桶或者路边的尿壶旁，
一掀衣服，
就把全身的液体放出来，
美丽的巴比伦毛毡就被浸泡了。
接着，
那些正处在沸腾年代的男人，
他们生命最关键的种子首次流了出来，
当时机成熟之时，
这些种子会在他们的身体中形成，
会有一些形象从外部进入到每一个身体内，
那些美貌的、明艳动人的形象，
会刺激和唤醒他们的热情，

很多人甚至会梦到自己的死亡

或者梦到一些琐碎的需求

让其迸射出来。

爱与欲望的本质

就像我们之前说过的，
当成熟的年龄让我们的四肢变得强壮，
这个种子就会刺激着我们，
因为一种原因可以导致一件事的发生，
而另一个因素就会造成另一种现象。
对于一个男人来说，
只有那些能刺激男人的种子才能影响他们。
一旦这种欲望被唤醒，
便会从身体各处汇集到某个地方，
直接唤醒身体最终那一处生殖器官；

这让我们和那些打击我们的对象结合

这时便有了欲望去寻找一具身体，
这时我们的心灵便被爱迷惑了。
有一个规律，
所有的人类都会向受伤的地方倒下，
血也会朝着我们受打击的那个方向喷射出去，
如果那个地方刚好靠近我们的手，
红色的血液就会喷射到敌人身上。
因此，
那些被维纳斯之箭射中的人，
不论是谁射中了他，
他都会向让他受到伤害的方向倾斜，
一个无法言说的欲望正在预告着愉悦的到来。

避开维纳斯和她的关心与欲望

这是维纳斯赐予我们的欢愉，
也是爱神丘比特名字的来源，
首先维纳斯的甜美已经扰乱了我们的心房，
一阵战栗随即而来。
当你爱慕的对象离开，

她的图像仍然触手可及，
她那让人心生爱慕的名字会在你的耳边回响。
但是你最好离开这些图像，
将那些滋养了爱情的东西赶走，
将你的心灵转移到别处去，
将你的热情放在其他的物体上，
不要将其一次性都留给同一个人，
从而给自己带来忧虑和痛苦。
那些痛苦正因为被滋养而变得有力量，
成为顽疾，
一天又一天，
愤怒在疯长，
痛苦日益沉重，
除非你用新的打击消散以前的旧伤，
并且在它们还没结痂前就治愈它们，
比如去物色其他四处游荡的维纳斯，
或者会将自己心灵的骚动转移到其他地方。

痛苦在你过度沉迷之时，便会疯长

就算避开了爱情，
他们还是会获得维纳斯的果实，
但是他会选择那些不会招致痛苦的欢愉。
当然了，
对于那些心智健全的人们，
这些事情带来的欢乐要比对那些为爱痴狂的人来说更加纯净。

爱人的欢愉中夹杂着痛苦

在某个特殊的时刻，
爱人之间拥有的热情会起起伏伏，
他们不确定应该最先用眼睛和手去享受哪里。
他们将自己抓住的东西握得那样紧，

以至于对方的身体都痛了，
他们还将自己的牙齿伸入对方的双唇中，
嘴巴与嘴巴之间猛烈的冲撞，
是情人间的激吻，
因为他们的快乐并不是纯粹的，
有一些暗中的刺痛会刺激他们去伤害那些让他们疯狂的东西，
不论这个东西是什么。
但是维纳斯轻轻地打破了这爱情中的痛苦，
这种痛苦混杂着欢愉的感觉让激吻的情人冷静下来，
因为他们也希望那燃起他们欲望之火的身体，
可以将这火焰熄灭。

并且这欢愉也永远无法满足

然而，
大自然抗议说事实正相反，
欢愉这种东西，
我们有的越多，
我们的心就会被诅咒的欲望所燃烧。
食物和水可以被我们的肢体吸收，
既然它们可以到达身体的某些部位，
因此，
对水和面包的渴望就很容易被满足。
但是从脸庞和娇艳欲滴的美人那里，
没有任何东西可以进入我们的身体里，
并且让我们好好享受，
除了那些精致脆弱的画面；
这种相思之苦常常被吹散在风中。
就像在梦里，
一个口渴的人正在寻找水源，

但却找不到一滴水可以让他体内的渴热得以消除，
他追逐着液体的成像，
只是在白费精力，
他仍旧感到口渴，
即使他就在奔流的小溪中畅饮。
维纳斯也会用成像愚弄着这些爱侣，
即使他们用自己的眼睛凝视着，
也无法让自己的身体满足，
当他们的双手在这美丽的身体上肆意游走的时候，
他们也不会从柔软的四肢上获取任何东西，
就算最后，
当情侣们拥抱在一起品尝着青春年华盛开的花朵。
他们急切地想要紧紧缠绕在对方的身上，
将自己的嘴唇压在对方的嘴唇上亲吻，
喘着粗重的气息。
这一切都毫无用处，
既然他们无法从其中攫取什么，
也无法进入对方的身体，
将自己与之浑然融在一起，
有时，
他们看起来在挣扎着想要这样做。
当这积聚的欲望被满足，
他们火热的激情就会短暂地退去。
不久同样的疯狂就会返回，
以前那种狂暴便又会再度降临，
当他们试图找到他们真实渴望拥有的，
却无法找到可以征服这种疾病的东西，
在这种深深的自我怀疑中，

满足感只会产生新的欲望

他们便开始为那些不可见的创伤憔悴。
要知道，
他们还浪费了自己的精力，
并且损耗了自己的身体。
还有，他们虚度岁月，
看其他人的眼色生活。
同时他们的财富在悄悄流失，
都转变成了巴比伦式样的毛毯，
他们疏忽了自己的职责，
他们的名誉摇摇欲坠，
受到折辱：
他们却只在女主人的脚上大笑，
他们的财富还变成了西锡安出产的鞋子，
那上面是巨大的绿宝石镶嵌在黄金上，
闪着绿色的光泽，
那暗绿色的裙子由于经常穿着而受到了磨损，
并且在被汗浸透后就很少再有人穿了。
他们的祖辈获取的财富变成了发带和头饰，
有的时候还会变成束腰的长袍，
还有伊利斯或凯欧斯的服饰。
那华丽的餐巾和丰富的食物盛宴摆在了桌子上，
助兴的游戏，数不清的杯子，
香水、花冠和花杯，
这一切的一切都是徒劳的，
自从这快乐喷泉的中心涌出苦涩的泉水，
这为他们带来了苦恼，
即使是在这花的中间。
也许是因为心灵的不断啃食，

爱会让人的精力衰竭，并且会让人丧失独立性，责任心与名誉。积攒下的财富就在奢华的礼物和娱乐活动中被浪费了

所有的都被毁坏了，被更加苦涩的悔恨和嫉妒毁坏了

便悔恨地想起了那些虚度的年华，
还有因为荒淫无度而导致的身败名裂，
也许是因为她说出了一些轻飘飘的话，
让人琢磨不透其中的含义，
但是却深深地留在他火热的心中，
像火焰一样生机勃勃，
又或者是因为他认为她的眼睛在四周随意流转，
将目光投向了他人，
又或是在她的脸上看到了嘲弄。
这些不幸存在于那些真挚又繁盛的爱情里，
但是当爱情遭遇了不幸，
并且变得无望的时候，
这些不幸也会出现，
就算你闭上双眼也能想到这无穷无尽的不幸。
所以还是提前有准备会更好，
就像我之前说过的，
你要避免深陷其中。
因为比起从维纳斯的牢网中挣脱，
从一开始就避开这爱欲的圈套要更容易一些。
然而，
就算被束缚被践踏，
你还是有可能逃脱这样的陷阱，
除非是你自己的原因，
因为你忽略了自己所追求的人思想和身体上所有的不足之处。
一个人总是会因一时的热情而被蒙蔽，
并且会认为这些女性具备了一些优点，实际并没有。
我们会看到一些长相丑陋的人，

不顺利的爱情会更加糟糕

在你被爱情抓住之前，快点逃离，但如果被它抓住，也不要闭上眼睛，不去看它的缺点，或者用假象将这些缺点覆盖

这些人也会被人强烈地爱慕着。
一个人会嘲笑另一个人，
并且催促他去恳求维纳斯息怒，
因为这种人会沉湎于低级的情欲中，
但是，
这些可怜虫啊，
他们没有发现自己所面临的灾祸比其他人的都要严重。
看不到这比其他任何人都严重。
皮肤黝黑的爱人，
会被叫作“甜蜜的黑色”；
那些污秽又充满恶臭的，
是“朴素无华”；
一个绿眼睛的爱人则是“雅典娜肖像”；
一个瘦长木讷的爱人又会被称作“轻巧如瞪羚”；
一个矮胖又娇小的爱人，
则是“美惠三女神之一”。
“都能带来纯净的喜悦”。
粗笨不雅的则是，
“一个奇迹”，
“充满了最高的权威”。
她有时有点结巴，
无法说话，
我们会称之为“口齿不清”，
有点笨的人我们会称之为“谦虚”；
一个燃烧的有恶意的八卦则是“一个燃烧的火把”。
当她的生命逐渐变少的时候，
就成了“纤细的爱人”，

一个肥胖且胸脯隆起的女人则是“哺育酒神的刻瑞斯”，
塌鼻子的则是萨提尔或者西勒诺斯的姐妹；
嘴唇厚重的则是“一个鲜活的亲吻”。
还有太多这样的分类，
我就不再一一赘述了。
但是，
就算她的脸庞就像你所希望的那样动人，
就算她的四肢就像维纳斯一样放出光芒；
但是必然还有其他的人可以替代她。
我们在没有她之前还是一样地生活，
我们也知道她一直在做着同样的事情，
就像一个丑女人做的一样。
这可怜的女人啊，
她浑身散发着恶臭，
连她的仆人都离她而去，
在背后偷偷耻笑她。
但是那泪流满面的爱人啊，
尽管被拒之门外，
却还是会用鲜花和花环堆满她的门槛，
在她那居高临下的门柱上装饰马郁兰，
这可怜的人还在她的门上留下了诸多吻痕；
然而，
如果最后将他放进了房间，
那只要偶尔有一丝气味飘进了他的鼻子，
那么他就会竭力寻找一个看似诚恳的借口马上离开。
那深埋心底的，
长久谋虑的计划也会作罢，

即使是最美的爱人，也不是非她不可的，也不是真的就与众不同

当一个爱人发现这一真相，他通常会觉得自己被冒犯了。能够意识到这一点，并且做出让步是更好的

接着他便会诅咒自己的愚蠢，

因为他意识到自己已经在她的身上强加了无数的东西，

这些都是在凡人身上无法得见的。

我们的情人们知道这一切，

因此她们会更加把所有不愿让人看到的东西隐藏起来，

以免被那些她们想要绑在裙带的男人们看到，

但这一切都是白费，

你总是可以想象自己将一切都摆在光天化日之下，

并且寻找着大笑的原因，

如果她心地善良，

没有恶意，

那么你就应该闭上眼睛，

忽视那些无关紧要的事情，

并且原谅人类的缺点。

女性会像男性一样，感受性带来的愉悦

当一个女人紧紧地拥抱着自己的爱人，

不住地亲吻他时，

不要认为她的叹息都是来自假装的爱情。

她都是发自内心这样做的，

并且渴望双方可以拥有共同的快乐，

她会挑逗他，

希望他们可以一起到达爱的终点。

如果不是这样，

鸟类、野兽、牛羊马等怎么会向雄性臣服？

因为它们的本性也被点燃，

渴望得到释放。

你难道没有看到那些被共同的快乐绑在一起，

又被这共同的枷锁所折磨的人吗？
事实一次又一次地证明，
正如我说的，
这快乐是共同的。
当男性和女性的身体交融的时候，
如果女性的力量战胜了男方的力量，
并且自己将其制伏，
那么孩子就会生下来像母亲，
这便是母亲的种子的缘故，
就像如果父亲的种子战胜了，
那么孩子就会长得像父亲。
但是那些看起来具有父母双方长相的人，
父母的特征均匀地呈现在孩子的身上，
那么就是由父亲的身躯与母亲的血共同长成。
有时也会出现孩子与祖父母相像的情况，
通常还和他们的曾祖父母有几分神似，
因为有很多的始源会通过很多种方式被混合在一起，
并且被保存在他父母的体内，
从家族的祖先们开始，
由父亲传给儿子，
维纳斯就这样通过各种机会把不同的人带到这个世上，
并且赋予他们和其祖先相似的长相和声音；
再说一次，
女性可以来自父亲的种子，
正如男性可以从母亲的身体中孕育出来。
每一个生命都是由两方的种子构成，
孩子与父母的哪一方更相像，

子女和父母或者后代与祖辈相像的原因，和孩子的性别有关

就说明从那一方得到的更多。
你自己应该也能看出来这一点，
不论生出来的是男是女都是这样。

不育的原因

并非是神圣的力量拒绝了任何人，
不让他的种子发芽结果，
导致他不能拥有可爱的孩子，
没有人会称呼他为父亲，
他的余生只能在无法生育的孤独中度过；
就像人们所设想的大部分情况一样，
这些人的脸上充斥着伤心与难过，
他们将牲畜的鲜血洒满圣坛，
并在那里高举着圣火，
祈求自己可以用大量的种子让妻子怀孕。
但是所有的这一切都是白费的，
他们只会烦扰这神圣的地方，
并且让神灵心生厌恶。
对于那些处在婚姻关系中的夫妻来说，
每个人的情况都不相同。
很多女人在这之前结过几次婚，
但都未能生育，
在很长一段时间后，
才和可以让她们怀孕的配偶结合，
他们的生活也因为孩子的到来而变得多彩。
也有一些人的妻子虽然可以生育，
但是却一直未能怀上孩子，
直到后来丈夫遇到了相合的配偶，
他们的晚年才因为孩子的到来有了保障。

有时候也会有这样的情形，
并非是由于维纳斯的存在或是神灵的恩赐，
一个并不美貌的女人才会被人所爱。
有时一个女性也会由于自己的行为举止，
或者是她友好的态度，
或者是她的干净与得体，
能轻而易举地让你想要和她生活在一起。
很多时候，
习惯本身就可以赢得爱了。
就像是有一件物体不停地在遭受打击，
那么不论这个打击有多么微小，
从长远来看也会占据上风，
让对方放弃反抗。
你难道没有看见，
随着时间的流逝，
最终会水滴石穿。

如果一个女性没有美貌，她也可以靠性格、服饰或生活习惯来赢得爱情

卷 五

De Rerum Natura

序：伊壁鸠鲁，他是我们哲学的创始人

谁能有这样了不起的思想，
来编纂一首诗，
这首诗足以媲美所有伟大的真理，
这首诗足以媲美这些发现。
或者，
谁有能力掌握演讲的技巧，
他可以创造赞美来匹配他的发现，
他给我们留下了这样的奖赏，
这从他自己的思想中，
孕育和寻找的奖赏。
这里没有任何一个人，
我想，
是从凡人的身躯里出生的。
这样我们一定要说，
这神圣的真理已经被我们知晓，
他就是一个神，
是的没错，
就是一个神，

谦卑的莫密乌斯，
他第一个发现了生命的原则，
即现在我们称之为智慧的东西，
他用自己的技巧，
从汹涌的海洋，
和厚重的黑暗中，
拯救我们的生命，
并将其送到平静的水里，
和明亮的光中。
试着用他这些发现和远古的神明来进行比较。
预言中的刻瑞斯，
会教人们种植稻谷，
巴克斯会用葡萄酿成甜美的液体，
没有这些人们也可以活下去，
就像很多民族，
传说中他们现在还过着这样的生活。
但是一个好的生活，
不能离开一颗纯净的心，
他算是一个神，
对于我们来说，
他是的，
那些甜蜜的慰藉，
正在抚慰我们的心灵，
甚至传递得更远，
到了更多伟大的人那里。
但是如果你认为，
赫拉克勒斯的伟业远胜于此，
你将会离真理更远。

他为人类服务，是十分伟大的，这比神明和英雄长者都要伟大

他的功绩比赫拉克勒斯要伟大

那些伤害我们的，
现在就是尼米亚的狮子，
或者是那只在阿卡狄亚耸起刺的野猪，
那么克里特的公牛又能做什么，
或者是勒耳那的诅咒，
九头蛇这充满毒药的蛇？
这三个胸膛的妖怪身体里的三只吉里昂，
那些居住在斯廷法罗斯湖畔的鸟儿，
又如何能给我们造成这么大的伤害，
那些色雷斯的狄俄墨得斯的马匹，
会从鼻孔中喷射出烈焰，
它们在比斯顿和依斯马尔一带，
又如何能伤害我们？
或者是赫斯珀洛斯的女儿，
在守卫发着光的金色苹果，
龙，
凶猛的龙，
带来燃着怒火的一瞥，
他巨大的身体盘旋在树桩上，
就算它在大西洋的海边，
这冰冷的海水，
又能造成什么样的影响？
我们不敢踏足这些地方，
就算是野蛮人也不曾踏足去冒险。
其他这个类型的怪兽，
那些被杀死的怪兽，
即便它们还活着，
还没有被征服，

又能对我们有什么伤害呢?
断然不能。
现在大地上仍遍布着这样的野兽,
它们穿过了森林,
还有高山和河流,
但是大多数情况下,
我们都可以避开这些地方。
但是除非我们的心灵被净化了,
否则什么样的战争和危险,
不会进入我们的生命中。
我们的热情多么激烈,
远比那被矛盾撕碎的人要激烈,
除此之外还有什么好恐惧的?
骄傲、贪婪,还有轻薄放肆这些东西,
它们造成了多大的破坏?
这是多么巨大的奢侈和懒惰?
他接着就将这一切都通过演讲驱赶出了自己的思想,
并不是用武器,
这个人是不是不能在神明中占有一席之地?
综上所述,
既然他常常会做出诸多宣告,
来讲述不死的神明本身,
并且在他的论述中揭露着万物的全部本性。
我追寻着它的足迹,
追寻着它的逻辑,
并且从中得出结论,
万物是通过什么样的法则创造出来的,
它们又为何要受到这个法则的统治,

他给了我们一颗清净的心

并且教导我们许多关于神明和大自然的事情

现在,我已经展示了自然的规律,还有灵魂的死亡

我必须要证明，世界是会死亡的，以及要证明世界是如何来到的，如何形成的。我必须要讨论动物的创造、语言的发展、对于神灵天然的恐惧以及天体运行的轨道

并且无法逃脱物体本身的制裁，
就算思想的第一本性已经被发现，
在物体诞生之时就已形成，
在长长的时间里，
都没有办法继续保持不被伤害，
我们似乎拥有的一个完整的生命离去了，
剩下的，
是我的观点，
带着我驶向这个点。
我必须要证明，
这个世界是由会死亡的身体构成，
并且会就这样降生，
通过哪种方法才将物质聚集在一起，
并且创造了大地、天空、海洋、星星、太阳，
还有月亮？
还有那些活着的生物，
从地上长出，
还有那些从未出生过的生物；
通过何种方式，
人类开始使用多变的语言，
一个接一个地给万物命名，
又是通过何种方式，
对上帝的恐惧又会找到路途进入人们的胸膛，
又如何在一切国度中神圣化了这些东西：
寺庙、神坛、丛林、湖泊和神像。
我也揭露出是用什么力量，
这位舵手是在用什么样的力量指引太阳的运转，
以及月亮的那些旅行，

以免我们会以为它们是出于自由意志，
一年一年在轨道上绕行，
调节着它们的运动来增加我们的收成，
让生物繁殖，
或者，
以免我们以为它们是按神灵的计划而运转。
因为有些人虽然已经很早就认识到，
神灵都过着一种无忧无虑的生活。
对于那些已经知道，
上帝可以引领生命的人，
如果他们时不时抱有幻想，
所有的事情都可以进行下去，
这上面所有的事情都会在我们的脑海中呈现，
脑海里的画面就是天堂里的海岸，
并且接受了严厉的主宰，
他们相信所有的力量，
知道什么可以什么不可以，
并且知道每个东西通过什么样的方法，
会受到力量的限制，
以及它有什么界碑，
深埋在时间里来做限制。
除此之外，
我也许会不再用承诺来拖垮你的脚步，
首先抬头看看海洋，
陆地，
还有天空，
它们是构成大自然的三重物质，
莫密乌斯，

所有的一切都是在没有神灵的干预下发生的

这个世界将会被毁灭

它们三种的形态是那样多变，
它们三个的材质是那样多，
一天就可以使其全部毁灭；
大量的形体还有结构组成了这个世界，
并且保持了许多年，
现在便要粉碎了。
这一切并没有从我的思想中逃脱，
这是多么奇怪，
多么奇妙，
这直接击中了我的认知，
天空和陆地的解体就这样发生了；
对于我来说，
要想在我的陈述里证明这一切是多么困难。

这听起来很奇怪，并且很难被证明

就算它经常发生，
当你把一个从未听过的声音带到一个人的耳朵旁，
但又不能直接将其展现在他眼前，
或者直接放在他的手上，
这样信仰就会为其铺路，
并且直接将其引领到这个人的心里，
之后再去侵占他的思想。
我还是会讲出来。

也许，事件本身会给出可察觉的证明。但是必须要用真理来验证

也许，
事实会给我的话语做证，
地震会让所有的一切都爆裂和粉碎。
但是幸运的是，
这样的事实会让我们相信，
所有的事情都是会倒塌的，
会在这可怕的颤抖中倒塌。

在我写下这点，
用更加神圣的智慧来阐述命运之前，
我的话比在阿波罗的三脚坛和桂冠前的女祭司说出的神谕更有道理，
我将先用我的博学来安慰你，
以免你也许会因为仍旧受到宗教的支配，
以为大地、太阳、天空、海洋、星星和月亮，
都会永存，
因为它们神圣的身体，
正像那些巨人一样，
那些用他们的推理来动摇整个世界的人，
用他们的逻辑来熄灭天上那光辉的太阳的人，
用凡夫俗语诋毁不朽之物的人。
这些东西到目前为止，
都是被神圣的力量撕碎，
并且对于神明来说都是不值得的，
它们更加能够承受得了我们赋予的概念，
这样的概念在至关重要的运动和感官上被移除了。
我们不能假设，
思想和理解力的本质可以和每一具躯体相关联，
正如一棵树不能在天空中存活，
一朵云也不能在盐水中存活，
或者，
一条鱼也无法在田野里生存，
血液不会存在于木材里，
树汁无法从石头中流出。
有件事是一定的，
每个东西都可以拥有，

其实，否认世界和天体是神圣的，这并不是冒犯的行为

它们甚至是没有感觉的。灵魂和思想，就像其他的东西一样，除了它们不能存在的地方之外，都有着自己被指定的地方

并且在自己所属的地方长大。
所以，
思想的本质不能脱离身体本身而存在，
也不能脱离肢体和血液存在。
但是如果可以，
那么思想的力量本身就会存在于头部或者肩膀，
或者在脚后跟，
或者可以在任何你想的地方出生，
但是至少在同一个人的身体里，
或者在相同的容器。
但是，
既然我们的身体，
是灵魂和思想存在和生长的地方，
那么我们必须要否认，
它们能够在身体和能呼吸的形体之外存在，
在腐烂的土地里，
或者在太阳的火焰里，
或者在水里，
或者在那辽远的天空里。
它们不能赋有神灵的感觉，
就如同它们不能加快生命的感知。
同样地，
你不能认为，
神灵的圣地可以在这个世界的任何一个地方存在。
上帝的本性远非我们的感官可以察觉，
它无法被思想的理解力所穿透。
既然它们总会躲开我们的手，
不能触碰任何东西，
它们不能在土地里或者在天体中存在。神明在这个世界中没有住处也不能被触碰。
凡本身不能被触碰的，
也永远不能触碰其他的东西。
因此，
他们的居住地也无法和其他人的居住地相同。
我在此就会向你证明，
用丰富的论证证明。
更多的是，
为了人类，
他们甘愿去构造这个世界的完美的大自然。
出于这样的原因，
我们应该去赞美上帝创造的这个世界，
这其实并不值得被表扬，
要相信，
这是永恒且不朽的，
这就是罪责，
这个罪责所在的地方，
就会被任何的力量所刺激，
这样对于整个人类来说，
就是上帝彰显智慧的时候了，
又或者是用论据发起质问的时候，
并且从头到尾彻底推翻它的时候。
想象一下，
给这个类别添加一些别的东西，
莫密乌斯，
这真的是愚蠢的。

它们也不能为了人类而创造世界

我们的感谢对他们没有好处，他们也不希望出现什么新鲜的东西，或者是有什么我们未曾创造过的东西伤害了我们

我们的感谢究竟能够把什么利益，
加在那些不会死亡和幸福的被保佑的人身上，
他们应该为了我们做一些事情吧？
还有什么新的东西可以在这样长的时间之后，
来引领他们生活的幸福，
又有什么可以点燃他们对新事物的热情？
什么样的东西从未被创造？
我们的生命，
是真的就浸没在黑暗与悲苦之中，
直到创造出来的第一个生物在黎明向我们走来，
不论是谁，
一旦出生，一定都许愿想要留在人间，
只要那引诱的愉悦感可以牢牢将其握在手掌中。
但是对于他来说，
对于这个从来没有尝过爱情滋味的人来说，
对于这个没有出现在生者队伍里的人来说，
又能有什么伤害？

如何，神明能够拥有一个模型，或者一个想法，从而进行创作

更多的是，
神灵的心中第一个出现的模型，
是什么？
是的，一个以人为原型的概念，
这样他们也许知道，
并且他们的思想中会有他们想做的事情，
或者通过什么方式，
可以学习万物始源的力量，
当他们更换了顺序之后，
又能做什么。
如果大自然自己无法给出一个创作的模型呢？

万物的始源会通过不同的方式，
被力量不断驱动，
从现在到永远都是这样，
并且会通过它们自己的体重而移动，
已经习惯于忍受这样的情况，
并且可以通过各种方法结合在一起，
让它们可能会创造的东西都归于平静，
让一个与另一个相遇，
毫无疑问，
如果它们已经陨落，
并且有了这样的安排，
经过了这样的运动，
这样呈现出的万物的总和还在继续，
并且不断得到补充。
但是即使我不知道，
万物的始源是什么，
我也敢从上天的运作中断言，
并且通过其他很多东西来证明，
万物不是神的力量为我们创造的，
它充满了太多的缺点，
我们都在被这些缺点围绕。
首先，看看这天空所覆盖的广阔领域，
这之中有一大半都是山峰，
和野兽盘踞的森林，
岩石占据这片土地，
还能看到荒无人烟的池塘，
还有大海，
大海把陆地和陆地远远隔开。

不，这个世界是通过原子的随机排列组成的

这个世界并不是凭借神的力量创造给人类的，这一点或许通过世界的不完美可以证明。大片的土地对于人来说是没有用的，只有通过人们的辛苦劳动，才能带来收益

除此之外，
三分之二的地区都几乎被大火焚烧，
并且其中的树木都被砍伐，
这一切都是凡人做的。
在所有还存在的可用之地中，
大自然通过自己的力量，
种满了荆棘，
要不是人类的拼命抗拒，
也不用一生中都在不断抱怨，
抱怨用锄头和犁去耕耘，
但是，用犁来翻起这肥沃的土地，
松动土壤方便其生长，
作物就不会自己主动长出来，
并且长大钻进明亮的天空中，
即使有些时候，
在我们辛勤劳作之后，
长出了枝繁叶茂的东西，
有些开花结果，
天空中的太阳用过度的热来照耀着它们，
又或者突然降雨破坏它们，
又或者是严寒的风霜，
再者是狂暴的大风卷过来，
将它们打倒。
更多的是，
为什么大自然要在大海和陆地上，
养育各种各样的野兽，
来伤害人类自己？
为什么一年的四个季节会带来诸多的灾害？

人类遭受野兽、疾病和死亡的侵害。人类的婴儿是无助的，是没有抵抗力的

为什么死亡总是早早来临？
再者，孩子，
就像被一个残酷的大浪打到沙滩上的水手一样，
就这样赤裸着躺在那里，
眼神空洞麻木，
失去了所有对生命的希望，
当他的第一本能出现，
就是从他母亲的子宫出来，
并且进入这岸上的光明中，
用哭喊声填满这个世界，
对于一个一生都在诸多麻烦中度过的人来说，
这不足为奇。
但是还有不同的牛群和羊群，
还有剩下的野兽，
都在生长，
它们也不需要这些无意义的话语，
在和它们对话的时候，
也不必让保姆和看护前来，
也不用去找不同的衣服来适应天气，
大可不必，
它们不用武器或者高大的壁垒来保护它们自己，
因为它们包括大地本身，
都会孕育出丰富的万物，
还有大自然这位古老的工匠，
造出了这所有的一切。
首先，大地的身躯还有水，
风的轻微的呼吸还有燃烧的热度，
这些我们能看到的，

世界是会死亡的。因为它的组成部分都终将灭亡

构成了所有的事物，
它们都是从可生可灭的躯体中创造出来的，
同样地，
我们要知道，
世界的本性是这样构成的。
对于那些我们能看到的肢体，
所存在的身躯，
是一个可生可灭的形体，
我们能观察到，
它们自己生下来之后，
一步步走向死亡。
因此，
当我们看到这世界伟大的一分子，
被不断地消耗，
并且再生，
我们就知道，
和天空一样，
大地有一些时候也是作为万物始源出现，
并且将会遭受到解体和毁灭。
为了避免你认为，
我巧妙地用这个来为自己佐证，
因为我已经认为土和火都是终将灭亡的东西，
并且也怀疑，
水和空气也会消失，
并且认为，
它们会再生并且增长，
首先，
大地的一部分，

通过分开的不同元素来加以证明：大地是会死亡的。会变成云中的尘埃飞走，或者会被水给毁灭。大地是宇宙的母亲，并且也是宇宙的坟墓

在被剧烈的阳光烘烤的时候，
还会被许多双脚的力量践踏，
放出粉末和在云间飞舞的尘埃，
这些东西都在空气中，
被风吹散。
另一部分就是泥土，
它会被雨水召唤，
来填补沼泽，
河流则会侵蚀两岸的土地，
除此之外，
不论大地养育了什么，
都会按照自己的需求，
储存一部分，
毫无疑问，
大地这个家长同样被视为万物在宇宙中的坟墓，
因此你也许可以看到，
人地正在被啃食，
但是又会重新生长，
并且长大。
此外，大海、溪流，
还有喷泉永远都会被新的水填满，
这些水会源源不断地涌来，
这不需要任何语言来证明，
流下的大量的水就可以说明一切。
但是这些水终究还是会被带走，
因此在太阳的照耀下，
再多的水都不为过，
有一部分是因为，

水是会死亡的

水会从海洋中被风和太阳带走，并且流经大地之下，春天再度降临

当强风掠过海面，
并且使水量变少，
天空中的太阳也是一样，
太阳用自己的光线解体了这些物质，
有一部分是由于这些水，
在地面下到处扩散。
盐水中的盐分被分开了，
水中的物质又回来了，
所有的溪流都聚在一起，
聚在了这个泉水的源头，
接着又带着新鲜的水流回到了这片土地，
当这些河道都已经开凿完成，
水也就顺利出发了。

空气是会死亡的：它不断借物体流出的东西而生成自己，又不断地用它来补充这些物体，使其获得新生

接下来，
我将要说到空气，
它时刻通过数不清的方式，
来改变整个物体。
不论从物体里流出来的是什么东西，
都会承载着大量的空气；
除非将这些物质最终反过来归还给物体，
在它们流逝之后来补充它们，
所有的东西现在都会被解体，
并且变为空气。
空气从未被物体制造过，
也从未被还给万物，
所有的东西都处在不断的变更之中。

同样地，
流动的光的光源是丰富多彩的，
太阳在天空之中，
它不断地用明亮的光像洪水般席卷了天空，
立刻就用新的光为这个地方提供了光芒。
不曾消失，
也不会在任何一个点陨落。
你也许能从中学到，
一旦云开始快速地飘过太阳下面，
正如它之前那样，
就阻断了太阳发出的光线。
直接让所有处在下方的光线都消失了，
大地就笼罩在了一片阴影之下，
只要云朵飘到的地方，
都是如此；
你也许会明白，
万物永远需要明亮的光线，
所有最先放出的光线也都一一消失不见了。
也没有别的办法，
可以让万物在阳光中被人看到。
除非光源永远都在提供新的光。
更多的是，
夜晚的光，
通过热度来提供新的光；
那些悬挂的，
带着跳跃的光在发亮，
闪着火苗，
也是以同样的方式，

火焰是会死亡的，太阳经常会把新的补给送出去，它的光线也会随即消失。云朵会立刻将光束在半路截断

即使是大地上的光线，也要不断提供火焰

就这样消失了。
它的消失是如此迅速，
就从它产生的火焰中被掩盖。
我们必须要知道，
太阳、月亮，还有星星，
都是从新产生的光中发出新的光。
不断地升起，
然后再在火焰中灭亡；
你也许会误认为，
它们是强壮的，
带着一股不可侵犯的力量。

我们常常看到很多无比强大的东西，终究会消亡

再者，
你难道未曾看到，
就连石头也在被时间征服？
也没有见过高大的塔如何变成了废墟，
石块如何崩裂？
神龛和神像如何褪色残败？
就连神圣的存在也无法和命运抗争，
也逃不过大自然的规律？
再者，
难道我们也不曾见过人类的石碑倒下，
也不曾要求更多的东西成长起来。
难道我们没有看到吗，
石头从高高的山上滚了下来，
因为它们无法忍受在很长的一段时间里要承担巨大的力量，
它们也不会突然地崩裂开来，
如果从无限的远古到现在，

它们打败了时间的一切攻击，
并且没有受到丝毫的伤害。
再一次看看天空，
看看这个从上面把整个大地都拥抱在怀里的东西，
如果它是从它自己当中产出万物，
就像有些人说的那样，
在它们毁灭之后，
又再次得到了它们，
这就让一具躯体经历了出生和死亡。
不论是获得了多少增长，
或者从别的物种那里获取了多少营养，
也都是注定要减少的，
尤其是当它受到万物的回流时，
也就消逝了。
此外，
如果大地和天空并不是诞生出来的，
并且它们是可以永存的，
为什么除了忒拜之战外，
特洛伊的陨落也在之中，
没有其他的诗人歌颂过其他伟大的事件吗？
英雄们的事迹常常被埋没在什么地方？
为什么那些事迹不再存活于世，
铭刻在这光荣的、永恒的碑石中？
但是，确实，
我想我们所处的整个世界都还年轻，
我们这个世界是新鲜的产物，
也是不久之前才获得了自己的开端。
因此，

如果天空养育了宇宙万物，由于它在不断地增减，所以终将灭亡。有许多的证据证明，世界仍旧处在它的青年时期

就是现在这个时刻，
还有一些技艺在等着改进与发展，
现在，
也有很多新的设计正在被添加到造船技术中去，
也是在不久前，
音乐家们创造了和谐的曲调。
再者，
万物的本性，
这种哲学，
是最近才被发现的，
我自己也是第一个可以将理论转化成演讲，
并且在我的国家进行传播的人。

如果你认为，之前的文明在某一次世界性的灾难中消失了，那么就能证明世界是会死亡的

但是如果你认为，
在这之前已经有完全同样的东西存在过，
但是那时的人类已经在灼热的温度中被消灭了，
或者城市也在世界的震动中陷落，
或者连绵不断的大雨带来了汹涌的河流，
这河流淹没了大地的各个地方，
吞没了城镇，
那么你就要承认，
终有一天，
地球和天空也会被毁灭。
既然事物曾经承受过这么大的灾难和危险，
那只要有一个更加严重的原因，
来对其施压，
那在更大程度上，
它们就会解体，
甚至彻底毁灭。

也没有其他的方式可以让我们看到另一个终将灭亡的世界；

除非我们患上了相同的疾病，

而那些患过病的人都已经被大自然清除出去。

世界没有满足任何不朽性所需要具备的条件

更多的是，

那些永恒存在的东西，

一定是需要的，

因为它们有着坚固的身体，

可以击退一切打击，

或者承受任何它们身体内部的东西，

这样也许就能解散它内部的结构，

这就是物质的躯体，

它们的本质我们在前面已经讲过，

又或者它们有能力在时间的长河中生存，

因为它们是免于打击的，

虚空是无法被触摸的，

也不会遭受任何打击。

因为在它的周围并没有任何的空间，

可以让东西进入并且解体灭亡，

即使宇宙的总体就是永恒的，

或者在宇宙之外没有别的空间，

让物体可以向那里飞散，

或者有什么可以击打它们，

让强有力的打击把它们加以解散。

但是，

就像我指出的一样，

这个世界并不是坚实的，

因为在万物当中还混杂着空隙，

世界也不是像虚空那样，
此外也并不是没有那样的东西，
它们会从无限的空间中聚集在一起，
并且涌了出来，
这些物体的总和就太过沉重，
无法承受，
就像狂暴的旋风一样，
或者给它们带来其他危险的灾害，
再者，
空间的本质都是彻彻底底无限的，
在这里面，
世界的墙壁也许会四分五裂；
或者它们会被捣碎，
并且被你所希望的力量毁灭。

所以它是注定会死亡的，并且曾经诞生过

死亡的大门并非是关着的，
无论对天空、太阳、土地还是深海，
它都是敞开的，
向它们张着一个可怕的开口。
因此，
你需要承认，
这些东西都曾经降生过，
确实，
万物都有一个会死亡的躯体，
并且直到现在都无法抵抗无尽的时间带来的暴力，

元素之间也许有一天会开战，会由于其中的一个获得了胜利，带来终结

再者，
既然世界中那些最有力的成员，
都在这完全不是神圣的战争中被激起了情绪，
进行着凶残的斗争，

难道你看不出来，
它们之间的长期战争也会有终止的一天？
到了那个时候，
太阳和一切的热度都已经把所有的水烘干，
并且获得了胜利，
这是它们一直在挣扎着想去完成，
但是又还没有达到的目的，
因为河流带来了大量的补给，
并且威胁到了两边的河岸。
淹没了所有的东西，
把它们都卷入到深海之中；
这一切都是徒劳的，
风会吹过海洋，
会将这一切都解体，
同样地，
天上的太阳也会用自己的光线使水解体，
它们相信，
自己有能力把所有的水抽干。
它们彼此在这样一场大型的战争中，
都曾经势均力敌过，
火也曾经战胜了很多东西，
随着故事的发展，
水成了陆地的主宰。
火焰烧光了很多东西，
当那些不受控制的马匹，
在法厄同的驾驶下从天空冲下，
跑过所有的陆地。
他万能的父亲在天上怒不可遏，

有传说称火和水都曾一度占了上风

关于太阳的儿子法厄同的传说

突然间就用雷霆一击，
将他从马车上击落。
而太阳，
在半空中被他的父亲一手接住，
成了这世界上永远发光的灯，
并且驯服了还在四处奔逃的马，
安抚了颤抖中的马儿们，
然后将它们引上了正轨，
恢复了所有的秩序；
这所有的事情都是由古老的希腊诗歌讲述的，
但是却远离了真理的存在。

这个故事表示火原子过多

当无限的空间中生出了更多的物质粒子时，
它的力量自然就衰弱了，
并且在某种程度上会衰败，
或者其他的东西就会减退，
最终在其炙热的呼吸中被烧毁。

关于大洪水

相同地，
水曾经聚集在一起，
并且获得胜利，
就像故事中讲的那样，
它用滔天巨浪淹没了人类的许多城镇。
在这之后，
它会通过某种方式转向，
并且离开，
即使当初是从无限的空间聚集在一起，
雨停了，
河流的力量也会随之减弱。

那到底是通过什么样的方式，
集结在一起，
形成了天空和大地，
还有深不可测的海洋，
还有太阳和月亮运行的轨迹，
我在这里将一一说明。
因为，
实际上这一切并不是通过设计完成的，
不是万物的始源根据顺序，
通过思考，
把自己安排在了合适的位置，
也没有相互之间订立契约，
规定什么东西应该如何运动，
而是因为许多物体的始源，
通过各种方式，
从远古至今由撞击所驱动的，
由于自己的重量在不断运动着，
经常被带动着，
并且通过各种方式聚在一起，
而能够创造出每一个东西，
让一个和另一个相遇，
因此在这样长的时间里，
它们都会分散在各地，
并且会尝试着相遇，
尝试着做各种运动，
最后它们就会聚在一起，
这是一种突然的聚集，
也是这样的相聚成就了巨大事物的开端，

世界的诞生，并不是通过设计而产生的，而是由于原子的偶然集结形成的

比如土地，
比如大海、天空，
还有各个生物的种族。

首先，原子通过一种疯狂、不协调的风暴聚集在一起

接着，
如果当时的情况真的是这样，
在任何地方都看不见太阳的光轮，
看不到它被光芒笼罩，
在高空飞翔，
看不到这个世界上那些璀璨的星星，
或者大海，或者天空，
或者大地，或者空气，
或者任何我们现在所熟知的东西，
但是能够看见一种新形成的风暴，
一大群由每个种类的始源聚集在一起，
混合成了极度紊乱的东西，
比如间隙、路径、交织、重量、
撞击、相遇还有运动，
由于它们的形态各异，
所以是没有办法依旧保持着统一的，
就像现在这样，
也不能互相交换和谐的运动。

接着，世界的各个部分就这样被分开了

从这个巨大的部分，
开始向这里和那里飞来飞去，
相同的东西和相同的东西结合在一起，
就这样塑造了一个世界，
并且划分了它的成员，
安置好了那些巨大的部分，
也就是说，

让高高的天和陆地分开，
让大海和自己分离，
这也许会让海洋的水汽都分散开，
就像天空上的火焰，
无法混合在一起，
并且独立凝结起来。
是的，
要先从土地不同的形态说起，
因为它们十分沉重，
却又相互纠缠着，
首先会在中间聚集，
之后又会一起从最低的地方升起来，
它们相遇之后纠缠得越多，
就越容易相互挤出去，
形成大海、星星、太阳和月亮，
还有这大千世界的壁垒。
这些物种的种子更加圆滑，
并且它们的元素比土地的原子更小。
这样，
火就从土中分离出去，
通过那些松散的小孔，
首先会高高地升上去，
变得很轻，
带着诸多火焰，
这并不会和我们现在看到的有太多的区别，
当清晨第一缕金色的阳光，
初次照在了缀满露水的草丛上，
闪耀着金红色的光，

土地的粒子聚集在最底层，并且把那些应该形成海洋和天体的原子都挤出去，构成了以太的光粒子就这样升上去了

湖水和一直奔腾的溪流，
都放出了烟雾，
是的，
即使是大地自己也会时不时冒出烟来，
当这些烟雾都已经聚集在上面的时候，
云朵就会凝固成一个躯体，
在天空下面织成一个天篷，
从而形成了一个穹顶的网状结构。

接着就形成了天空

那个时候，
光和四处延展的以太，
都形成了现在的躯体，
并且朝着各个方向延展开来，
这个球形的圆顶，
将周围的一切都围抱起来，
不论是地球还是这伟大的以太，
都声称这一切不属于自己，
因为它们两个都没有达到足够的重量得以下沉，
并且停留在某处，
也没有足够轻巧到可以沿着顶端飘行，
它们就这样处在了两者之间，
在这两者之间，
它们就可以随着自己活生生的躯体而运动，
并且作为广大宇宙的一部分而存在。
这就和我们身上的一些器官一样，
有一些是静止的，
其他的则是运动的。

因此，
当这些东西离开之后，
土地立刻就沉下去了，
就是现在那片巨大的蓝色的海洋部分，
并且向其中注入了汹涌的海水，
一天接着一天，
以太的浪和太阳的光线，
由于不断地撞击大地的外壳，
从各个方面把大地压成了一团，
压成了一个更紧的物质，
这样就会因为受到了打击，
聚集在了它的中心，
从它的躯体里会被挤出更多咸涩的汗水，
就这样让海水不断增加，
产生了四处流水的平原，
让这细流继续向前去，
是的，
越来越多的热和空气离开了大地，
向上飞去，
在那远离大地之处，
形成了高高的发着光的天空，
平原开始下降，
高高的山丘长得越来越高；
甚至都到了天空的高度。
平原下沉，
崇高的山峰向上生长，
岩石无法落下，
地面所有的部分也无法低到同一个水平线。

大地下沉到中间的位置，并且形成了海洋。同时，山丘被留在了那里，静静伫立着。总结：大地和海洋一起沉默，空气还有以太分开独立地位于它的上面。在最高的地方，以太运动着

这样由于大地的重量，
还有现在已经形成的身躯，
就这样下沉在了一定的地方，
所有的泥浆都凝聚在了最底部，
像是渣子一样地沉浸在那里，
接着就是大海，
然后是空气，
最后是充满了火焰的以太本身。
它们流动的躯体就这样被留了下来，
它们比其他的任何一种物质都更轻，
以太则是最轻的，
是最具有流动性的，
就这样飘在空气之上，
也不会将它自己清澈的躯体，
和那些咆哮的飓风混杂在一起。
它将下面所有的地区都交给了狂风，
让它去自由发挥，
把它们都留在了无法预估的风暴之中，
同时它自己又以一种不变的运动，
载着火缓缓地、平滑地向前移动着，
因为，
以太能够这样平静地，
源源不断地流着，
都是本都可以证明的，
大海以它不会变化的浪潮不断流动，
永远保持着不断的节奏，
闪耀着波光。

现在，
让我们来为星辰运动的原因歌唱。
首先，
如果天空中巨大的球体变成了圆形，
我们就知道空气摁压着两极的任意一端，
并且在外部控制住了它，
由两边向内挤压。
另一股气流就在上面，
瞄准的是同一个目标，
为了让有着闪耀星星的永恒存在的世界继续运转；
有另一股气流就在这之下，
将这个球体完全颠倒过来，
就像我们看到光线会随着圆形的轮子缠绕起来。
也许整个天空也会停留在属于它的地方，
而闪耀的星辰却仍在运动，
或者是因为以太会把太快的气流吸收在体内，
找到一个出路将其释放出去，
并且让它不断翻滚起来，
因此让其在火焰上滚动，
在夜晚的天空中滚动，
或者是因为空气中有从别处来的气流，
并没有转圈，
也不能驱动火焰，
又或者它们自己可以在不知不觉中来临，
带着自己的食物，
召唤着每一个同伴继续向前，
在天空中随时给它们冒着火焰的身躯补充能量。
很难笃定地说，

星星的运动。如果整个天空都在移动，那一定是被一阵来自上面的气流，或者来自下面的气流所驱动。如果天空保持着不动，那星星就会因为体内的火又或者外部的气流，又或者是找到正确的燃料的欲望所驱动。所有的这一切都造成了宇宙中某处的行动

哪一种原因是属于这个世界的，
但是在这个多元化的世界中，
在整个宇宙里，
那些可能发生和已经发生的事情，
这是我可以讲述的，
也可以对星星的运动原因做出解释，
这在宇宙中到处都是，
要想有这样的效果，
就需要我们的世界能够在天空中给出一个信号，
一个关于运动的力量的信号。
这样整个任务就可以一步一步实现了。
大地能够安静地停留在这世界的中心——地球，
是因为再庞大的东西，
都会逐渐减轻，
慢慢消失，
这就是本质，
在这样的东西形成之初，
就应该在这下面有另一个本质，
将它和那些宇宙中的空气紧密结合在一起。
由于这样的原因，
大地并不是一个负担，
也不曾把自己的重量都压在空气的身上。
就算对于每个人来说，
他的四肢都没有重量，
他的头颅对于脖子来说也不是一个负担，
我们也不曾感觉到全身的重量都压在了脚上，
但是所有的来自外部的重量，
都会加在我们的身上，

大地被下面的第二本性支撑着，这种第二本性和空气紧密地贴在一起。相似地，我们的四肢对于我们来说没有重量，因为每个部分都是紧密结合在一起的；大地和它上面的空气密切结合，通过它把自己的震动传递给空气就可以看出来；灵魂，由于它和身体的密切结合，才能举起身体

伤害着我们，
虽然它们通常会轻得多。
我们要明白每个东西的力量，
这是非常重要的。
大地不是突然被带来的异物，
或者是从别处抛掷到异样的空气中，
而是在世界之初就已经是其中的一部分了，
就像我们将四肢视为自己的一部分一样。
除此之外，
每当突然受到巨雷的震动之时，
大地就可以通过自己的运动，
让它上面所有的东西也跟着震动，
如果大地不是跟世界上的空气，
跟天紧紧地联系在一起，
那么它是绝对办不到的。
事实上，
最开始它们就是紧紧地连在一起，
结成一体。
你难道没有看到，
灵魂里到底是什么样的力量，
如此精微，却可以支持我们的身体，
因为它们是那样紧紧相互结合着。
再者，
又是什么力量，
可以在一个敏捷的跳跃中，
将身体举起来，
这只有灵魂的力量才可以做到，
而我们的四肢正是在这种力量之下运动。

难道你现在还看不出来，
当这精微的大自然和沉重的身体连接时，
它会蕴含着怎样的力量，
正如天空与大地、思想与我们相连时一样。

太阳和我们看到的相比没有大多少，也没有小多少，而火，只要我们能够感受到，就不会比原来的小

我们看到的太阳没有比它本身的圆轮更大或者更小。
不论火和我们相距得多远，
只要它们的光还能照到我们，
它们的热还能吹在我们的肢体上，
那它们就没有因为中间的空间，
而从火焰的躯体上失去任何一部分，
我们的眼睛去看，
火焰也并没有缩小一丝一毫，
因此，
只要太阳的光和热能够到达我们的感官，
并且摩擦我们的肢体，
那它的形状和大小就算从地上看，
也就是它原来的样子，
以至于你无法对它有一丝一毫的增减。

月亮和我们看到的尺寸是一样的

月亮，
不论它的光是从哪里借来的，
或者是从它自己本身投射出的光辉，
无论如何，
都是带着一个和我们眼睛看到的，
差不多大小的形状在四处旅行。
我们见到的远处的东西，
由于太多的空气，
所以在它们体积减小之前，
就已经变得模糊。

月亮的光，
月亮的样貌还有清晰的形状，
我们从地上能看到的它，
就是它本来有的样子，
并且是它的实际的外部边缘，
还有它的原来大小。

只要万物的线条还是清楚的，它们就不会看起来更小

最后，所有你站在地上能够看见的天上的火，
都可以认为它们比实际显示的只是小了一点点，
或者大了一点点，
因为任何我们从地上能看到的火，
只要它们还清晰地闪动着，
只要它们的光辉还看得到，
那按照我们离它们的远近程度，
它们有时会改变自己的大小，
但不论是大了一些还是小了一些，
差别都是极小的。

星星可能要比我们看到的稍小，或者稍大

同样地，太阳如此之小不足为奇，
这小小的身躯竟可以发出极大的光芒，
填满海洋，填满大陆，
还能充分填满整个天空，
将所有的东西都沐浴在温暖的热度中。
这里也许就是整个世界最丰富的光的源泉，
在此张开，散发着光热，
因为来自世界各地的热的原子，
都聚集在这里，
以如此明智的方式汇合，
然后从一个泉水的源头流出。
你难道没有看到，

小小的太阳能够散发极大的光和热，这是由于它是世界所有光之源头；或是因为能够点亮周围的空气；或者因为在周围有着隐藏的热度

这样小小的喷泉竟然可以弄湿这么宽阔的草地，
淹没了田野平原？
也有可能是因为太阳发出的火，
虽然不大，但是却能散发强烈的热度，
来侵入空气当中，
要是刚好碰到空气有这样的状态，
即使受到少许热粒子的打击，
也能燃烧起来，
就像我们平时会看到，
稻谷和麦秸秆燃烧起来，
这一切都始于星星之火。
也许，太阳，
就是那玫瑰色的挂在高空发亮的火把，
在它的四周是极为丰富的隐藏的火焰，
它有着无法看到的热，
也不会因为亮就显眼，
因此充斥着火焰的太阳，
能够增强光线的力量。
并非有一个确定的直接的原因归结到太阳，
来显示为什么太阳从夏季的停留地，
又回到了冬季摩羯宫的转折点，
再从那里转回来，
再次回到夏季巨蟹宫的夏至终点；
月亮为何每个月都会经历那么长的一段路，
太阳要花费一年的时间才能走过同样的路。
针对这些问题，
没有人提出过一个能够表述清楚的理由。
圣人德谟克利特提出的思路，

太阳、月亮还有星星的轨道或许是下列因素决定的，也许是由于天体离地球越近，转速就越小。太阳比星星运动得慢，月亮比太阳运动得慢，因此月亮看起来就仿佛向着相反的方向，并且运动得最快

也许是因为这两种相逆的气流把太阳从一个回归线，吹到另一个回归线，月亮和星星也是这样

应该可以算作最可能的第一个说法：
星星和大地之间的距离越近，
就越少受到天体转动带来的影响，
天在迅速运动中的力量，
在很低的地方会有所消失和减少，
因此太阳就会逐渐被那些它背后的星座抛诸脑后，
太阳是远远位于发光的星座之下的，
月亮比太阳还要落后，
它的轨道离天的上层越远，
就和大地离得越近，
它就越不能和上面的星座一同前进，
因为带动它转动的力量会更弱，
实际上它却比太阳要低得多。
所以围绕着转动的星座，
就可以更快地追上它，
超过它。
这样月亮就会看起来比太阳更快回到黄道带之中，
那些星座再次访问它，
要比访问太阳快得多。
这是因为在这个世界上，
从相反的轨道上，
在一定的时间内会有两股气流交替吹来。
其中一股气流，
会把太阳从它夏季所在的宫中移走，
让它走向寒冬的终点；
而其中另一股，
则会将它从寒冷阴暗的地方，
重新抛回充满热度的地区，

和那些发着光的星座宫中。

我们可以用同样的方式来设想，

月亮和那些在大年里绕着大轨道运行的星星，

也会受到相反地区气流的推动。

你难道没有看到云是如何被相反吹来的风送到相反的地区的？

上下层的云朵逆向穿行，

那么，

天空中的星星，

怎么就不能够由逆向的气流，

沿着巨大的轨道加以带动？

夜晚是由于以下原因造成的：太阳的光被熄灭了；它运行到了地球的下面

但是夜晚用它巨大的黑暗淹没了大地，

或是在长途旅行之后，

太阳已经走到了天空最远的地方，

便因为旅行带来的困顿感到晕眩，

又因为空气的流动变得虚弱，

又或者由于同样的力量，

这股可以让它在陆地上空经过的同一个力量，

迫使它掉头回到地球的下面。

黎明是由下面的原因造成的：因为返回后的太阳会先发出亮光；或者因为组成了新的阳光的火种是逐渐聚集起来的。这样定期的循环往复并没有什么奇怪之处。自然界有许多相似的现象

就像在某个固定的时间里，

马图塔会在天的边际，

放出玫瑰色的黎明。

发出明亮的光，

因为正是这同样的太阳，

再度回到了地球的下方，

提前用它的光线占领了天空，

试图将其点燃，

或者因为大火聚集在了一起，

还有许多热气的种子，
习惯于在固定的时间，
汇聚到一起，
这些种子在每一天，
都让一个新的太阳来到这个世界上，
发出新的光芒。
即使传说中，
艾达峰峰顶有散落的火苗，
在火中看到了那些光芒升起，
接着它们就聚集在一起，
仿佛一个单独的火球，
并且组成了一个球形的天体。
这也不足以让人感到奇怪，
这些火的种子可以在固定的时间汇聚在一起，
并且重新形成太阳的光亮。
我们可以看到，
一切事情都在固定的时间发生。
树会在固定的时间里开花，
花也会在固定的时间里凋谢。
即使是这样，
岁月会让牙齿在固定的时间脱落，
让年轻人，
慢慢长出更多柔软的毛发，
让两边的脸颊也长出柔软的胡子。
最后，
雷电、雪花、雨水、云朵，还有风，
都在一年四季中一一发生，
但这发生的季节却未必是固定的。

当原因是一定的，结果也就会是一定的。除了春分之外，白昼和夜晚的长短占比不同，造成这样的现象的原因可能是：当时太阳将白昼和黑夜的弧度分开了，在春分之时才将这弧度分为相等的两个部分

原因虽多，
但是其始源就在以这样的方式起作用，
从世界初生之日开始，
一个接一个，
事物逐渐形成，
即使到了现在，
这一切也会按照一定的次序发生。
同样地，
白昼变得更长，
黑夜变得更短，
或是白昼变得更短，
而黑夜变得更长，
或者因为是同一个太阳，
当它以一个不均等的弧度，
在大地的上方和下方运行的时候，
就会把天空的领域分割开来，
并且把它的轨道分成了不相等的两部分，
当它绕回来，
到达另一侧的时候，
不论它从其中一个部分带走了什么东西，
就会给另外一部分补充多少，
直到它到达了天空中的某个星座，
这里也就是一年中昼夜等分的点。
在这个时候，
它正位于北风和南风吹拂的中间点，
天空会使其两个端点和自己的距离相等，
这一切都是根据整个星辰的轨道位置决定的，
太阳需要一年的时间，

才能完成这一趟旅行，
并且用它的光线，
斜照在天空和陆地上，
正如那些标记出天空所有区域的人所策划的那样，
他们用有序的星座作为装饰。
或者是其他原因，
比如在某个特定的区域，
空气会更厚，
因此，
火焰颤抖的光束会在地球上有所迟滞，
又或者不能很容易地穿透这些空气，
像往日一样升起。
因此，
在冬天，
夜晚会更长，
直到白昼的到来。
又或者，
因为通过同样的方式，
在一年当中火焰轮换交替，
让太阳从固定的位置升起，
火焰汇聚在一起，
速度有时慢，
有时快，
因此看起来这些人仿佛说出了真理。
（他们说每天都有新的太阳升起。）

或者是因为，在某些季节，太阳会因为空气过于厚重而有所延迟。又或者，火焰聚集得更慢

月亮的盈亏是由下面的原因造成的：如果月亮是因为光的反射才亮，那么它的盈亏就是因为逐渐接近或远离太阳对面的位置。如果月亮是自己发光的：那么一定有一个不透明的物体陪伴着它，并且会将它隐藏起来；或者是因为它有着明亮的一面，这一面有时会面对着我们，有时会背对着我们

也许在太阳的光芒照射之时，
月亮会闪亮起来，
一天又一天，
将这样的光芒送到我们的眼中来，
它围绕太阳这个球体运行，
直到运行至太阳的对面，
那么就会在它升上天空时发出满满的光，
高高地挂在天空之中，
看着太阳如何落下；
接着一点又一点，
它便要退回来了，
就这样隐藏起它的光芒，
当它沿着这个轨道，
逐渐从相反的方向接近太阳之火的时候，
就像那些人说的，
在他们的描述中，
月亮就像一个球一样，
它一直保持着一条路，
运行在太阳的下方。
同样也有一条路，
是它自己发着光在继续运行，
此时，
便能展现出它在各个时期光亮程度的不同。
也许这里还有另一个物体，
能够出现在它的周围，
和它一起发光，
通过各种方式，
去阻挠它发光，

或者让它的光芒变得暗淡。
不过这样的东西是无法被我们看到的，
因为它本身并不会发光。
或者月亮可能是自己转动的，
如果碰巧是这种情况，
那第它就像是一个球体，
一半球面上染着闪耀的光，
然后通过转动这个球体来营造出明暗的变化，
直到它将充满火焰的那一面，
——不论这是哪一面——
转向我们，
接着一点又一点的，
它会转回去，
将充满光亮的那一部分从巨大的球体上收回。
正如迦勒底人的巴比伦学说一样，
否认了天文学者口中的科学，
极力证明其对立面的正确性；
就好像对他们来说，
总有一方的坚持并非是真理，
又或者有什么原因，
让你可以冒险去认可双方中的任意一个。
还有，
为什么不能每天都有一轮新月产生，
并且这轮新月有着固定连续的盈亏变化，
或者是固定的外形？
这样的话，
这个被创造出来的月亮每天都会消失，
另一个月亮就会在它的位置上出现，

如果每天都有一轮新的月亮产生，并且就像连续的四季一样，有规律的、不间断的形态变化

这很难用理由来说明，
或者用言语证明，
因为有太多的东西都是在固定的顺序下被创造出来的。
春天和维纳斯都踏着脚步到来了，
在她们到来之前，
便有维纳斯的使者，
挥舞着翅膀到达，
紧随其后的是西风之神泽费罗斯，
万花之母芙罗拉用美艳的色彩，
还有沁人心脾的芬芳铺满了道路。
紧接着是干燥的热，
伴在她身旁的是满身尘土的刻瑞斯，
还有北边吹来的季风。
接着就是秋天，
亦步亦趋的是酒神老爷。
紧接着就是其他的季节，
还有相应的季风，
沃勒图尔努斯，
在高空中发出雷电，
刮来南风，
他的力量就是闪电的力量。
最后，
到了一年的结尾，
雪花就降临了，
冬天让寒霜都焕然一新；
紧随其来的是寒冷，
还有被冻到发颤的牙齿。

这么看来，
如果月亮能在固定的时间诞生，
又在固定的时间被毁灭，
这也没什么神奇的，
毕竟有那么多的东西可以在固定的时间出现。
同样地，
日食和月亮光芒的消失，
你一定认为这是由几个不同的原因造成的。
既然月亮能够为地球遮挡住太阳的光芒，
并且在朝着地球的方向，
在太阳的下方露出它处在高处的头，
用自己黯淡的球体挡住太阳的光芒，
那这为什么不能是另一个物体呢？
这个物体无法发光，
并且处于永恒的运动当中。
除此之外，
为什么太阳不能在一定的时间里就精疲力竭并且失去它的火焰，
随后它的光芒会重新产生，
当它穿过空气的时候，
它必定会路过那些仇视其火焰的地方，
这难道不会让它的火焰被熄灭，
并且导致它的灭亡吗？
为什么地球可以把月亮的光抢走，
它自己却可以高高挂起，
让太阳得以隐藏在下面，
而与此同时，
月亮在它月度的旅行中，

日食也许是因为：月亮造成的；其他不发光的物体造成的；当太阳路过了会让它的光熄灭的地方造成的。月食也许是因为：当地球处在太阳和月亮的中间；其他不发光的物体造成的；太阳路过了会让它的光熄灭的地方造成的

刚好就滑行过了那圆锥形清晰的阴影中；
与此同时，
另一个物体就不能在月亮之下运行，
或者在太阳这个球体上滑过，
来阻断其闪耀的光线。
既然月亮本身可以发光，
为什么它不能在世界上某个特定的区域减弱光芒，
尤其是当它经过一些对它的光芒不友好的地点时？

我们必须要回到地球刚形成的时候

接下来我们可以谈谈别的，
既然我已经展开讨论了，
在这个巨大的世界中，
这个蓝色的穹顶之下，
每件事情发生的规律，
那么我们也许就能学到，
是什么样的力量，
什么原因，
才让太阳运行的轨道如此多样，
让月亮踏上了这样的旅途，
通过什么样的方式，
他们才有可能隐匿了起来，
让他们的光芒变得暗淡，
并且在地球毫无预料的情况下，
让其陷入了一片黑暗，
当时，
他们就眨了眨眼睛，
然后又睁开了眼睛，
抬头看向了那些闪光的地方，
那些光芒是那样清晰；

现在我要回到世界刚刚诞生的时候，
还有那地球的田野尚是柔软的时候，
在创造的这股新生力量刚开始时，
什么是它第一个要解决的？
那便是一望无际的光，
还将其委托给了那阵阵猛急的风。
首先，
地球在山峦的周围还有平原之上，
都长出了各种草本植物，
还有色泽明亮的绿草，
鲜花盛开的田野在绿草中闪着光，
在这千树争艳之后，
就是一场激烈的竞赛，
个个都想要长到高高的天上去。
在四足动物的肢体上，
在有翅膀能飞翔的动物身上，
最先长出来的是羽毛和刺毛，
同样地，
从新的大地上最先长出来的，
是绿草和灌木。
接着就出现了会死亡的物种，
很多不同种族的生物通过不同的方式降生。
有生命的动物不是从天空中掉落下来的，
地球上的野兽也无法从含盐分的海湾中出现。
这也就是为什么地球恰好被叫作母亲的原因，
因为所有的东西都是从地球中产生的。
即使现在，
很多的生物都是从泥土中来的，

大地最初带给了植物生命，接着是生物：先是从卵中孵化的鸟类，然后是动物从根植于地球的子宫中诞生。大自然喂养并保护着它们。这里不会过冷或是过热，也没有过强的大风

通过雨水，
还有太阳带来的温暖的阳光形成；
因此，
如果在早期，
在土地和空气都仍然鲜活时，
动物的数量更多，
体型也更大，
那么我们也不会感到不可思议了。
首先，
带着翅膀的家禽，
还有各种各样的鸟类留下了它们的蛋，
在春季孵化，
正如在夏天的时候蟋蟀就离开了它们光滑的外壳，
寻找生存的方式和可以居住的地方。
正是在那时，
大地首次孕育出了有生命的，
并且无法永存的动物。
当时田野里有着大量的热气和水汽，
因此，
一旦有一个适宜的地点，
那里就会生长出大地的子宫，
它们将自己的根伸入大地，
当时机成熟，
当那些小小的生命想要逃离湿气，
寻求空气，
它们就冲破了子宫，
自然会将大地的生命之孔伸向那里，
接着会从它们敞开的脉管中喷出一种汁液，

就像乳汁一样。
就像是现在的妇女，
她们在抚养孩子的时候，
就会有甜蜜的乳汁，
因为她所有的养料都会流向她的乳房。
大地用食物给幼崽提供营养，
温暖包裹着它们，
身下就是柔软的草地，
作为它们的床。
但是这个世界上所有年轻的生物，
都没有在寒霜中度过，
也没有在太过灼热的温度中，
或者极具暴力的大风中度过：
因为万物都是按照相似的程度生长并且获得力量变得强壮的。

在此，又要再说一遍，
地球赢得了母亲的称号是多么名正言顺，
因为她孕育了人类，
并且几乎在一定的时候，
孕育了在崇山峻岭里，
四处疯狂奔逃的各种野兽，
还有天空中飞翔的，
各式各样的鸟类。
但是，
因为她的生育时期一定会有尽头，
那便是她停止了生育，
就像一个女人会在某个年龄段彻底地衰老。
随着时间的变化，

地球也因此成为万物的母亲；但是到了一定的时间，地球也会停止生育，这正是顺应了万物处于永恒的变化和更迭的普遍法则

整个世界的本质也在变化，
万物都终将从一个状态过渡到另一个状态，
没有任何东西可以永远保持原来的样子，
万物都会不断流转，
大自然会改变一切，
并且阻止它们进行转变。
一个东西腐败了，
随着年岁的流逝变得衰老无力，
另一个又脱离卑微的位置，
并且可以不断生长发展。
时间改变着整个世界的本性，
大地从一个状态转变到另外一个，
它曾经可以孕育的，
现在却不能够，
但是她曾经不能孕育的，
现在却又可以了。

大自然最初创造出了许多形态各异的东西，但是它们不能够生存，也不能繁衍后代

在那时，
地球曾尝试着创造许多怪物，
这些怪物长着奇怪的脸，
还有奇怪的四肢，
有双性人，
这种介于两性之间，
但却哪个性别都不是，
和两者都有区别的物种，
其中也有一些物体没有双脚，
或者被夺去了双手，
还有一些没有嘴的哑者，
或者没有眼睛的盲人，

又或者是四肢被束缚住的生物，
这样它们就无法移动，
也不能避开灾难或者拿取它们需要的东西。
地球还会创造出其他的怪物还有奇才，
但这一切都是白费的，
因为大自然不允许它们增长，
它们也没有力量达到那些盛开的美好的年纪，
或是找到养料，
又或者能在维纳斯的艺术中交融。
我们看到很多事情的发生，
都需要结合其他东西，
它们才能出现在这个世界上，
并且繁衍它们的物种；
首先它们需要有食物，
接着需要有一条路径，
这条路径可以给生育的种子铺路，
并且将其从松散的肢体中释放出来；
最后，
男性和女性需要有各自的工具，
借助着这样的工具，
他们得以享受共有的快乐。
在那时，
有许多物种消失了，
并且无法孕育它们的后代。
因为你看到的所有靠着生命的气息而生存的动物，
都有着各自的生存法则，
它们或狡黠，或勇敢，或机敏，
因此才得以存活至今。

很多不能保护自己的种族灭亡了，它们无法因为自己对人类提供了服务而得到人类的保护

还有一些因为对人类有用，
能够让人们保护它们，
首先就是狮子这样凶猛的物种，
以及其他骇人的同类，
英勇保护了它们，
狐狸的狡猾是它们的保护伞，
而鹿则有善于逃跑的双腿。
但是那些对人类绝对忠诚，
连睡觉时都很警觉的狗，
和从负重之兽的种子里诞生的物种，
还有那毛茸茸的羊群，
和那有角的牛群，
莫密乌斯，
这一切都被托管在人类的监护之下。
它们迫切地想要逃离那些野兽，
寻找宁静和充足的食物，
这不是它们努力劳动换来的食物，
而是我们提供给它们的报酬，
作为对它们服务的回报。
但是对于那些未获得自然的此类馈赠的野兽，
那些不是以勇力独立生活，
或者不是对我们有用处，
使我们为了报答它们提供的服务，
便允许它们完全受我们的保护以及饲养的动物，
很明显，
这些动物因为受到了致命枷锁的束缚，
就经常成为其他动物的诱饵以及猎物，
一直到大自然让它们的种族完全被消灭。

但是，
半人马这样的怪物从来都不曾出现过，
任何时候都不会有双重本性并且有两种身体的生物，
由各种各样不同的肢体和器官组成，
身体的每个部分都有着相同的能量，
这相同的能量都是来自它们的母体。
不论我们的理解力有多么迟钝，
我们都能认识到，
首先，
当马儿三岁的时候，
便是它正值壮年的时候，
但是一个孩子三岁的时候却不是这样；
因为在这样的年龄中，
他还会在睡梦中寻找母亲的乳汁。
之后，
当马的生命不断流逝，
当它的力气和健壮的四肢，
因其年老而衰弱时，
孩子们的生命才刚刚开始，
他们红润的脸颊上有了柔软的毛发。
所以千万不要相信，
人和马的种子，
一个半人马这样的怪物，
是可以被构成的，
是可以存在的。
也不要以为能够有斯库拉这样的怪物存在，
这样一个四肢不能相合的东西，

由不同种类的动物的部分组成的怪物，永远不可能存在，因为不同种类的动物，成长的速度也不相同；它们的口味和习惯也不同

因为它们会在不同的时期到达壮年，
或者在不同的时期获得或者失去身体中丰富的精力，
它们也从来没有为了相同的情欲燃烧，
习惯也从来不同，
也无法发现同样的食物同样益于身体健康。
确实，
人们常常看到，
长了胡须的山羊吃了毒芹之后就可以长胖，
但是对于人来说，
它便是有剧毒的东西。
火焰可以灼烧狮子毛茸茸的身体，
就像它能灼烧其他有血有肉的动物，
那么，
奇美拉，
那个由狮子的头，
龙的尾巴和山羊的腰身组成的怪物，
倒是能从嘴巴里喷出疯狂的火焰?
因此，
谁认为在大地和天空都还年轻的时候，
这样的东西能够产生出来，
而他的依据仅仅只是“年轻”这个空洞的概念，
谁就可以用同样的理由，
一直念叨着，
说出很多奇思妙想，
那个时候有充满黄金的河流，
或者开着宝石花的树木，
或者人会长着魁梧的身躯，
用两条腿就可以跨过深深的海洋，

关于世界还处于年轻时期的见解，会导致许多类似的荒诞的说法。这样的结合在当时并没有现在的可能性这么大

或者用两只手，
就可以拿起天空绕着自己的头旋转。
因为，
在很久以前，
当大地孕育动物的时候，
从这个大地中倒出了许多的种子，
但是这样的事实都完全不足以用来当证据。
那个时候，
曾经产生过这样的杂交生物，
还有不同的动物的肢体器官曾经被结合在一起，
你看，各种各样的草本植物、庄稼，还有果树，
即使现在它们也在从地里大量地长出来，
但是仍旧无法彼此交替混合地生长，
它们每一种都还是会按照自己的方式生长，
并且是根据大自然一定的规律，
还能同时具备自己应有的特征。
但是在那时，
陆地上的人类是更加吃苦耐劳的，
也应该如此，
因为人类生长的土地，
便是一个更为坚实的土地，
在人类的体内，
有着更大更结实的骨骼，
与肉体和粗壮的肌肉结合着，
他便不会受到不耐受的食物，
或寒冷、炎热，又或者身体的病痛带来的折磨。
在天空中绕行的太阳，
再度绕行了五年之后，

原始人类：是吃苦耐劳的

并且是很长寿的

人们依旧过着像野兽一样四处游荡的生活。

他们不会耕种，而是依靠树木的果实生存，从溪流中饮水

那个时候，
还没有吃苦耐劳的健壮的人推着犁，
也没有人会用铁器耕作，
或者把新鲜的苗放在挖开了的泥土里，
或者用弯曲的刀将去年的旧树枝，
从高高的树上砍掉。
但凡是太阳和雨水带来的，
是大地能够无缘由地产生的，
这就已经是足够的礼物了，
这样的礼物可以让他们的心中充满快乐。

他们中有大半的人都是靠果实累累的橡树来休养生息。

冬天，你看到的那种成熟了的梅子，
带着紫红色的野生梅子，
当时土地上产出的这些会更多更大。
除此之外，
大地那时处在青春正盛的时刻，
所以还会产出更多粗糙的食物，
可以满足当时那些可怜的野人。

他们没有房屋遮风挡雨，而是住在山洞和森林里

远方的河流和泉水引诱着口渴的人们，
正如现在从高山上倾泻下来的水流，
会远远地就大声召唤口渴的野兽。
这些野兽都栖息在山林水泽女神所居之地。
它们在不断逡巡中发现那个地方，
它们知道这些地方有小溪流水，
这些溪水发着光，
用奔涌的水流冲击着潮湿的石块，

是的，冲洗着这些湿滑的石头，
并且从上面滴在了绿色的苔藓上，
这里也好，那里也好，
都有泉水溢出并在平原上四处流淌。
他们当时不知道如何利用火，
也不懂如何利用野兽的皮毛，
用它们的皮肤来为自己的身体做衣服，
但是他们会躲进山洞当中，
会躲进森林里面去，
当他们不得不去面对大风和疾雨的时候，
就会在灌木丛中隐藏他们粗糙的四肢。
他们无法看到共同的利益，
也不懂用任何共同的习惯或者法律。
运气为谁带来了什么好东西，
谁就将它拿走，
因为每个人都学会只为了自己去自力更生。
维纳斯会在树林中把爱人们结合在一起，
因为每个女人或是为共同的热情所撩拨，
或者因为男人的暴力和不顾一切的欲求，
或是一点点利诱，比如杏子、莓或者是梨，
从而任人摆布。
由于相信他们双手双脚那惊人的力量，
他们会在林间追着野兽跑，
并且向它们丢掷石头还有沉重的木棍，
他们征服了许多野兽，
遇到另一些时则会躲起来。
当夜晚来临的时候，
他们就会像长满刺毛的野猪一样，

他们没有共同的生活，他们的交媾是十分混乱的

他们会追捕一些野兽，同时避开另一些野兽。在夜晚他们躺在地上，并且丝毫不害怕黑暗，但野兽的袭击会更让他们苦恼

赤裸着躺在地上，
就会用各种树叶将自己包裹起来。
他们不会哭着喊着寻找白昼和太阳，
但是会在夜晚保持沉默，
将自己埋藏在睡眠中，
直到太阳发出玫瑰色的火炬般的光，
让天空再度获得了生命。
因为从童年开始，
他们就习惯了看到黑夜与白昼这两者交替诞生，
所以他们便永远不会感到惊奇，
或者会害怕一个永恒的黑夜将大地占领，
太阳的光则永远消失。
对于他们来说，
更大的忧虑其实是来自野兽的，
对于这些可怜的人来说，
野兽的存在让休憩成了一件危险的事。
这些野兽经常将他们从自己的家里驱逐出来，
当他们遇到挂着口水的野猪，
还有巨大的狮子朝他们走近时，
他们就会赶紧逃离自己的石洞，
在夜晚带来的惊恐中，
他们就把铺满了树叶的床让给这些残暴的客人。
当时并没有那么多人带着哀号，
离开了生命的甜蜜的阳光。
当然，
那个时候更会有人被野兽抓住，
作为美食饱餐一顿，
他一边被野兽吞噬，

虽然和现在相比，当时有更多的人死于野兽的嘴下，但是当时不会有成千上万的人死于战争或是溺亡在海中

一边号哭着，
他的号哭声遍布山野，
当他看着自己活生生的躯体，
就这样被活埋进坟墓，
那些遍体鳞伤却侥幸逃脱的人，
就会用颤抖的双手按住流血的伤口，
他们可怕的哭喊声会唤来死神，
所有的无助都在这哭喊声中，
但是却又不知道，
用什么可以医治伤口，
直到剧烈的疼痛夺去了他们的生命。
但是不会有成千上万的士兵，
在仅仅一天里就断送了生命，
那时候也不会有大海的怒浪冲击着船只，
将船上的船员们都抛在了礁石上。
高涨的海水发出徒然的怒吼，
却只能带来空洞的威胁，
海水也只能悄悄地放弃这种威胁。
就算是平静温柔的海水，
也不能用毫无波澜的温柔，
夹杂着微笑来引诱任何一个人，
让他们在这海水中丧生。
在那个时候，
无视大海威胁的航海术尚未为人所知。
再者，
那个时候对食物的渴求，
会让他们把自己虚弱的身体交给死亡。
现在，

他们死于饥饿，并非死于饮食过度；他们是自己毒死了自己，他们并没有毒死他人

则是饮食过度，
才会使得他们走到了今天这个下场。
当时人们常常在不知情的情况下，
给自己下了毒药，
现在因为有了更好的技艺，
所以才将毒药给了他人。

城市文明的起源。火、衣服和庇护之所，让人类走向了家庭生活，和邻里产生了友谊

在这之后，
他们有了茅草屋，
学会使用皮毛还有火，
当男人和女人结合之后，
就学会了住在一起，
便有了家和婚姻的出现，
他们开始孕育自己的孩子，
人类从这个时候开始变得柔软温和。
火焰带来了这一切，
让人们战栗的四肢再也不那么能忍受露天的寒冷。
维纳斯消耗了他们的力量，
孩子们又用他们讨喜的样子打垮了他们父母的高傲。
也就是在那时，
邻居们开始渴望和其他人共建友谊，
不去伤害别人，
也不被别人伤害，
他们会向别人求情，
为了孩子也为了女人，
他们一边打着手势，
一边哭喊，
嘴里吐出断断续续的话语，
让所有人都知道我们应当对弱者有一些同情之心。

大部分人都是会遵守彼此之间的约定的

虽然当时并不是可以产生完全的和谐，
但是好心的人，
较大部分的人，
都会很好地遵守他们之间的契约，
否则，
人类早就已经灭绝了，
也无法用生育将自己的种族延续至今。

语言的来源。语言会在实践中自然发展起来，就像孩子们和动物们会试着去用自己不一样的能量

但是，
大自然促使着人类用舌头发出各种各样的声音，
并且运用这样的声音来塑造出万物不一样的名字，
这就像是当孩子们还处在不能用舌头来讲话的年龄时，
让他们用自己的手指来指出自己面前的事物。
每个生物都能够感受到他的能力会有什么样的用处。
在小牛犊的角还未长出的时候，
还没有从它们的额头前凸起的时候，
它们便会在生气的时候用它们顶撞别的生物。
在小豹子和小狮子的爪子还没长全，
牙齿还没长齐之前，
它们就会试图用这些武器来打架，
用小脚与对方抗争，
用牙齿来撕咬对方。
同样地，
我们看到所有带着翅膀的生物，
是如何相信它们的羽翼，
并且企图从中获得并不稳定的帮助。

语言是无法被任何人有意识地发明出来的。为什么有的人可以做到，有的人却不能？他们是如何有了语言的认知，又如何让别人接受它

接着，
如果有任何人给万物划定了名称，
人们从中学习了事物最初的命名，
那么这一定是愚蠢的。
为什么他可以用词语标识每一个东西，
并且用舌头发出不一样的声音，
同时，
其他人又不能这样做？
并且，
如果其他人不是已经对彼此使用了这样的语言，
尤其是他在这些词语当中埋下了自己使用时的一些概念；
他又是从何处获得了初始的力量，
可以看透他的思想，明白他想做什么。
同样地，一个人也不能够强迫许多人，
制服他们顺从他的意愿，
让他们乐于学习他给所有东西的命名；
教导和劝说聋子他们需要做什么，
这并不是一件容易的事情；
因为他们绝不会容忍，
也不会允许任何人向他们灌输自己从未听到过的声音，
这些声音对他们来说毫无意义。

人类能够发展语言，这并不是什么新鲜事，因为就算是动物也能用不同的声音来表达不同的感觉。比如，狗、马，甚至是鸟儿

最后，
这其中到底有什么了不起的奥秘，
如果人类有着强有力的声音和舌头，
可以用不同的声音来标记不同的感觉？
因为无法发声的牛群还有野兽也习惯于发出多种不同的声音，

当它们陷入痛苦或者恐惧，
又或者当它们感到无比快乐时，
我们都可以从显而易见的现象中感知到这些。
当莫洛苏斯猎犬大而松弛的嘴唇，
开始因为发怒而发出低吼，
露出自己的尖牙，
因爆怒而向后退时，
这种威胁的声音同它们大吠时，
远远就能听到的吼叫声是完全不一样的。
当它们平静下来，
用舌头舔舐它们的幼崽，
或是用脚爪将幼崽抛起来，
并且张开了大嘴，
假装吞掉它们的时候，
看看它们正在闭紧的牙齿，
它们在爱抚幼犬时发出的咕噜咕噜的声音，
就和被独自留在家里时发出的声音不同，
也和它们夹着尾巴，
逃离击打时的声音不一样。
其次，
马儿的嘶鸣是一样有所不同的，
当一匹年轻的骏马在它正值青春的年龄，
被长着翅膀的爱神选中，
在一群母马中放肆求爱之时发出的声音，
和它张大了鼻孔准备战斗时发出的呼哧声，
又或者，
和它颤抖着四肢，
发出哀鸣之声。

这些声音怎会一样呢?
最后，
便是长着翅膀的飞禽，
还有各种不同的鸟类，
老鹰、鱼鹰还有海鸥，
当它们在海浪之间徘徊，
在海水中觅食的时候，
它们会发出不同的声音，
在其他时候，
比如为了争夺食物而打斗时，
或是和猎物撕打时，
又会发出不同的声音。
它们当中有一些，
还会随着气候的变化改变自己尖锐的叫声，
比如长寿的乌鸦，
还有白嘴翁鸟，
据说它们会为了水源和雨水而鸣叫，
有时又会召唤大风与微风。
因此，
如果不同的感觉会促使动物们发出声音，
即使它们不会说话，
那么人类又可以用多少不同的声音来标记不同的东西。

闪电为人类带来了火；或者由摩擦点亮了树

因此，
为了避免你在提问后得不到回复，
我可以现在告诉你，
是闪电第一次为人类带来了火种。
从火种开始，

才有了各种火焰的热度，
这样热度才会散布出去。
我们也可以看到，
当闪电为人类带来热度时，
有许多东西一旦触碰到这些火焰，
就会瞬间燃烧起来。
再者，当树枝被风吹打，
前后摇摆，
并且打压摩擦着旁边的树枝，
火焰就在这样强烈的摩擦中诞生了，
接着，火焰的热度就随之迸发了，
树枝与树桩在这时依旧和彼此相互摩擦着。
可能是上述方式之一将火焰带给了人类。
接着太阳教会人类，
用火焰的热度来烹饪和软化食物，
因为人们可以看到田野里很多的东西都成熟了，
这是由于阳光用自己的光束和热度来征服食物。
一天接着一天，
那些在理解力和思想上更加聪慧的人，
会越来越多地向人们展示，
如何用火来改变他们之前的生活，
如何改变自己谋生之道来适应新的生活习惯。
国王们开始建造城市，
并且铸造了城堡，
这是为了他们自己有坚实的堡垒和避难用的藏身之处。
他们把牲畜还有田地都分配给了个人，
这个分配的标准是根据每个人的美貌、力量或者是智慧，

太阳的光教会了人们烹饪。接着就迎来了变化

国王们建造城市，并且分配土地。最初是根据每个人的优势进行分配。接着就发现了黄金，在这之后一切都发生了改变

黄金助长野心，一切野心最终都将失败

在那时，
美貌是很被重视的，
力量也居于重要地位。
之后，
财产出现了，
金子也被发现了，
这就将美貌和力量的地位占据了；
因为无论一个人多么强壮，
多么美丽，
他都会跟随更加有钱的人。
如果一个人能够以真理来指导自己的生活，
那么他就拥有着最大的财富，
那便是使人宁静的思想。
因为有一些东西是他一定不会缺少的。
不过，
人们总是希望自己同时享有名望和权力，
这样他们的财富才得以稳固，
他们才能安心地享受荣华富贵。
这一切都是徒劳的，
为了达到一定高度的荣誉，
就要不断挣扎，
他们为这趟旅程，
铺设好了道路，
但是却充满了危险，
当他们爬到最顶峰，这种危险便出现了，
就像闪电一样，
妒忌会轰击他们，
将他们打入阴暗的地狱；

就像是遭到闪电的轰击一样，
名望和权力的至高处也最容易被妒忌之火击中，
包括所有比别处更高的地方。
因此，
安静地服从要比王权统治世界，
王国来回更迭要更好。
让他们把自己生命的鲜血流尽吧，
这样是徒然的，
在那野心铺设的狭窄的路上前行，
相互挑起战争，
因为他们的智慧都是从别人嘴里借来的，
他们在寻求的东西都是道听途说的，
而非自己感受来的，
现在这种行为也没有比以前更甚。
国王被杀死了，
古老的王权还有骄傲的权杖，
就这样被推翻，
遗弃在废墟中，
国王额前象征荣耀的王冠，
已经被血液玷污了，
就这样被平民踩在脚下，
默哀着这至高无上的荣耀的流失；
曾经这些都被人们过度惧怕，
现在则是被人们践踏。
万物都陷入了彻底的混乱，
当每一个人都为自己寻求权力，
以及领头的地位。
他们中有一些人教会了人们，

这样的生活是不真实的

君主制被推翻了，到处都是一片混乱：于是就有了地方法官和法律，犯罪也会受到法律的制裁

去委任一些地方官，
并且颁布法律，
让大家都同意遵守这些法律。
因为人类已经厌倦了这种充满暴力的生活，
已经在这种长期的斗争中身心俱疲。
因此，
人们就更加愿意遵从法律的束缚。
和现在受到人人平等的法律影响相比，
人们如果把自己复仇的情绪展示出来，
则会更加凶狠，
因此人们就会厌恶这样充满暴力的生活。

这就会引起人们对惩罚的恐惧，便再也无法过上平静的生活了

从那时起，
对惩罚的恐惧，
便沾上了生活的奖品。
暴力和伤害圈住了每一个人，
并且在大多数时候都会让那些始作俑者自食其果，
一个人如果破坏了公共安宁的约定，
就不会再过上平和安静的生活。
就算他没有被上帝和人类所关注，
他也会担心自己罪行的暴露。
确实，
很多人常常在梦中说话，
或者经常在发烧之时胡说八道，
那时他们就会背叛自己，
并且将那些隐藏许久的事公之于众。

信仰神灵的原因

接着，
是什么导致了在许多伟大的民族中，
神灵神圣的力量得以传播，

并且让圣坛布满整个城市，
在每年的节庆日里教导人们要举行神圣的仪式，
这个仪式在今天，
在各个伟大的王朝，
各个了不起的地方都依旧在进行着；
因此即使是现在，
也在人们心中种下了恐惧，
在全世界建起了新的神庙，
在特别神圣的节日里，
强迫人们去膜拜；
这一切用话语并不难解释。
人们已经习惯在清醒的状态下，
来感知神灵完美的形态，
睡着之后则更多，
他们都有着不可思议的庞大身躯。
它们都会带着感知，
因为它们会移动自己的四肢，
并且说着那些足够崇高的，
能配得上威严的容貌，
还有魁梧的躯体的话语。
人们又赋予了它们一种永恒的生命，
因为它们的形象永存，
并且它们的形状保持着不变，
以上的一切都是因为，
人们认为拥有如此强大能力的人，
是不会轻易向任何力量屈服的。
他们认为，
自己拥有的幸福已远远超过旁人，

人们看到了很多伟大的、美丽的图像。他们相信，这些图像是有感觉的，是永生的，是快乐的

因为对死亡的恐惧永远不会骚扰到其中任何一个人，
与此同时，
在梦中人们看到他们与许多奇迹相伴，
而他们自己不会经历任何的苦难。
更多的是，
人们看到天空的一切都是按部就班地发生，
一年中的四个季节就这样轮番而过，
但是他们不知道，
通过什么原因才有了这一切。
所以人们就建造了属于自己的避难所，
将一切都留给神明发话，
并且认为，
这一切都是由神明的意志说了算。
他们将神明的住处安排在天上，
因为到了夜晚月亮就会在天空中转动，
月亮，白昼和夜晚，
还有夜晚那令人生畏的指示，
天空中的火炬在夜晚四处漫游，
飞舞的火焰、云朵、阳光、
雨水、雪花、风、闪电、冰雹，
还有天空传来令人生畏的急吼，
还有那巨大的低语声。
啊，
不开心的人类啊，
当他们将这样不悦的行为赋予了神明，
并且随即又加入了这苦涩的愤怒！
他们为自己创造了多少呻吟，
又给我们带来了多少创伤，

他们不能理解天空中的诸多现象，把它们都归之于神迹所至，它们相信操控这一切的神明都住在天上

这样的信仰引发了多少悲惨的结局。真正的虔诚不在于崇拜，而是平静的思想

为我们即将到来的子孙后代带来了多少眼泪。
这样的虔诚并不在于自己能否被看见，
用头纱蒙住自己的头并转向一块石头，
不在于移动每一个临近的圣坛，
不，
也不在于匍匐在地面上，
手掌向前伸开，
表示对神灵的膜拜，
用野兽的鲜血，
洒向圣坛，
一个许愿接着一个，
而是在于会用心灵去思考万物。
当我们抬头看着那片天空，
那片伟大的世界的天空，
以太就在那里，
上面镶嵌着闪亮的星星，
这时我们就会想到正在旅行的太阳和月亮，
我们的心里因为背负了太多，
从而感到了沉重，
这样的疑虑也在我们清醒的脑海中逐渐成形，
也许有一些无法预知的神灵的力量，
凌驾于我们之上，
这样的力量让明亮的星星，
用不同的方式运行，
一直在努力旋转。
因为缺少可以消除我们脑海中疑虑的理由。
不论这世界有没有造物主，
有没有一个诞生的日子，

然而，天堂中的奇迹也许会很好地唤醒对神圣力量的信仰

也不论是否有结尾，
可以让我们知道，
一直到何时，
这世界的壁垒才能够容忍这种不知疲倦，
永无止境的运动，
又或者，
是不是神灵的旨意，
赐予这个世界永恒的生命，
让它们有力量，
在这一片虚无之中，
度过这无尽的时间。
除此之外，
谁的心里不会因为对神灵的恐惧而颤抖，
谁的四肢不会因为恐惧而蜷缩在一起，
当干裂的大地，
在闪电的可怕击打之下而颤抖，
广大的天空中又奔跑着惊雷？
人们和民族都会颤抖，
骄傲的国王四肢都缩作一团，
因为对神灵的恐惧而害怕，
也许是因为自己的某种肮脏的罪行，
或者是狂悖的言论，
那沉重的该去偿还的时机已经成熟。
又或者，

也许是雷电暴风，或是海上的风暴，或者是一场地震

当海面上凶猛的风用最残暴的力量横扫过指挥者的战舰，
这样的战舰上有着强大的军团，
在这样的情况下，

他去向神明许愿寻求平静，
也会带着极度的渴望，
祈求风平浪静。
这一切都白费了，
每当他陷入狂暴的飓风当中，
他所有一切的祷告都会白费，
他也将被送上死亡的浅滩。
因此，永远都有一种隐藏的力量，
是这样不容抵抗地践踏着人类，
嘲笑着人类的木棍和斧头。
再次，当整个大地都在人类的脚下晃动，
许多城市都在晃动中倒塌，
剩下的也都危如累卵。
那么如果人们轻视自己，
那还有什么可奇怪的，
因为人们相信，
这个世界上还有伟大的力量，
神灵还有出人意料的威力，
来指导这一切？
现在说说别的，
铜、金还有铁就这样被发现了，
还有沉重的银和铅的用处也被发现了，
当大火烧掉了一片大山上的森林，
也许是天上的一道闪电造成了这场大火，
又或者是在森林里打仗的人们把火投向敌人，
让他们闻风丧胆，
也许是受到土地富饶的引诱，
他们想去开发这片肥沃的土地，

森林大火暴露了金属的存在。金属被大火熔化之后，又凝固成各种形状，这让人们想到可以用火来改变金属，让它为人所用，也可以用金属来锻造武器和工具

并且把这片乡村都变成牧场，
又或者要捕杀野兽，
因为用陷阱和火来捕猎，
要早于用工具围成篱笆，
或是放猎狗来吓唬野兽让它们从林子里跑出来。
然而，
不论是什么造成了火焰，
让它吞噬了森林里的大树，
连树根都不曾留下，
并发出了可怕的裂开声，
并且用烈火炙烤土地，
这时银和金便像溪流一样流出，
同样的还有铜和铅，
它们汇聚在一起，
从大地滚烫的地脉中流出，
流进了低洼的地里。
当人们看到地面上闪闪发光的东西，
便被它们迷住，
这时他们就要倾尽所能将这些东西都撬出来，
并且看到每一块都有着和土地上的孔洞相同的形状，
在这之后，
人们会想到，
如果用热把这些东西熔化掉，
便能够弄成任何东西的样子，
又想到，
如果能将它们好好锤打，
就能锤打成最锐利的尖刀，
方便替自己再造一些工具，

可以用来伐树，
修整木材，
把木头削光滑，
还能用来穿孔，
凿墙或者钻东西。
最初，
人们会用金和银的工具来进行这些工作，
就像他们后来用十分坚硬的铜那种特殊的力量，
不过一切都是白费的，
因为这种被征服的力量很快就没有用了，
无法同样胜任如此艰巨的工作。
铜更加有价值，
金子因为它的无用而遭受人的鄙视，
它的刀口很容易变钝。
现在遭到鄙视的却是铜，
而金子获得了崇高的荣誉。
所以，
时间的流逝，
会改变不同事物极具重要性的时刻。
曾经珍贵的东西，
会变得一文不值；
其他的东西又会脱离原本的卑微，
从而变得十分显赫，
充满了荣誉，
一天接着一天，
每天都被更多的人所追求，
一经发现就会收获满堂喝彩，
在人们之中享受着巨大的荣耀。

金子在这之后就遭到了鄙视，铜很珍贵，但现在这一切又颠倒过来了

接着人们发现了铁和铜的作用。铜是最先被应用的，后来铁的发现使铜被抛弃

现在，
铁的特性是如何被发现的，
莫密乌斯，
这个是很容易就知道的。
在古时候，
人类的武器是双手，
指甲，还有牙齿以及石头，
当人们发现从树上折下的树枝可以作为武器，
又发现了火的作用后，
便开始使用这些东西来保护自己。
接着，
铁和铜的力量也会被发现。
铜的用法在铁之前就被人所熟知了，
它的特点是比较容易处理，
并且有着更为丰富的储备。
有了铜之后人们可以用于开垦土地，
铜也加入了汹涌的战争当中，
人们用铜创造了可怕的伤口，
同时还抢走了别人的牲畜群还有田地。
万物都会立刻屈服投降，
因为他们手无寸铁而对方却全副武装。
接着，
渐渐地，
铁剑就开始在人们的生活中充当起了角色，
铜做的镰刀则遭到了人们的遗弃，
有了铁，
人们就开始开垦土地
到了战争当中，

本来胜负难料的局势，
现在变成了公平竞争。
这时，
人们就会带上武器，
骑上马，
用缰绳来控制自己的坐骑，
并且空出自己的右手用来挥舞武器，
这一切都发生在两匹马拉的战车出现之前。
两匹马拉的车又早于四匹，
并且早于武装了镰刀的战车，
当时是迦太基人骑着卢卡尼亚牛迎战，
这样冷酷的野兽有着蛇一样的手，
背部隆起，
能够忍受战争带来的创伤，
并且使战神的大军闻风丧胆。
一个接着一个地出现可怕的发明，
在战争中为人类带来不安与惶恐，
一天接着一天，
战争的恐惧在增加。
人们也尝试过把公牛用到战争当中，
并且试着把残暴的野猪放出去对付敌人。
有一些还会在队伍前面放出最勇猛的狮子，
配上武装精良的驯狮员还有残暴的主人，
他们可能有能力去掌控这些狮子，
并且能牢牢地牵住它们身上的铁链，
但这一切都是徒劳的，
因为在这一片混乱的屠杀中，
狮子们会变得异常激动，

在二轮战车出现之前，人们都是骑马战斗的

迦太基人是最先使用大象作战的

也有其他的动物被应用到了战争当中，但是最终都给自己这一方造成了更大的损失，比如狮子、公牛、野猪

当它们疯狂起来的时候，
便会让一切变得乱七八糟。
它们会摇动着头上的鬃毛，
一会儿跑到这边，
一会儿跑到那边，
就连骑兵也无法让那些因为狮子的嘶吼而受到惊吓的马匹镇静下来。
也无法勒住缰绳，
让它们向着敌人的方向而去。
发怒的母狮子也会怒跳着，
跳到这边，
跳到那边，
谁在前面反抗它们，
谁就会被抓得头破血流，
又或者趁人放松警惕，
从后面进攻，
将这些人从马背上扑下来，
让他们摔到地上，
让他们因受伤而殒命，
它们则会用有力的爪牙死死控制住这些人。
公牛会把自己的朋友们顶翻在地上，
用脚践踏在它们的身上，
并且用自己的牛角戳破马儿们的肚皮，
用那吓人的头部撞到地上，
扬起泥土而达到震慑的目的。
野猪会用坚硬的长牙将伙伴戳出血来，
发怒之时，
它们甚至会把血溅在戳进了自己身体里的武器上。

它们会直接把步兵和骑兵一起推翻，
因为马儿会向旁边闪躲，
避开那些长牙野蛮的穿刺。
或者后脚站起来，
前脚在空中到处扑打。
这一切都是白费的，
你会看到它们因为跟腱受伤而倒下，
并且由于体重过重，
整个身躯砸在了地面上。
如果人们认为，
这些动物已经在战争之前被人驯服了，
那么人们将会看到，
一旦进入战场，
它们便会陷入狂乱的状态，
伤口、嘶喊、奔逃、惊恐和混乱，
这些都会让它们变得疯狂，
失去秩序。
各种各样的野兽，
都会四散到各个地方；
正如现在我们在战争中常见到的那样，
那些受到各种刀剑乱砍的卢卡尼亚牛也逃脱了，
这一切都发生在它们自己的同伴也伤亡之时。
如果真的曾经这样尝试过的话。
但是我不相信人们无法预见这样的事情会发生，
这种两败俱伤是预料不到的。
所以我们会觉得这种事情曾经发生在宇宙的某一个地方。
可能是在某些由模型造成的世界中，
也可能在一个很遥远的地方。

而非在一个特定的地球上。

这是一个绝望时刻的权宜之计

但是实际上，
与其说是因为他们希望战胜敌人，
倒不如说是因为要给敌人知道自己的厉害，
虽然他们自己也会因此灭亡；
这是因为他们不仅估计错了自己的人数，
并且缺少武器。

在铁之后，人们有了织的布

在布织的衣服出来前，
人们都是简单地编成条块绑在一起当作衣服的。
可以织布的材料在铁之后出现，
因为在纺织的技术中需要用到铁，
其他的方法是不能来制作织布的那些光滑的工具的，
踏板、纺织锤，还有梭子，以及吱呀作响的卷线轴。

织布的工作最开始是由男人来做的，但是之后就将这一切交给了女人，男人则去耕田

大自然让男人在女人之前从事着纺织的工作，
因为男性在技术上的操作是更加优秀的，
并且男人也更加聪明。
一直到后来，
身体健壮的农夫会鄙视这样的工作，
便把它们很快移交到了女人的手中，
自己则去做更加艰苦的劳动，
锻炼自己的四肢。

大自然教会人类播种和移植

但是大自然本身，
这万物的造物主，
是一切的播种者，
是最初的接木人。
因为从树上掉下来的莓果，
在树下就会成群地长出幼芽，
人们也是在大自然中，

学会了把枝丫移植在了树上面，
把幼苗种在了地上的一个个窟窿里。
一天接着一天，
他们使得更多的树都退到了山上，
放弃了山下的地，
这样人们就可以在山丘和平原上种草坪，
挖池塘，开溪流，
种植庄稼，还有令人愉悦的葡萄园，
一条灰色的橄榄带，
作为垦殖地的分界线，
沿着小丘、洼地和平原向前延伸。
就像你看见的那片土地，
都点缀着各种各样的美景，
人们用果树装饰它，
用茂密的灌木丛将其围住。

人们尝试了新的种植方法，并且树木被移植到了更高的山上。平原的景色在人们的耕种下令人眼前一亮

人们用嘴模仿鸟儿们流畅的歌声，
这要比他们自己唱出丰富的旋律和合拍的歌曲要早得多，
风吹过芦苇响起的声音，
教会了乡村里的人们吹奏毒芹的空管，
在这之后，
他们也学会了吹出优美而凄婉的曲调，
吹奏的人用手指按着箫吹出曲调。
就是在这样的地方发现这种管乐器的，
比如在没有小路的树林，
还有林间空地，
在荒无人烟属于牧羊人的地方，
还有那些他们休憩时的仙境。

音乐是人们模仿鸟儿发出的鸣叫，还有风吹过芦苇带来的美妙声音

一顿饱餐之后，在空旷的地方，粗砺的歌声会让人们开心，同时还会配上粗犷的舞蹈

这些音调会安慰人们的心灵，
尤其会在他们饱餐一顿之后让他们快乐，
这种时候所有的一切都会很受欢迎。
有时候，朋友们就会三五成群聚在一起，
躺在这柔软的草地上，
附近就是溪流，
流经了这高高的大树。
这时，他们就会开开心心，
并且不会花费太多就可以休息身心。
特别是天气很好的时候，
又碰上一年当中绿草如茵鲜花盛开的季节。
在那个时候，
人们习惯谈天说地，
在一起开开心心。
那种粗犷的灵感就在此时迸发，
用花朵和树叶编织成了花环，
戴在人们的头上，
套在人们的脖子上，
大家都会去开开心心地跳舞，
甩动沉重的四肢，
用双脚击打着大地母亲；
接着他们脸上就会扬起微笑，
并且在一起笑得开心，
所有的这一切都是那样新鲜神奇。
接着就是那些睡醒的人，
他们会这样来排遣失眠的时刻，
他们吹出不同的曲调，
有着抑扬顿挫的旋律，

并且用噘起的嘴唇，
在调好音的芦苇管上来回吹奏。
到了现在，
守夜的人也会遵循古老的传统，
学会保持正确的节奏，
但是相比以前那些丛林中居住的土著，
并不能收获更多的快乐。
如果我们没有领略过更好的东西，
就会因为手边现有的东西而快乐，
并且我们会认为这个东西是最好的，
但是后面出现的某种可能是更好的东西，
就会破坏了以前那个东西的价值，
并且让我们失去了从以前那个东西的身上才能找到的乐趣。

现在技术改进了，并不能增加音乐带来的快乐

就是这样人们开始厌恶橡子，
旧时用稻草，
还有树叶铺好的床就被弃置在了一旁。
同样地，
野兽的皮毛做成的衣服也遭到了人们的蔑视，
我猜这样的外袍，
在古时候一定是被人嫉妒的，
第一个穿它的人，
会被埋伏在路边的人所暗杀，
即使他死了，
这些东西也会被撕碎，
并且被鲜血溅满，
变得一文不值。
以前的兽皮，

旧时的食物和衣服被鄙夷，但是现在我们为了衣服到底是紫色还是金色争论，就像以前的人为了兽皮争论一样

还有现在人们穿着紫色和金色的袍子，
也会让人们受到苦闷的折磨，
让他们在战争中疲于奔命。
对于这种情况，
我想，
我们才应该承担更大的责任。
如果没有兽皮御寒，
那些赤裸的土著就会在严寒中备受折磨。
但是我们如果不穿这些紫色的，
镶金纹的长袍，
也不会带来什么害处，
因为我们普通人有着普通的衣服来保护自己。
这样，
人们在苦役中一无所获，
就会把生命浪费在这些毫无用处的忧虑上，
我们知道，
这是因为我们没有认识到我们所拥有的东西是有极限的，
又或者有多少快乐可以增加。
正因为如此，
一点又一点，
就这样把人类带进了战争浪潮的最底层。

从太阳和月亮当中，人们学到四季是有规律的

但是太阳和月亮，
就仿佛是守望者一样，
带着它们的光在转，
围绕着巨大的穹顶，
教会人们一年四季是怎么来的，
一切都是如何根据一定的计划，

一定的顺序进行的。
现在他们住的地方，
都由坚实的堡垒围住，
土地也被划分并且标记好了：
海上都是船扬起的帆，
现在人们签立了各种条约，
因此便诞生了附属国和联盟，
诗人们第一次写下了这些诗歌；
歌颂着伟人们的事迹，
文字在前不久才形成。
因此，
在现在这个时代，
是无法回头去看我们到底做了什么，
除非有任何办法，
可以直接替我们指明这条路。
船还有耕地，
城墙、法律、武器、道路、服装，
所有的一切，
所有的奖励，
还有生命中的奢侈品，
比如诗歌、图画，还有精雕细琢的，
巧夺天工的雕塑，
经验还有那种渴求的思想一点一点教导着他们，
并且让人类一点一点在进步。
因此，
慢慢地，
时间带来了一些东西，
带到了我们的眼前，

之后就有了带有防御墙的城市，有航海技术，各种条约和协定，还有讲述伟大事件的诗人

逐渐地，所有的科学和艺术都发展了

在光的海岸上真理也升了起来。
他们看到这些一个接着一个，
在思想里逐渐清晰，
直到他们借由自己的技艺，
达到了登峰造极的水平。

卷 六

De Rerum Natura

序。伊壁鸠鲁是雅典的荣光

以前是雅典，
这个著名的城邦，
会首先把谷物发给困顿中的凡人，
并且重塑人们的生活，
颁布法律。
她也是第一个给了人类甜蜜生活安慰的人，
她生下了一个有着如此智慧大脑的人，
这是全世界的礼物，
他用他只说真理的嘴唇，
倾倒出了一切智慧；
是的，
即使他已经死去了，
但多亏了他的那些早已有之的神圣的发现，
他直至今天还备受尊崇。

当他看到人类虽然已经占有了一切优越的生活条件，却仍旧感到悲哀，他便意识到这错误来源于人的心

因为当他看到，
人类现在已经基本上获得了生存所需的所有东西，
他看到了就人类的能力而言，
他们的生活是这样的安全，
有一些人通过财富、名誉和声望来获得权力，

因为他们子孙的名誉而变得傲慢自大，
但是并没有因为任何事情而使一颗心少一些苦涩，
而是因为思想的折磨一直生活在烦躁中，
没有得到一丝一毫的休息，
并且在残酷的抱怨中充满了愤怒，
接着他就明白了，
是因为容器本身就是疾病的生产地，
由于存在这样的疾病，
所有从外部进入的东西，
都在里面腐烂了，
即使美好的祝愿也是如此。
他看到容器四处都是破漏的洞，
没有任何办法可以将其填满，
里面的恶臭，
吞噬了所有它能够吸收的东西。
他便用那真理的语言进行宣誓，
清洁了人们的心灵，
并且给欲望与恐惧都设下了界限，
同时揭示出什么是至善，
是我们想要得到的东西，
并且指明了一条道路，
那条路太过狭窄，
但是却是那样笔直，
给我们展现了人类所有的事情中，
会出现什么样的坏事，
坏事以各种各样的形式出现，
到处乱窜，
不论是出于偶然还是通过大自然的力量，

他清洁了人们的心灵，并教会了人通往至善的道路，以及面对生命中的坏事的方法

让其来到这个世界；
他从大门口为我们指出，
应该从哪个门口出去与这一切作战，
并且证明了这一切人类的抵触都是枉然，
只会让忧虑和凄惨的海浪在心中翻滚。

思想中的黑暗必须要用知识来驱逐

正如孩子们颤抖着，
并且在盲目的黑暗中恐惧着一切，
我们有时还是会害怕一些光明中的东西，
它们其实并不比那些孩子们在黑暗中害怕的东西更可怕。
初升太阳的光芒无法驱散这些恐怖黑暗的东西，
早晨如箭般夺目的光线也无法做到，
唯一能做到的是大自然的真相和它特有的规律。
因此，
我也愿意继续用我的诗歌，
来说明这已经开始的论证。

我现在一定要说一些天空中的现象了，人类曾一度以为这些现象是上帝的杰作，这是他们对自然规律的无知

现在，
我要向你展示，
天空也是会死亡的，
继而这天空的躯体就被塑造出来了，
并且也已经向你解释过几乎所有在其中发生了以及一定将会发生的事情，
现在，
就来听听剩下的；
我已经很大胆地踏上了这充满荣光的车，
我便将给你说明这风暴是如何发生，
以及是如何静止的，
以及任何曾经那样暴躁的东西，

是如何改变并且静下来的。
人们常常看到发生在天地之间的一切，
并且带着一种惊慌失措的心情，
这些现象也会引起人们对神灵的恐惧，
这就会让他们感到自己的卑微，
从而会向神灵鞠躬磕头，
因为对原因的无知，
会使得人们把一切都归咎于是神灵在操控，
使得人们承认了那至高无上的统治。
有些人虽然已经很好地认识到，
神灵过着一种无忧无虑的生活，
但是要问这一切是如何发生，
如何存在的，
特别是关于天空中所见到的那些现象，
他们就会被抛回到那些古老的宗教当中，
接受十分严酷的审判，
他们会认为这些审判者是全能的，
可怜的人，
那些无法认识什么可以存在，
而什么又不能的人，
以及每个东西的能力又是如何被限定的，
还有那深深根植在时间里的界限。
他们就会被盲目的真理，
带上歧途。
所以，除非你能够从思想中将这一切都驱逐出去，
并且抛弃你那些和神灵不匹配，
和他的安宁背道而驰的东西，
那在天上的神灵拥有强大的神力，

这种信仰对于神灵来说是一种侮辱，也会给你带来破坏，尤其是损害你在宗教仪式上心灵的平静

既然他受到你思想的侮辱，
就会常常加害于你，
这并不是因为神灵的本质被你侮辱，
导致他们无比震怒，
从而寻求严厉的报复；
而是因为你会折磨自己，
想象一下生活在和平与宁静当中的那些神灵在翻滚的海浪中，
在波涛汹涌中，
你是没有办法带着平静的思想走进这些神圣的庙宇，
你也无法心平气和地接受那些从神灵的身上发出的，
被带到我们面前的形象，
这些形象是其神圣形象的使者，
在这一切之后，
你会有一种什么样的生活，
这你大概能够感知到。
但是，
为了用真理把这些赶走，
还有许多东西需要用美好的诗句来修饰，
虽然我已经说过那么多了。
我们必须要认识到天空外部的景色，
还有内在的规律，
我们必须要为风暴与闪电歌唱，
歌唱它们是如何做出行动的，
是因为什么发生的。
以免你将这天空划分成很多的区域，
并且用它来占卜吉凶祸福，
去询问这飞舞的火焰来自哪里，

我们必须要找到风暴和闪电的规律

它从哪一处天空离去，
又是如何穿进了这铜墙铁壁之中，
是如何在那里恣意妄为之后，
又随性离开，
人们无法知道这些现象的原因，
因为他们原本就以为这一切是由神灵操纵的。
卡利俄珀，
史诗的女神，
你是人类的安慰和神灵的快乐，
当我朝着目标奔跑的时候，
你会在前面为我引导，
让我在你的引领下，
在那热烈的掌声中，
取得荣耀的桂冠。
首先，
湛蓝的天空会因为雷而震动，
这是因为云朵聚集在高高的天空，
从空中掠过，
当风吹来的时候，
它们会相撞在一起。
雷的声音不会从天空中晴朗的地方发出，
但是云朵在哪里更加密集，
哪里传来的声音就会更大。
更多的是，
云朵并不是密集的物体构成的，
比如像石头或是木材，
也不像烟或是雾气那样稀疏，
否则，

天上的现象。雷可能存在的成因：因为云朵迎面碰撞，聚集在一起，它们的质地既不密集也不松散

因为云朵互相摩擦，发出像是被风吹动的遮篷或是纸张一样的声音

云朵会被自己的重量拽下去，
就像石头那样，
如果和烟差不多，
那么它便无法保持自己身体的形状，
并且在自己的体内蕴含着冰冷的雪还有冰雹雨。
再者，它们会在这片铺开的天空之中，
发出一种声音，
就像那块盖在巨大的剧场上的遮篷一般，
向四处伸展着发出崩裂的声音，
就像在柱子与横梁之间悬挂，
受到了击打一样。
有时，
云朵也会发出愤怒的声响，
在被狂风撕碎的时候，
这种声音仿佛在模仿纸张被撕碎时发出的声音，
同样地，
你可以在雷声中听到一样的声响，
又或者是大风在吹拂，
击打着空中悬挂的衣物，
或者是乱飞的纸张。
确实，
这样的情形也是存在的，
尤其是当云朵无法彼此迎面相撞，
而是以相反的方向各自飞去，
并且缓慢地摩擦着彼此；
这种干燥的声音就会传入人们的耳朵，
并且会拉得很长，
一直到云朵冲破那块拥挤的地方。

通过同样的方式，
似乎万物都会经常在重雷之下颤抖，
这包围着世界的墙壁就会被突然撕裂开来，
化为碎片，这些风一旦聚集在一起，
就会形成巨大的风暴，
并且扭曲地藏身在云层之中，
当它被禁锢在云层中后，
就会不停地旋转，形成涡流，
这样就会使云层的中心变得空虚，
四周又会很厚，
接着，当风的力量猛击之时，
就会把这层外壳削弱，
云层便会被撕开，
发出可怕的崩裂的声音，
这并不奇怪，
因为一个很小的却充满了空气的皮囊在突然破裂之时，
也会发出一样小小的声音。

因为风被云朵捉住，又突然冲破云层

也有另一种方式，
当风吹过云层的时候，
它们也会制造出一些声音。
我们经常会看到云朵单独出现，
慢慢分散成不一样的形状，
有着粗糙的边缘；
即使是这样，我们可以确定，
当一阵西北风吹过一片茂密的森林之时，
树叶就会发出沙拉拉的响声，
树干也会吱吱作响。
同样地，有时会有一阵很强烈的飓风，

因为风吹过云层，就像吹过森林；因为风击破了云朵；因为云朵中传出雨浪的声音；因为闪电从一个云层落到另一个云层，并发出滋滋的响声，或者是因为闪电将这云层点燃；因为冰和雹在云朵中相撞

就能穿过云层将其撕碎。
一阵猛烈的风暴可以做什么，
是可以清楚地从地面上看到的。
风是比较温和的，
但是却能将大树连根拔起，
除此之外，云层中间也有波浪，
当波涛汹涌之时便会发出怒吼，
就像穿过河流和大海的深处，
听到浪花拍过一样。
当雷电从一个云层掉到另一个云层的时候，
也会发生一样的事情，
如果云层在充满水分的地方，
受到了火焰的侵扰，
那么就会立刻发出很大的噪音将火熄灭，
就像从熔炉当中刚出来的白热的铁，
插入了凉水中发出滋滋的响声一样。
又或者，
是一个较为干燥的云层受到了火焰的侵袭，
那么这个云层立刻就会烧起来，
并且发出更大的巨响，
就像是大风裹着火焰，
吹过了满是月桂树的山林，
将这些树木全都烧毁，
没有什么比德尔菲的阿波罗的月桂树烧毁的声音，
更加可怕。
还有，

常常会有巨大的碎冰以及掉落的冰雹会在高处的云层里发出很大的声音。

当风把它们紧紧压在一起，
就会出现像山一样的风暴云冻结在一起，
其中夹杂着冰雹，
之后再破裂。
同样地，闪电就这样发生了，
当云朵相互撞击，
并且因为撞击产生了许多火的种子，
就像一块石头击打另一块石头，
或者击打在一块铁上。
因为那时也会有火花闪出来，
并且也会让明亮的火星四处迸射。
但是雷声的传来，
是在我们看到了闪电的光之后，
因为事物总是会较为迟缓地到达耳朵，
这一点，我们可以从这里面学到：
如果看到有人用一把双刃的斧头，
在很远的地方把一棵巨树砍倒，
那么你首先看到的一定是有人在挥动斧头，
然后才会听到斧头砍树的声音，
同样，我们先看见闪电的光，
然后才听见雷声，
虽然声音和光线都是因同一个原因同时产生的，
都来自同样的一个碰撞。
通过这样的方式，
云层用跳动的光浸透着大地，
风暴会闪烁着颤抖的光箭。
当风入侵云朵而来，
并且移动到了这里，

闪电也许是下面原因造成的：因为两块云相撞产生了火。我们在听见打雷之前看到闪电，是因为光的速度比声音要快。因为风被关闭在云层中，自己会不断地旋转，直到燃烧起来

就像我之前展示的那样，
让中间空洞的云朵四周变得厚重，
并且由于它本身快速地移动，
使得自己变得更热，
就像你能看见运动使一切东西都变得很热并且燃烧起来。
一个铅球也是这样的，
当它被扔出一段很远的距离，
它就会融化。
当热风穿过黑云之后，
就会冲散那些火焰的种子，
就像之前被迫发出的一样，
它们突然的停顿就会迸发出火焰来；
随即而来的就是一个声音，
会以一个更慢的速度到达我们的耳朵，
这个速度要比光到达我们眼睛的速度慢一些。
我们必须要知道，
当厚厚的云层来临时，
它们被堆叠得很高很高，
但千万不要被这一切所欺骗，
我们从下面能够看到这些云层有多么宽，
但是却看不到这些云层堆叠得有多厚。
当下一阵风吹来，
会把山岭一样的云在天空中横着吹过去，
或者从高大的半山腰，
也会看到云层一层层堆叠在一起，
上层的云朵压着下层的，
就那样静静地停在那里，

这一切发生在云层高高摞起的地方，风会将所有火焰的种子都聚集在一起，接着就会冲破云层；因为云层中的火焰会在聚集碰撞的过程中，将自己驱逐出去，或者当云层破裂时，它们便会自动掉下来，这就形成了片状的闪电

这时四周的风都会被掩埋起来，
如果你能够仔细观察，
就会发现它们是多么巨大，
还能看到它们藏身的洞穴，
这些地方好像是由悬崖构成，
风暴形成的时候，
风就钻进了这些洞穴，
发出了仿佛被囚禁般的怒号，
就像在笼子里的野兽一样，
一会儿从这边传来，
一会儿又从那边传来，
送出了它们从云中发出的怒吼，
为了寻找一条出路，
它们四处滚来滚去，
将火焰的种子都聚集在一起，
并且从云层中卷出来，
将它们都聚集成一大块，
在这一片虚空之中，
让火焰旋转，直到它们冲破云的束缚，
并且从云中发出光芒。
出于同样的原因，
流动的金色的火焰就会流到地面上来，
因为这需要云层本身包含着大量的火种，
因为当它们没有水分的时候，
大部分都带着鲜明的，
火焰般的色彩。

因为它们必然从太阳的光芒中获取了大量这样的火种，

所以它们是红色的，
并且会发出它们的火焰。
当风驱散了这些云朵时，
就会迫使它们都挤在同一个地方，
它们便会把这些火种挤出来，
然后倒在一起，
这些种子可以让火焰的颜色闪耀起来。
同样的方式，
当天空中的云朵变得稀薄时，
也会这样亮起来。
因为当风轻轻地将移动的云朵吹散、拆开的时候，
那些造成闪电的种子就会自然落下，
在这样的时候，
天空中就会出现闪电的光，
但是却没有丑恶的警告，
没有噪音，
也没有可怕的咆哮声。

雷声的本质是暴躁的，并且是由极其细微的火形成的，我们从它带来的影响就可以看出

其次，
雷具有什么样的性质是可以被认知的，
经过它的打击，
还有通过灼热给一切以烙印，
留下那些散发着浓厚的硫黄味的痕迹。
这一切都是火留下的记号，
并非风或者雨的记号。
更多的是，
雷常常会让屋顶着火，
并且让快速飞舞的火焰在房间里为所欲为。
关于火焰你必须要知道，

大自然塑造了最为精细的火焰，
具有又小移动又快的身躯，
可以无视任何障碍地移动。
雷会这样强而有力地击穿屋子的墙壁，
就像声音穿过墙壁一样，
它还能穿过铜，
穿过石头，
还能让金和铜瞬间就熔化，
同样也能让酒立刻消失，
但酒瓶子却可以完好无损，
因为我们知道，
雷的热度可以很轻易就使酒瓶变得松散，
让陶土制作的瓶子变得稀薄，
并且会找到自己的路跑到瓶子中的酒里去，
迅速将酒分解，
尤其是酒的始源就这样被分散了。
太阳的热度都无法在很长的时间里完成这样的事情，
即使太阳那闪耀的光有着极大的力量。
雷是多么迅速，
它的力度又是多么具有控制力。
现在，
雷是如何产生的，
以及是什么让它们能够有如此猛烈的力量，
可以将塔楼击碎，
让房顶倾翻，
可以将房屋的横梁还有柱子拔起，
毁坏英雄的纪念碑，
并且将人类的生命夺走，

我们必须要对它们的力量和行为加以解释

只有当云层在高处被堆叠得足够密时，雷才会被创造出来。就像我们有时候看到它们在海面上一样

将牲畜抛在地上；
雷是通过什么样的力量才能做出这一切，
我会继续说明，
也不会再用我的许诺让你等待更久。
我们必须要假设厚重的云层产生了雷暴，
在高处聚集在一起，
因为在晴朗的空中或是密度较小的薄云中，
从来就没有雷暴出现。
显然，
事实证明就是这样的。
因为在这样的时候，
密集的云层就在整个高空中聚集在一起，
那时我们便会以为所有的黑暗都离开了地狱，
并且填满了巨大的天空圆顶；
这一切都十分糟糕，
当风暴开始集结，
当满天的阴云都聚集在一起，
那黑色的恐惧的形状便这样挂在了高空中。
除此之外，
我们会在海上看到这样黑压压的暴风云，
就像一条沥青的瀑布从天上倾泻下来，
落在海面上，
它的黑影足以覆盖到很远的地方，
并且带着巨大的黑色风暴，
还有雷暴以及龙卷风，
它自己则会带着大量的火和风，
以至于在陆地上的人，
也会发抖着去寻找一个庇护所。

因此，
我想我们必须要认为，
风暴在距离我们很高很高的地方。
确实，
云层并不会用巨大的阴暗笼罩着大地，
除非它们是一层接着一层叠在一起的，
以至于可以把所有的阳光都切断，
它们也无法降下大量的雨水，
使得河流都溢出来，
并且淹没了田野，
除非天空有叠得很高的云层。
此时，
一切都充满着风和火。
由于这样的原因，
便有了火花四射的闪电和隆隆作响的雷鸣。
我已经在前面指出过了，
空洞的云层包容着无数热的种子，
它们从阳光还有其热气里又取得了其他许多种子。
因此，
当同样的风把它们聚集在一起，
很凑巧地都聚集在同一个地方，
就会把很多热的种子挤出来，
与此同时，
会把自己和火焰混淆在一起，
这时就会出现一个旋涡，
并且在这狭小的空间里转圈，
在这燥热的熔炉里将雷电变得更加锋利。
因为它会通过两种方式被点燃，

这样的云层充满了风和火。风和火在一起就形成了旋涡，这样的旋涡会冲破云层，并且以雷暴的形式出现，还会带来雷、闪电和雨

这两种方式都是因为它自己的快速移动，
以及和火的接触，
之后，
当风的力量开始热得过头，
火的爆裂就这样冲了进来，
紧接着就是雷电，
就这样完全形成了可以冲破云层的雷电，
那被激起来的热便会跳出来，
用它的光冲刷着所有的地方。
接着就是非常沉重的声音，
以至于天空好像要被完全震碎并且压在我们身上一样。
接着就会有一阵急剧的颤抖穿过大地，
天空中就会传来隆隆作响的声音；
紧接着所有的风暴都会战栗，
发出怒吼向外移动。
在这样的震动之后就是雨水，
沉重并且丰富的雨水，
所有的空气都好像变成了雨水，
当它倾盆而下泼到地面上之后，
就像是曾经毁灭世界的大洪水又一次暴发。
当雷电从云层中飞出，
并且释放出它的灼热时，
大雨会撕碎云层，
并且会带来旋风。

有时，云层会被外部的风吹散

有时，
已经被激起的风的力量，
会从外面进入一个本身就已经是炎热的，

已经有了新的雷电的地方；
当它撕碎了云层之后，
就会生成火焰般的旋风，
我们就会以自己的语言称呼它为雷电。
风向着哪个方向吹去，
雷电就在哪里生成。
有时也会有这样的情形，
最初风的力量也会没有火而形成，
但是会在它的旅途上着火，
当它在经过了长期的徘徊之后，
它会不断靠近，
又不断失去一些大形的物体，
这些物体不能像其他的东西一样，
在空气中找到自己的出路；
聚集了空气中本身自带的小的躯体，
在它们的飞行中和火焰混淆在一起；
这就像你看到了一个铅球，
在空中飞驰的时候就会变热，
因为它会丢掉很多冰冷的东西，
然后从空气中索取火焰。
同时也会有，
这种撞击的力量本身会引起火焰，
当风的力量开始在没有火的情况下变得冷起来，
就像突然打击了一个东西一样；
因为，我们可以知道，
当它用暴力击打了某物，
热的粒子就会从风中出来汇集成流，
同时也会受到这样的打击；

有时，风自己会在内部就燃烧起来，就像一个飞着的铅球一样。或者是风对云层的打击，也会产生火焰，就像铁打在石头上，因为风本身也并不完全是冰冷的

就像我们用铁击打一块石头，
就会溅出火花，
也不会因为铁的力量是冰冷的，
就让它在击打时带来的火热的种子汇聚得更慢一些。
因此如果有一种东西刚好和火焰相契合，
那么它就可以被雷电点燃。
但是，
我们并不能够随随便便就认为，
风的力量是完全冰冷的，
尤其是当它已经被高处的力量放出；
如果它不是在路上已经被火点燃，
那么，
至少在它到达的时候，
一定已经是混杂着热的。
雷电的速度如此巨大，
是因为它的打击是十分沉重的，
通常它都会以很快的速度下落，
因为它的力量是由初始的速度决定的，
并且在云层中聚集，
从最开始就蕴含了巨大的能量；
接着，
当云层无法再包含这逐渐增长的力量，
那么它的力就会被挤压外泄，
然后在强大的冲击力中，
像战争中的导弹一样发射出来。
记住，
它是由很小的光滑的粒子构成的，
对于任何东西来说，

雷电的速度是由于下面的原因造成的，因为它从云中被射出时带有的那股力量；由于它是小而光滑的粒子组成的；因为冲击力使得引力有所增加；因为在那段很长的路途中，它要克服内部的震动。也许是因为，从空气中聚集在一起的粒子帮助了它。它可以穿透并且分解万物，因为它刚好破坏了它们原子所联结的地方

都没有办法轻易抵抗这样的本质；
因为它能在其中飞翔，
并且飞过那些空洞的小孔，
不会被任何的阻碍卡住，
因此不会延迟，
而是会在一种压力的推动下快速飞过。
再者，
因为所有的重量都是自然向下的，
所以当增加了一种撞击的力量，
当这两者加在一起的时候，
速度就加倍了，
这样的力量就会更加强壮，
因此雷电的力量就会更加爆裂，
更加快速，
击碎所有阻碍着它的东西，
继续它的旅途。
再次，
因为这种旅途同时还伴随着一种不会停歇的推动力，
所以它会不断获得新的速度，
速度随着它前进的步伐有所提升。
也会增大它的力量，
增强它的打击力度。
它能够带来雷电的种子，
并且迫使所有的对象都挤成直线，
朝着一个目的地走去，
并且驱动着所有的种子，
按照同一个路线飞行。
它在运动的过程中，

会从空气中抓取特定的物体，
这些物体会通过撞击来引燃它的速度。
它会途经很多东西，
但却不会伤害它们，
并且会直接穿过很多东西，
却使其保持完整性，
因为液态的火焰可以穿过所有的气孔。
它还能够刺穿很多东西，
因为雷电的最初状态，
就正好落在了这些东西的最初状态上，
又刚好是这些物体相互交融、相互聚集的地方。
再者，
它可以很轻易就把铜熔化，
并且在一个瞬间就让金子沸腾起来，
因为它的力量被创造得如此精细，
由很小的非常光滑的元素构成，
使得它们很容易找到方法侵入物体里面，
并且一旦进入，
就能够拆散所有的原子，
并且使其间的联结都变得松弛。
天空在秋天震动的次数是最多的，
就是那平时布满了繁星的天空，
还有整个大地都会不断摇晃。
当鲜花盛开的春季到来之时，
也是它四处扩张的时候。
在寒冷的时候火焰是很稀缺的，
在炎热的季节里风也很少，
云朵就不是那样密集。

春天和秋天是最常出现雷暴的季节，因为构成雷电所需的不同元素会经常碰到一起

当季节处在这两者之间时，
所有能生成雷电的原因就会聚集在一起。
在一年当中，
会有一个十分狭小的通道，
汇集了寒冷和炎热，
云层需要这两者来形成雷电，
因此事物之间都存在着一种不和，
而空气中传来巨大的怒吼，
并用风将火翻来覆去地搅动着。
炎热的开端便是寒冷的结尾，
这就是春季。
因此不同的元素混合在一起的时候，
就会相互斗争并且产生骚乱。
并且，
当炎热的结尾和寒冷的开端混合在一起出场时，
便产生了我们叫作秋天的季节，
紧接着就是冬季和夏季之间激烈的斗争了。
出于这样的原因，
这些季节都会被称作一年当中最为狭窄的通道，
因此如果在这个时间，
经常出现雷暴，
那也没什么可奇怪的，
这时暴风雨都聚集在天空中，
双方都会陷入充满愤怒的战斗当中，
一边是火焰，另一边则是风和雨水。
这就是如何看到雷电的真实本质的方式，

雷电并不是神灵愤怒的标志

据此可以知晓它的每种行为都是借由何种方式达成的，

并不是毫无意义地打开伊特鲁里亚人的预言轴，
并且寻找神灵旨意的隐藏暗语，
通过这样的方式来认识那带着翅膀的火焰是从何而来，
又或者是知晓它在天的哪一边消失，
它是通过什么样的方式，
才得以进入那墙壁紧闭的地方，
如何在肆意妄为之后又得以顺利逃脱，
或是去了解这来自天空的雷电又会带来什么伤害。

如果这是神灵震怒的标志，那么为什么神灵会打击无辜的人，却放过那些有罪过的人呢

但是，
如果朱庇特还有其他的神明会用令人畏惧的震动来摇晃那闪耀的天空，
并且向每个会让人愉快的地方投掷火焰，
那为什么他们不去打击那些有罪的人，
那些将自己的面孔隐藏起来的人，
让他们被闪电的火焰击穿，
随后火焰又从他们的胸口迸射出来，
以此作为给凡人们一个严酷的教训？
为什么那些自己的良心中没有罪过的人，
却要被火焰包围，
要被卷进天空愤怒的旋涡当中？

为什么要在荒漠之中浪费自己的精力

为什么他们总以荒凉的地方为目标，
并且会将自己的精力都消耗在荒芜当中？
他们也许是借此来锻炼他们的臂膀，
增强他们的肌肉吗？
为什么他们要让诸神之父的武器在大地上被磨钝？
为什么他自己要容忍这一切，
而不是将这一切用于他的敌人身上？

再者，
为什么在晴朗的日子里，
朱庇特从来都不会把他的雷电投掷到大地之上，
也不会将雷声倾倒而下？
又或者，
当云朵聚集在一起时，
他才会藏身于云朵之中，
这样他就能就近用武器直接打击自己的目标？
出于什么样的原因，
他会把雷电投掷进海里？
汹涌的海浪和海水，
还有那漂浮在海面上的田野，
它们到底何罪之有？
此外，
如果他希望我们能够避免雷电的打击，
为什么他拒绝让我们看到雷电是如何被抛过来的？
但是如果他希望，
在我们毫无防备之时，
用火焰打击我们，
为什么他会预先从天空中劈下一道惊雷，
发出轰隆作响的声音还有阵阵怒吼？
你能相信吗，
他将电光同时投掷到各个方向？
又或者，
你敢提出异议，
说这一切永远不会发生，
不可能同时产生多道雷电？
不，

为什么不从清澈的天空中投掷下来呢？为什么是在大海上？朱庇特是否希望我们能够注意到呢？他如何能一次放出这么多的闪电？为什么要破坏他自己的庙宇和神像？又或者在山巅留下印记

这一切会经常发生，
并且是一定要发生的，
就像下雨，
大大小小的雨水会同时落在很多地区，
所以也会有许多道闪电同时形成。
最后，
为什么他用毁灭性的雷电毁灭了神灵神圣的庙宇，
还有他自己充满荣光的寓所？
为什么他要毁灭这些神明的雕像，
并且用残暴的方式从自己的肖像上抹去这些神灵之美？
用他的愤怒赋予其伤害？
为什么他总是以高点作为目标，
以至于我们通常会在山顶处发现雷电之火留下的痕迹？

水柱形成的原因，当风无法突破云层，但是却能迫使它落向大海；又或者旋涡将风聚在一起，并且将其扔到地面上

在这之后，
这些东西是通过什么样的方式进入大海，
为什么希腊人根据它的特性将其命名为海啸，
这些其实是很容易明白的。
有时这一切到来的时候，
就像是一条柱子从天空中掉入海里，
在这个柱子的周围，
暴风以极度暴力的方式翻搅着海水，
一旦有船只被困在这样的混乱中，
就会在巨浪之中不断颠簸，
陷入危险之中。
风的力量有时也无法突破云层，
而是将云朵向下压去，

这时就像一根巨柱从天空插入海里一样，
一点一点，
就像有些东西被越压越长，
直至压入海浪中，
就像有一个胳膊在上面，
并且伸出一只拳头用力将其摁下；
当它使得云朵被撕裂，
风的力量就会吹向大海，
并且带来这水里发生的令人觉得神奇的一幕。

在这转动的旋涡下降的时候还会把容易随之变化的云朵一起冲下海面。

正当它用力把满载的云朵推到海面上时，
这个旋涡就会突然将自己完全投入水中，
并且用它极大的怒吼搅浑海水，
迫使海水也沸腾起来。
有时风的旋涡会将自己卷入云中，
从空气中搜集云的种子，
并且模仿着海啸的样子从天而降。
当这个旋涡让自己落在了地面上并且裂开之后，
就会涌出一股强烈的力量，
比如一股翻滚的风和风暴。
但是因为这一切发生的概率很小，
山峰就一定会阻止它落在地面上，
因此在宽广的大海上还有宽阔的天空中
这就比较常见了。

云朵形成的原因：因为粒子在空气中大量聚集在一起，慢慢变得更大；尤其是在山峰的顶部，它们被风吹到了这里；因为水中的粒子会从海里，或者河水里，甚至是陆地上升起；因为会有粒子从这个世界之外飞进来

云聚集了起来，
因为有很多粒子在上空中飞翔，
它们会迅速聚作一团，
它们比较粗糙，
有时只是稍稍联结在一起，
也会彼此之间相互拉扯，
它们会首先形成小小的云朵，
接着这些云朵就会相互抓取，
结合在一起越来越大，
它们会被风带动，
直到形成猛烈的风暴。
也会有这样的情形：
山的顶峰离天空越近，
那些高高的岩石就会不断冒出乌黑的云，
这些云在刚形成之初是肉眼可见的稀薄，
这时风就会将它们驱赶到最高的山峰处，
最后，
当它们集结得更多更厚的时候，
我们就可以见到它们了，
这个时候看起来它们就好像是从山顶直直升向高空。
因为我们爬上山顶的时候，
事实和我们的感觉都可以证明，
那些空旷的高地是多风的。
挂在岸边的衣服吸住了湿气，
这就证明了自然从大海中提取了无数的微粒子。
因此，
就可以看出有很多粒子，
从大海海水的波涛中成群地升上天去，

让云朵变得更大。
这两种水分是相似的。
另外，
从所有的河流里，
就像从陆地本身，
我们看到了很多的水雾升起。
就像气息一样，
它们被迫升起，
用黑暗遮住了天空，
并且缓缓聚在一起，
形成了天上的云。
又因为星空当中的炎热压在了它们的上方，
将它们凝缩起来，
在这蔚蓝的天底下，
编织出了一层薄薄的烟雾华盖。
也有这样的情形，
那些外部世界的物体进入我们的天空当中，
形成了云层还有飞翔的风暴。
因为我之前说过，
它们的数目是无法衡量的，
深渊也是深不可测的，
并且在某一瞬间，
它们能够通过无数的空间，
并且是飞驰而过。
因此，
也没有什么特别值得惊讶的，
如果风暴和黑暗都在很短的时间里用悬挂在天空的巨大云层遮住了海洋和大地。

因为，
通过天空四周的小孔，
还有世界的呼吸小孔，
那些元素随处都可以找到出口和入口。

雨水的成因：由于云朵包含了大量的水分；因为水汽会从海洋和河流中升起，接着就会被风和大量的云的力量挤出来；或者因为太阳的热量，云层开始变得稀薄。当压力大的时候，雨就会下得大，水分多的时候，雨就会下得久

现在，
我要来告诉你，
雨水是如何在高空中的云里凝结而成的，
又是如何成为大雨落到了地面。
首先我要证明，
万物当中本来已经有了很多水汽的种子，
会随着云一起上升，
两者会按照一定的比例同时增长。
云和其中的水就像我们的身体以及身体里蕴含的血液，
我们的汗水还有任何的体液，
都是按照相同的比例同时增长。
除此之外，
云层也常常吸进很多宽阔的大海中升起的水分，
这时这些水分仿佛挂着的羊毛，
被风吹着飘拂过海面。
同样，
所有的河流当中，
都会有水分上升到云层里。
许多水的种子会以很多方式从不同的方向来，
并且补充在这里面，
那些过度挤在一起的云因此要努力将雨水都释放出来。
当风的力量迫使它们出来之后，
那些雨水过多的云就会集结成比平时更大的一群，

从上面推动雨水落下。
除此之外，
风会把云层吹得稀薄，
云层也会因为太阳在上面发热而变得四分五裂，
这时这些云层就会释放出雨水，
让雨落下来，
就仿佛蜡烛在热火上熔化之后不断滴落下来。
一阵更大的暴雨落下了，
当云朵遭受到它们自己聚集起来的能量的压迫，
同时还有风带来的冲击的猛烈压迫；
雨会很长时间地下个不停，
很多水的种子就会被这样刺激，
落雨的云层一层堆叠着一层，
从四面八方飘过来，
整个大地都冒着烟，
向外飘散着水汽。
在那样的时候，
如果太阳在黑暗的风暴当中，
用它的光线照射在了云层的水滴上，
那乌云之中就会出现彩虹的光辉了。

彩虹是由于太阳在雨水上发出光芒，以此类推，所有的气象现象都是可以被解释的

所有其他的在上空生长，
并且产生的，
那些在云层中聚集在一起的雪花、风、冰雹和寒霜，
还有冰的巨大的力量，
水冻结万物的能力，
那可以让湍急的河流停止流动的缰绳，
所有这一切都是如何发生的，
又是借由何种途径产生出来的，

大地上发生的一些现象。地震的产生。地面下有洞穴、溪流和岩石。当一些洞穴倒塌时，就会产生地震，就像马车路过时，屋子会震动一样，或者是土块崩落到水里面震动一样，又像花瓶中的水震动一样。地震也有可能是由于，地下的风朝一个方向剧烈地刮。如果只是风吹的方向有较多改变，就可以恢复平衡，那人们就不可能相信世界终有毁灭的一天

当你很好地认识了元素被赋予什么样的力量时，
要在思想中看清这一切并不难。
现在，
我们来聊聊地震的规律。
首先你自己要知道，
地面之下其实和地面之上差不多，
都布满了有风的洞穴，
还有着许多的湖泊以及水潭，
没错，
还有耸立的峭壁和高大陡峭的岩石，
同时还有很多河流藏匿在地表之下，
它们湍急的水流夹带着水中的石块，
一刻不停地向前奔涌。
因为显然的事实要求大地的构造在各个地方都相同。
因此，
这些东西都会在地面之下分布或者结合在一起。
所以，
随着时间的流逝，
这些巨型洞穴都有崩塌的时候，
地面在受到如此强大的震动之后就会战栗起来，
没错，
整座山会崩塌，
随着剧烈的震动，
会有一阵颤动从那里四散开来。
这是有原因的，
就像街边的房屋，
也会因为重量较轻的马车路过而震动一样，
也正如路上的石子挡住车的铁轮时，

车也会跳动起来一样。
也会出现这样的情形，
巨量的泥土在时间的流逝中从大地上崩裂开来，
滚进了宽大的水潭之中，
大地本身也会因为水的波动而摇晃，
就像只有当容器中的水停止波动时，
容器才能稳稳地立住。
除此之外，
在地底下的洞穴里，
一阵风聚集起来之后，
就会往一个地方冲去，
在巨大的力量下，
它会用尽全力冲向那些庞大的洞穴，
这时大地就会倾斜，
朝着疾风奔赴的方向倒去，
这时，
所有在地面的建筑都会朝着一个方向危险地倾过去，
房屋越高，
就会倾斜得越厉害，
房屋的横梁都被震了出来，
像是随时会跌落一般。
然而，
人们却依旧无法相信，
有一个毁灭一切的日子正在前面等候着，
等候着这个伟大的世界，
尽管这时人们已经看到如此宽广的土地会倾斜。
如果不是风的力量有所削弱，
那么就没有力量可以阻拦这些事物，

让它们免于迅速毁灭，
但这些风又会不断交替，
一会儿猛烈地向前进，
之后又会退回来，
仿佛在等集结好力量就进攻，
遭到了反击的时候就后退，
因为这样的原因，
大地就常常面临着崩溃的危机，
但是却不会真的带来可怕的毁灭。
因为她会在摇摆向一边之后，
再度摇摆回来，
在向前摇摇欲坠地倾斜之后，
又恢复了自己的平衡；
这也是为什么整个房子会摇晃，
但是房屋的顶部又会比其他的部分摇晃得更厉害，
中间又会比下面摇晃得更厉害，
最下面的那层是摇晃得最轻的。

有时，受到束缚的空气会冲出来，造成很大的裂缝；或者，如果空气继续被束缚住，就会让大地颤抖

同时还有这样一个原因会造成同样剧烈的震动，
当突然有一阵风或者是空气中一种超乎寻常的力量，
从地球外部或内部聚集在一起，
冲进了地下空洞的地方，
一开始就会在那些巨大的洞穴中暴怒地骚动着，
并在里面盘旋上升；
当那些被激起的力量被迫冲出之后，
与此同时，
就会给大地造成一个巨大的裂缝。
当这一切发生在叙利亚的西顿，
或者是伯罗奔尼撒半岛的爱吉姆，

许多城市会被这样的气体还有大地的颤抖而毁灭。

除了这些之外，

那些由城墙围住的城市也会在大地如此剧烈的震动中毁灭，

也有很多城市会沉入海底，

连同城中的居民以及所有的一切。

如果这样的空气无法冲出，

那么空气的冲力还有暴怒的风力也会四散开来，

就像一阵寒战一般贯穿大地，

让整个大地抖动起来，

就像寒冷的时候，

冷气入侵到我们的身体当中，

我们就会不受控制地颤抖，

像是被寒气控制了般不住地抖动。

因此，

人们会因为城市中遍布的焦虑和恐惧不断颤抖，

他们害怕头顶的房屋，

还有脚下的洞穴，

害怕大地会突然张开血盆大口，

在裂口处形成一个无底的深渊，

它会让地面上的一切倾颓，

然后用这些残垣断壁去填满这个深渊。

就让人们相信吧，

相信天空和大地是不会毁灭的，

是受到了某种永恒的保护；

然而时不时地，

会有一种危险的力量用恐惧来刺探人们的生活，

大地可能会从他们的脚下突然消失，

这给了人们一个教训，整个世界也许会这样毁灭

取而代之的便是万丈深渊，
世界万物会真真切切地失去基础，
紧跟其后，
整个世界就会陷入彻底的毁灭。

为什么大海不会增长

首先，
人们会好奇，
既然有那么多的水流入大海，
大自然怎么没能让海洋越来越大？
是啊，
那些河流中的水也进入了海洋啊。
再者，
天空中的雨水，
还有飞翔的风暴，
都会淋落在所有的海上和地面上；
海洋也有自己的泉水；
这所有的一切加起来和海洋的总和相比，
也不过就是加上了一滴水。
所以海洋没有一丝增加，
便也不足为奇了。

因为所有的这一切加起来，对于海洋来说不过是一滴水；因为太阳也从海洋里吸取了很多的水，风和云也会吸走水；又或者这些水会再度渗回大地

再者，
太阳会用自己的热吸走很大一部分的水分。
我们看到太阳会用自己的光芒将湿透的衣服变得干燥；
而我们看到的地平面上的海洋，
却是那样广阔，
因此，
尽管太阳从整个海面上的每一处吸取的水量都很小，
但是因为海洋足够宽广，

所以太阳还是从海浪中汲取了不少水分。
再者，
风在掠过水面的时候也会带走很多的水分，
因为我们常常看到路面在一夜之间就被吹干了，
那些柔软的泥土就会变成坚硬的土块。
再者，我也在之前讲过，
云朵也会从大海中吸取水分，
并且将其洒落在大地上各个地方，
当风吹着饱含水分的云，
让雨落在陆地上。
最后，
既然大地已经被塑造成了到处都有小孔的样子，
并且又和海洋相接壤，
围住了海洋的四周，
所以就像水从陆地渗入海洋，
它也会从海洋渗进陆地里，
海水中的盐就会被过滤，
水则会渗透回去，
全都汇集到河流的起点之后再重新流出，
从那时起就成了鲜活的流水，
再度流经陆地，
沿着河床流下去，
这些河床就渐渐被一层层削薄，
并曾经送走了那些湍急的水流。
现在，

埃特纳火山的爆发

是什么原因让那样多的火焰从埃特纳火山的口中喷出，
我将一一为你解答。
当那些火焰风暴聚集在一起的时候，

便会统治西西里的田野，
那时它带来的毁灭的力量是无法限制的，
它吸引着周边各族人民的注视，
当这些人看到整个天空冒着烟，
闪着光，
他们的胸中充满了恐怖和焦虑，
生怕大自然正在预谋什么新的变化。

要铭记宇宙的宽广

你应该要看得远一些，
看得深刻一些，
要看向天空的每个方面，
看得更广，
这样你也许能记住万物的总和是那样无边无际，
并且认识到我们的天是宇宙中那样无限渺小的一部分，
甚至都比不上一个人在整个大地中所占的部分。
如果你能将这充分地摆在眼前，
并且仔细去看，
看得清清楚楚，
那么你便会停止对诸多事情的好奇。

就像身体会患有很多疾病，“无限”也能向天空和地球提供数不清的疾病的种子

如果有人感到四肢发热，
像是要燃烧起来一样，
或者他的肢体感染了其他病痛，
那么我们会对此感到奇怪吗？
一只脚会突然肿胀，
一阵钻心的疼痛会侵袭牙齿或者入侵到眼睛；
“圣火”便会迸发出来，
侵袭全身，
燃烧任何它能侵袭的地方，

爬遍人的四肢，
因为我们知道，
现在已经有很多事物的种子，
这个大地和天空又带给了我们足够的疾病和痛苦，
疾病那势不可挡之力也会借此蔓延。
因此我们必须要假设，
在天空和大地被给予了无限的事物之后，
大地是有可能突然间被震动甚至移动的，
能够摧毁一切的台风会登陆海洋和陆地，
埃特纳火山的火焰也会爆发，
天空将变成一片火海。
因为这种情形也会发生，
天空会燃烧，
当水的种子知道如何集合之时，
暴风雨会更加密集地聚集在一起。
但是燃烧的火焰风暴实在太过巨大了。
对于任何一个人来说，
如果之前他从未见过更大的河流，
那么他所见过的最大的河流也会是巨大的。
一棵树和一个人也可能看起来很大，
每个人见过的一类事物中最大的那个，
在他看来都可以用“巨大”来形容。
对于整个宇宙来说，
天空、大地、海洋等所有的事物全部加在一起，
也都算不上什么。

火山的爆发似乎是巨大的，不过我们见过的那些最为伟大且壮观的事物似乎都是如此巨大

火山的爆发是由于风在地底下洞穴里集结起来，自身发热，连同周围的东西都变热，紧接着就爆发了出来

但是，我现在要展开说明，

火焰是如何突然间就从埃特纳这个巨大的火炉当中涌出的。

首先是因为整座山的本质就是山底中空，

由玄武岩形成的洞穴所支撑着。

再者，

在所有的洞穴中都是风和空气。

空气会在猛烈的骚动中被激发而变成风，

当它变热之后，

它的怒火就会加热所有的岩石还有周围任何触碰过的地方，

并且从中产生了急速暴烈的热火，

它升起来之后，

就会迫使自己达到一定的高度，

喷出山峰。

所以它就带着自己的热度走向远处，

带着它撕碎的灰尘，

卷着厚重漆黑的浓烟，

把那有着惊人重量的岩石投掷出去；

你一定不要去怀疑，

那确实是空气如狂风般的力量。

那里也有很多临近海的通道，风也随着这些通道跑了进去

更多的是，

在大海中的许多地方，

浪花会被击碎，

之后又被卷入山脚下的潮汐中。

从海这里开始，

就会有很多的洞穴一直延伸到山的底部。

我们必须承认，

水是从这条路进去的，
事实强迫我们去相信，
风也是在其中翻滚的，
并且从宽阔海域的底部一路披荆斩棘，
再崭露头角，并且会升起火焰，
将石头从内部向上抛，
飞扬起的尘土就像是一团云雾。
山峰的顶部是一个火山口，
这是当地居民给它们起的名字，
我们则叫它山的峡口或者山的嘴巴。
有不少的事情都有不止一个可能的成因，
我们则要给出更多的原因，
其中有一个是真正的原因，
就像你发现一具尸体躺在你的面前，
你就应该说出所有死亡的原因，
因为这样才能保证他死亡的原因不会被遗漏。
因为你无法证明这个人是死于刀下，
死于寒冷，死于中毒，
或者死于疾病，
但是我们知道一定是这些原因中的一个。
在很多的情况下，
我们也要这样说。

有些事情我们必须要提到几种可能的成因，其中之一刚好适用于已知情况

尼罗河，
埃及之河，
是全世界独一无二的，
在夏季来临之时，
它会淹没平原。
尼罗河常常在炎热的季节灌溉整个埃及，

尼罗河的上涨可能是由于：北风的方向和水流的方向是相反的；沙坝阻挡了水流；过多的内陆雨水；雪山积雪的消融

或者是在夏季北风吹过的时候，
当时人们都称其为季风，
是迎着河口的方向吹去的；
如此就阻滞了河水，
迫使它往后退去，
让河水涨得快要溢出，
并且迫使它不再奔流到大海中。
这些风无疑是来自那些令人感到寒冷的极点的星座，
并且是逆着尼罗河吹去的。
这条河从炎热的南方来，
发源于日中地区那些皮肤被太阳晒得黝黑的人群中。
也有可能是由于大量的泥沙堆积在河口，
从而堵塞了奔流的河水，
当那些被狂风吹拂的海水把泥沙推向了内陆，
河口就不再通畅，
排泄到大海的河水就无法迅速流出。
也有可能因为在这个季节，
河流的源头降雨丰富，
那时北方吹来的季风会把云朵都驱赶聚集到一定的地方，
当它们集合在了太阳正盛的地方，
被迫在高山上集合，
云朵大量挤在一起，
被强大的力量挤压着。
再者，
也许河水的增长源自于埃塞俄比亚的高山，
当阳光普照着一切，
用融化所有的光线，

迫使白雪流入平原的时候。
现在我将告诉你有关阿佛纳斯地区，
还有阿佛纳斯湖所拥有的特性。
首先，
它们被称为阿佛纳斯是有原因的，
因为这些地方对所有的鸟类都是有害的，
因为当它们飞到这个地方的正上方，
就会忘记挥动自己的翅膀，
便会收起羽翼，
脖颈下垂，
笔直地坠向地面，这是该地的特性决定的，
如果下方就是阿佛纳斯湖，
那么这些鸟也会坠入湖中。
还有一个地方就位于库迈。
那里的山会冒烟，
充满着刺鼻的硫黄味，
还有许多冒着热气的泉水。
同样，
在雅典城内还有一个地方，
就位于城堡的顶部，
在生命的给予者妥里通的巴拉斯神庙旁，
聒噪的乌鸦从来不会在这里挥舞着自己的翅膀，
甚至在圣坛祭品的烟雾升起时也是这样。
当然了，
它们还是会飞，
但会避开那里，
倒不是因为它们尽忠职守的侦察，
激起了巴拉斯残暴凶猛的愤怒，

阿佛纳斯这个地方，通常也被称作鸟儿的死亡之地。比如阿佛纳斯湖，帕特农神庙旁的一个地点，还有叙利亚的一个地方，它们这样都是有自然原因的，并非这些地方就是地狱的大门

就像希腊诗歌中唱的那样，
是因为该地本身具有的特性。
在叙利亚有一个传说，
据说那里也可以看到一个相似的地方，
在那里，一旦四只脚的野兽走入，
自然的力量就会迫使它们倒地毙命，
就像它们突然被上帝屠杀死亡。
这些都是按照自然法则发生的，
很明显可以看出这些都是由一定原因导致的，
我们不要相信地狱的大门在这些地方敞开，
也不要相信死神在下面引领着这些灵魂，
从这些地方前往冥河的河岸；

就像我们以为那些脚步敏捷的麋鹿会通过自己鼻子发出的气息将那些爬行的蛇类从它们的洞穴中引出。

我们到底离真正的原因还有多远，
现在就会知道。
从这一刻起我将告诉你事情的真相。

大地包含着万物的元素，不论好坏。在这中间有很多东西会对我们的各个感官产生不同的伤害

首先我要说的是我过去常讲的，
大地中存在着各个种类不同形状的东西，
有些可以作为食物，
并且对生命是有益处的，
还有很多会导致疾病，
甚至会加速死亡。
对于不同的动物，
会有不同的东西适用于不同的生活目的，
我之前说过这一点，
因为不同东西的始源有着不同的特性，
不同的材质，

还有不同的形状。

许多有害的东西会钻进我们的耳朵，

还有很多非常危险的粗糙的东西，

甚至会找到方法钻进我们的鼻孔，

需要避免触碰的东西也不在少数，

有些甚至看也不能看，

还有一些尝起来也格外苦涩。

其次，

很多东西对于人来说都是有毒的，比如树木

我们还会看到很多东西对于人类的感官来说是极度有害的，

并且是让人感到恶心的。

首先，有些树木的树荫是非常不安全的，

它们会导致人类头疼，如果你躺在它的下面，

在草地上舒展四肢，就会发生这样的事情。

同样地，在赫利孔山上的一棵树，

它习惯用自己开花的恶臭将一个人杀死。

我们可以相信，

这所有的东西都是从大地当中长出来的，

因为大地包含着很多东西的种子，

并且将它们以各种方式混合在一起，

然后再分别释放出来。

对于一个癫痫患者来说，一支刚刚熄灭的蜡烛就是有害的。就像蓖麻之于女人。就像一顿饱餐后的热水澡。就像木炭、酒对于发烧的人。就像矿对于矿工

在一个蜡烛刚刚熄灭的夜晚，

我们的鼻子闻到了一股强烈的臭味，

这就会让一个患有癫痫的病人当场立刻晕倒。

一个女人闻到一阵浓郁的蓖麻味，

如果在每个月特殊的日子她闻到了这个味道，

她就会陷入椅子当中沉睡，

颜色鲜艳的刺绣便从她纤细的手中滑落。

还有许多东西也会使身体变得无力，
让四肢变得松弛，
让灵魂在屋子里颤抖。
再者，
如果在饱餐一顿之后又花了大把时间待在热水澡中，
那么你就会在热水中那把高脚凳上晕过去。
还有木炭的浓烟味，
也很容易钻进我们的脑袋中，
我们应该提前喝些水。
当一种温度极高的热度占领了一个人的全身四肢，
那么酒的味道就会对其进行铁锤般的击打。
难道你没有闻见大地当中的硫黄，
还有沥青凝结而发出的恶心的气味吗？
斯加普顿苏拉从地下又发出了什么难闻的气味，
当人们在追寻金银矿物的脉络，
用挖金斧头在大地的肠胃里四处敲打时，
什么样致命的毒气从金矿当中喷了出来，
它们使人们变成了什么样子，
什么肤色？
难道你没有看到过或者听到过那些迫于贫困的人们，
被禁闭在矿里工作，
他们如何在很短的时间里就离开了人世间，
丧失了生命？
这所有可怕的毒气都是从大地当中流出来的，
并且被吹送到了空旷的地面上，
被吹送到了天空底下各个可看到的地方。

这些令鸟儿丧生的地方一定会释放出一种令鸟致死的气味，

它从大地升到空气中，

使得天空的某个部分充满了毒气，

所以当一只鸟振翅飞到那个地点时，

它就会被阻碍，

被看不到的毒所捕捉，

于是就会直直飞落下来，

掉落在毒气发出的地方。

当它落在那里之后，

同样的毒气力量就会对它的身体发挥作用，

将剩下的那些生命力也带走。

因为，这个毒气会先让生物感到眩晕，

当其掉落到毒气的源头时，

就会因为四周被毒环绕而不得不将生命吐出。

再者，有时这种力量，

这种让鸟类消失的地方发出的气息，

赶走了地面和鸟类之间存在的空气，

让这中间成了一个真空。

因此，

当鸟类在飞行的过程中，

飞到了这里的上方，

承载它们翅膀的浮力就会减退，

无法发挥任何作用，

两只翅膀做出的任何努力都是白费的。

因为此时它们已经不能依靠两只翅膀让自己飘浮在空中，

由于它们的重量，

相似的是，这些地方会发出一种气息，首先会让鸟类忘记如何飞翔，然后在它们掉落之时将其杀死

也许是因为毒气驱逐了空气，使这块地方变为真空，鸟类便掉入了真空中

自然而然就会使它们坠落到地面，
于是，
鸟儿们就会躺在那几乎真空的虚无里，
它们就会从身体所有的小孔中将灵魂都释放出来。
再者，
井水在夏季时温度更低，
是因为大地受热而变得疏松，
如果此时它恰好有自己热的种子，
大地就会将这些种子喷撒到空中。
当大地的热量逐渐消耗时，
藏在土地中的水的温度也会逐渐降低。
最后，
当大地在严寒的迫使下收缩甚至几近冻结时，
理所当然地，
它会将体内的所有热度都逼入进水里。
传说中，
阿蒙神庙旁有一座泉眼，
在白天它是冷的，
夜晚的时候却热起来，
人们对此感到非常奇怪，
有人认为泉水会热起来是因为那地面下强烈的太阳，
当夜晚到来的时候，
便用可怕的黑暗遮盖住了大地，
这种想法和真正的原因相差很远。
这是真的，
太阳在天空中用其光线接触到裸露的水面，
都无法使上层的水变热，
尽管它在空气中的光是如此炙热。

井水在夏天是冰凉的，因为大地将热度释放进了空气当中；井水在冬天变得温暖，因为大地又将它们的热气送回了井中。阿蒙神庙的泉水在白天是冰冷的，在晚上是温暖的，正是同样的原因

试问，

当它在厚厚的大地下，

又如何能将水变得滚烫，

并且用热度使它复苏，

尤其是它不太能借助强烈的光线将热气透过房屋的墙壁射进房子里。

那么，

这是什么原因呢？

无非是因为泉水四周的土地要比大地上多更多的小孔，

而泉水的附近又会有许多火焰的种子；

因此，

当夜晚用丰盈的露水淹没了大地，

大地就会突然变得寒冷，

并且深深收缩起来；

如此一来，

就会把所有火焰的种子挤进泉水里，

就像有人会用拳头来获取一样，

这便会让井水变热，

并且冒出蒸汽。

接着，

当太阳升起来的时候，

它的光线会让泥土变得松散，

让土地由于热的混合变得疏松，

这时这些火焰的种子就会回到它们原来的地方，

水里所有的热便会退到泥土中，

这也是泉水白天变冷的原因。

同样，由于太阳的热度击打着水并且在其中释放了热

除此之外，
水被阳光击打，
到了早晨，
由于颤抖的热浪变得稀疏，
所以不论有多少火焰的种子都会被释放出来，
就好像它释放出包含的冷霜那样，
并且融化了冰，
让它们之间的联结变得松散。

寒冷的泉水也能点燃火把，这是因为它拥有火焰的种子的力量，这些种子分别在水中迅猛上升，然后以火焰的形式集结在火把上。比如海中的清水泉

同样，
也会有冰冷的泉水，
如果拿着一段绳子放在它的上面，
绳子也会立刻着火，
燃起火焰，
一支火把也会被点燃，
并且在水面上烧着，
在微风的驱赶下在水上到处漂浮，
这是不足为奇的，
因为水里有很多火焰的种子，
并且从土地的深处，
也一定有许多的火粒子可以穿过整个泉水涌上来，
与此同时，
就像一股气息一样被冲到上面的空气中，
不过它们的数目较少，
不足以让泉水本身变热。
还有一种力量会使它们分散冲出水面，
之后在水面上结合在一起。
就像亚拉杜斯的海中涌出的清泉，
这股清泉让海水为其让路，

大海在它许多其他的地方也会给口渴的水手提供帮助，
从盐水中吞吐出清水。
所以，
同样那些火焰的种子也会穿过那个泉涌上来，
当它们在绳子当中结合起来，
或者附着在火把上之后，
它们就立刻变成了火焰，
因为绳子和火把本身也隐藏了很多的火焰的种子。
你难道没见过，
当你把一个刚刚熄灭的灯芯拿到灯的附近，
在还未接触到火焰之时，
灯芯就会被点燃，
火把也是一样的。
还有其他许多东西在离火焰还有一段距离的时候，
在被浸没在火焰之前，
仅仅是因为火焰的热度就着起火来。
我们应该认为这样的情形也会出现在泉水中。
接下来，
我要来聊聊自然规律，
是什么能让铁被一块石头吸引，
希腊人会按照它的产地将这种石头称为磁石，
因为它来源于马尼西亚人的边境。
人们对于这种石头感到惊奇，
因为它能够悬挂一连串的小环。
有时你能看到五个甚至更多的小环连在一起，
在微风中摇晃，
一个接一个，

仔细观察，灯芯如何在它还没有接触火焰之时就着火

磁铁，还有它如何吸住一串小环

下面的一个紧紧贴着上面的尾端。
每一个都能够感受到磁铁的力量以及束缚，
它的力量就这样渗透得如此远。

需要有一些前提

关于这样的事物，
需要你在说明它本身之前，
先弄清楚许多东西，
那么研究的方法一定会绕大圈子；
因此，
我要求你全神贯注地倾听和思考。

从万物中流出的东西会引起我们的感觉

首先，
从任何我们能够看到的东西当中都会有东西流出来，
并且散布到各个地方，
这些物体撞进我们的眼睛，
引起了视觉。
从某些东西中有气味流出，
比如从河流中流出寒冷，
从太阳中流出热，
从海浪中流出水雾，
而海浪会经常冲刷蚕食着海岸。
当我们在海边散步的时候，
一股咸涩的湿润就跑进了我们的口中，
当我们看到苦艾被调制之时，
它的苦涩就刺激着我们。
所以毫无疑问，
万物中都有东西流出，
并且流向四周各处；
大自然不允许这样的流散有片刻的中断，
因为我们的感觉是不停歇的，

我们时时刻刻都会看到许多东西，
闻到它们的气味，
听到它们的声音。
现在，
我再来说一下，
万物的身体都是有气孔的，
这在这篇诗歌的开头便已说过。
因为，
虽然这点对于诸多问题极为重要，
但对于接下来马上要讨论的问题，
这一点尤其需要先明确，
任何可以被感知的东西都是由物体混合在虚空当中构成的。
第一个例子就是洞窟上方的石头，
它们像流汗一般滴下一滴滴水珠。
同样，
汗水也从我们的身上渗出来，
从我们的胡须中，
从我们的四肢以及各个长着汗毛的地方。
食物会散入人全身的血管里，
包括最末端的位置，
连小小的指甲，
也都送去了养料使它们长大。
同样，
我们通过铜感受到了冷和热，
当我们手里拿着装满酒的酒杯，
也会通过这些金制或银制的酒杯感受到冷或热。
还有，

万物都是有气孔的，比如岩石、人类的身体、金属、墙壁，甚至是这个世界的周围

声音穿过了房屋的石壁，
气味也穿透进来，
还有寒冷，
还有连铁都能穿过的火焰的热度。
再者，
那些天空环绕的世界中，
(有很多的云层，
还有风暴的种子都进来了)
有疾病的力量与之一同进入。
它们从世界之外入侵我们的世界，
从大地和天空集结的风暴，
又在撤回之时被天空和大地吸收，
因为那里除了稀少的材质构成的东西外一无所有。
除此之外，
还有，
并非所有从万物抛出的东西，
都能对感官发生相同的作用，
也并非对一切东西都同等适用，
第一个例子就是，
太阳会把土地烤焦，
但是却会把冰融解，
也会用它的光线把堆在高山上的积雪都化掉。
其次，
火也会把蜡烛块给化成液体，
同样，
火会把铜熔化，
把金子熔化，
但是又会使皮和肉收缩在一起，

流出的东西会给不一样的东西带来不一样的影响：比如阳光能使东西融化或者硬化

生出老茧，
水可以把刚从火中出来的铁变得很硬，
但是受热变硬的皮肉，
遇水又会软化。
野生橄榄能够给予长须的山羊无上的快乐，
就像吸食膏体的香气，
沉醉于美酒之中，
但是对于人类来说，
没有什么东西比野橄榄更加苦涩。
一头猪会从墨角兰中退开，
它害怕每一种香膏，
这些东西对于长鬃毛的猪来说是剧毒，
但是对于我们来说，
它们有时几乎好像能使生命复苏。
相反，
虽然对于我们来说污泥最是恶心，
但是猪却觉得它是那样讨喜，
甚至可以在污泥间打滚，
乐不可支，
并且从未感到厌倦。
在我开始说这件事之前，
一定要将这些说清楚。
许多小气孔都被分配给了不同的东西，
每个气孔都有自己的性质，
还有各自的路径。
比如，
生物都有不同的感官，
每一种都会永远按照自己的方式接纳了自己所特有

野生橄榄对于山羊来说很好，但是对于我们却是发臭的东西。猪不喜欢墨角兰，人类憎恨泥土

各种东西中的气孔还有道路是不同的，因此可以让不同的东西通过

的对象进入其中。

我们看到声音进入了一个器官，
汁液的味道进入了另一个器官，
物体的气味进入了第三个器官，
我们又看到一种东西渗透了石头，
还有一种渗过了木材，
还有另一种则能穿透金子，
另外有一些则能穿过银和玻璃。
因为我们确确实实看到万物的形貌肖像穿过了某种东西，
热也穿过了那种东西。
通过同样的路径，
有的东西就可以比其他的东西以更快的速度穿过。
可以确定的是，
正是小气孔的性质，
导致了这种情形发生。
由于万物始源的本性与组织不同，
便如上所述，
有很多不同的方式。
当所有这些都已经确定，
我们就要提前做好准备，
剩下的在有了这些前提之后就可以做出清晰的说明，
磁石能够吸铁的全部理由，
也可以被清楚地揭露出来。

现在来聊聊磁石，它释放出了许多粒子，把前面的空气都赶走，便形成了一个真空；铁原子就冲了进去，由于它们之间连接得非常紧密，就可以把整个环拉动

首先必定是有许多种子或是某种可流动的物体流出磁石的。

它打击驱逐了磁石与铁块之间的空气，
这两者之间就会有一大片地方变成了虚空。
铁的种子就会立刻进入，

相互连接在一起，

落入了真空当中。

环状物本身也就紧随其后，

并且带着整个铁环向前进。

没有任何东西可以从它的第一个原子开始就如此紧密贴合，

一个攀附着另一个，

就像坚固的铁的本性，

还有它的冰冷粗硬，

因此这样的性质就不值得惊奇了，

如果很多从铁中流出的原子不得已进入了虚空，

除非环状物本身紧随其后，

因为它受到了粒子的牵引，

它正是这样做的，

跟在后面，

然后到达了磁石所在的地方，

并且通过肉眼不可见的链子贴在了磁石上。

同样的情形在任何方向都有可能发生，

这也许在任何方向都有可能发生

不论哪一边变成了虚空，

不论是两侧或是上方，

附近的粒子就会被带进那个真空中，

因为，

它们是被从另一个方向推动起来的，

它们本身并不能通过自己就上升到上面的空气中。

还要再加上一点，

另一方面，在铁环后面的空气又会将其推到真空中去，这里面没有空气可以抵抗住这一切

有了它的帮助就会更加易于发生，

这一运动受到了帮助，

因为当铁环前面的空气变得稀疏时，

当中间的空间变成了虚空时，
所有在铁环后的空气就立刻将其送到了前面，
在后面推着它前进。
它周围的空气永远都在击打着它们，
在这个时候，
空气就会把铁环往前推，
因为铁环一头是虚空的，
所以就会将其吸收进去。
我要告诉你的是，
这部分空气会穿过铁环上大量的气孔，
细细进入其中最小的部位，
推着它，
就像风推动着船和帆。
再者，
一切东西在自己的躯体中都会包含着一些空气，
因为它们的躯体是多空孔的，
空气又在四周围住了它。

铁里面的空气也同样会将其推往一个方向

这样，
深藏在铁里的空气，
会在不断的运动中来回翻滚，
那么毫无疑问地，
它会击打着铁环，
从内部震动着它，
可以确定的是，
铁环一旦开始朝某个方向前进，
它就会一直朝着同一方向行进，
会挣扎着进入虚空。

也有这样的情况，
铁的本质会让其从磁石身边退开，
它习惯于逃开磁石，
有时又会追逐着它。
我曾经看见过萨摩色雷斯铁环跳起来，
看到铁屑在铜制的碗里沸腾，
当磁石在铜碗下面的时候，
铁是那样急切地想从磁石身边逃开，
铜在中间会产生如此巨大的骚扰，
毫无疑问，
这是因为铜已经完全占领了铁所需要的通路，
紧接着便是磁石在发挥作用，
磁石发现自己体内所有的空间都已经被填满了，
所以无法再和从前一样，
有小孔可以让它流过去，
这样它就可以被迫用自己的力量来冲击着铁的组织，
这样它就会将没有铜时会吸引的东西赶走，
并且通过铜让它们活跃起来。
你在这方面不必大惊小怪地提出疑问，
质问为什么这种磁石中流出的东西，
无法同样推动别的东西。
有些东西，
比如黄金，
就可以凭借自己的力量稳稳立住，
有些东西因为结构很松散，
以至于粒子可以毫无损伤地流过，
这样就不会被驱赶到其他任何地方，
比如我们看见的木材。

当把铜放在磁石和铁之间的时候，磁石就会把铁推开，这是因为铜中流出的东西已经把铁的小孔都填满。磁石是无法移动其他东西的，因为它们太过沉重，或者是它们的材质过于稀松

当铁这种介乎木和金子之间的东西取得了一些铜粒子之后，

马尼西亚之石会用自己的冲击将其推动。

也有其他的例子，证明两者之间有种奇妙的亲和力和结合力，比如石灰和石块，木材和胶，酒和水，染料和羊毛，金子和硼砂，铜和锡，不论何时，只要两者的形状相吻合，就会产生一个强有力的结合

但这些能力对于别的东西并不是这样，

我只能举出为数极少的例子，

来说明那些两者可以彼此结合，

但和其他的东西就不是相互适合的东西。

首先，

你能看到石灰可以把石头连接在一起，

木材只有用牛胶才能粘连，

并且连接得十分牢固，

以至于常常在胶粘住它们之前，

就能够看到木板沿着自然的纹理破裂开来。

葡萄汁可以和泉水相混合，

但过重的沥青和很轻的橄榄油却无法与泉水结合。

贝壳的紫色只和羊毛结合，

结合得那样紧，

仿佛永远不会被分开，

即使你想用海水将其恢复也无法做到，

甚至是整个海洋用全部的波浪也无法洗去这贝壳的紫色。

还有，

难道金子不是由一种东西结合而成的吗？

难道铜之间不是由锡连接？

还能找多少其他的例子。

你完全不需要绕远路，

对于我来说，

也不应该在这上面浪费精力，

更应该用几句简单的话概括这许多东西。
某些东西如果它们的组织相互合适，
空隙的地方刚好符合应该紧密结合的地方，
一边对一边，
它们就能联结得最好。
有些时候，
有的东西也可以用钩子和环状物彼此相连接，
铁和磁石就是这样。
现在，
我将会说出瘟疫疾病的原因，
这种病毒的力量从何而来，
并且集结在人类和牲畜之中，
播撒下一场充满死亡的大灾难。
首先，
我之前已经说过，
有许多东西的种子是对我们的生命有益处的，
那么反之，
一定有许多别的种子在飞，
这种种子会带来疾病，
还会带来死亡，
在这些种子不断集结之后，
就会产生足够的毒气洒满天空，
空气就会变得充满病毒，
这些疾病和瘟疫的力量是从世界外面通过天空落下来的，
就像云雾一样，
要么就是从大地本身集结在一起然后上升，
浸湿了水分，

瘟疫和疾病。当有害的种子在天空中集结，它们就污染了空气。它们也许是从世界外面来的，或者是从大地中来。所以旅行者会受到陌生地方气候的影响之后在不合时宜的雨水阳光打击之后就会腐化。
你难道没见过，
有的人到达了远离家乡的地方，
因为水土不服生病？
这正是因为情况相差得太远，
我们还能用什么别的理由，
来说明为什么英国的气候是不同于埃及的气候呢？
或者，

还有什么理由可以用来说明黑海的气候和加迪斯这种太阳晒黑人皮肤的地方是不同的？

不同的气候会造成不同种族的人样貌的不同，并且会制造特殊的疾病

就像我们看到这四种不同的气候是存在于四种风和四个天空区域之下，

同样我们也可以看到人们的颜色和面貌不同，
当特定的疾病袭击这些种族，
也会根据种族的不同有所变化。
在埃及的中部，
尼罗河流域，
有一种疾病叫作象皮病，
这是一种不会发生在其他地方的疾病。
在阿提卡，通常是脚部遭难，
在亚加亚地区则是眼部，
所以对于不同的部位和四肢，
不同的地方会对它们造成不同的危险。
这是因为空气的不同所引起的。

如果一种有害的空气在移动，并且找到了我们，它就会给人畜造成灾难

所以，
当一个碰巧不利于我们的天空开始移动，
有毒的空气在蔓延的时候，
它就像云雾一样缓慢爬行，

扰乱它们在路上遇到的一切，
迫使其改变原来的状况，
最终它进入我们的天空，
就把天空变成不利于我们的东西。
因此，
这种突如其来的新灾害会降落在各种水源上，
甚至停歇在谷物的颗粒上，
或者别的人类的食物上，
或牲畜的饲料上，
或者这种力量就会停留在空气本身，
当我们呼吸的时候就从混杂的空气中吸进了这些毒素。
我们也定会同样将这些毒素吸入我们的体内。
以同样的方式，
病毒常常跑到牲畜的身上，
并且也不会放过那些懒惰的羊群。
不论我们是否旅行到那些不利于我们的地方，
因此更换了我们的天，
又或者大自然带给我们一个充满了毒素的天，
又或者是我们无法习惯的东西，
那些一旦到达就会袭击我们的东西。
无论由于哪一种，
都将走向一样的结果。
这样一种瘟疫的成因，
一种致命的影响，
曾经在刻克洛普斯的国土上，
使得浮尸满地，
道路荒凉。

雅典的瘟疫就是这样造成的。疾病的症状和成因

因为，
这瘟疫起源于埃及的腹地，
经过了天空和飘动的田野，
最终到达了潘狄翁人民的身上；
如此人们就大批陷入了疾病与死亡。
最初是头部发热，
两眼发红，
并充满了光泽。
喉咙的内部在变黑的同时向外渗血，
声道被多种溃疡堵塞，
舌头是思想的发言者，
此刻也滴着血，
由于痛苦而衰竭，
动作变得迟缓，
表面变得粗糙。
之后，
病毒的力量通过咽喉进入了胸膛，
并且流入了病人痛苦的心脏，
这时，
生命的防线开始崩溃，
嘴里会呼出恶臭的气味，
这味道就像户外腐烂的尸体一样。
紧接着，
思想和心灵的力量，
还有身体都会憔悴枯萎，
仿佛自己已经站在死亡的门槛上，
不断地焦虑、痛苦、啜泣、呻吟，
夜以继日间歇性地呕吐，

肌肉四肢发生痉挛，
这些难以忍受的折磨用疲惫摧毁了那些筋疲力尽的人。
但是你并不能在谁的身上感受到皮肤表面的热度，
用手触摸时会有一种温热的感觉，
全身都是红彤彤的，
仿佛是溃烂的烙印，
就像圣火在全身散开一样。
但身体内部直至骨头都是在燃烧的，
胃里也发出了灼热感，
就像在火焰正旺的炉子里。
没有什么轻且薄的东西可以放在病人的四肢上，
对其有任何好处，
这时需要的是风，
是冰冷。
有些人会把染病发高烧的身体投进冰冷的溪流当中，
让他们赤裸地跳进水中。
很多人会头向下跳进水潭，
进去之前就急切地张大了嘴巴。
他们的身体被焦渴浸透，
永远无法满足，
就算大量的水也不过是几滴无用的安慰。
令人痛苦的折磨从未停止，
人们精疲力竭地躺在那里。
药也在这些恐怖的呢喃中束手无策。
人们时不时地睁开了燃烧着疾病却失眠的眼睛，
那时还可以看到许多死兆，
因为忧愁恐惧丧失了心智，

试着用来解决的方法。思想会出现的症状，等等。疾病持续的时间。那些逃脱者后来的命运。没有被埋葬的人的身体，鸟和野兽都不会吃

充满阴沉的额头，
凶猛的面容，
耳朵里嗡嗡作响的声音，
短促的呼吸，
或者是留在脖子上发亮的汗珠，
口水带着藏红花的黄色，
有淡淡咸涩的味道，
咳嗽卡在喉咙里。
双手的肌肉不断收缩，
四肢不断颤抖，
全身从双脚开始一点点变冷，
最后，
连鼻孔也变得瘦削，
鼻尖萎缩得就剩下一个点，
眼窝陷落，
双鬓也凹进去了，
皮肤冷且硬，
嘴唇张开并松弛地垂下，
额头肌肉紧张且肿胀，
不久之后，
他的身体就僵硬着死去。
差不多在病后第八次太阳的照耀下，
最多第九次举起火炬之时，
他们就放弃了生命。
如果有人侥幸逃脱了这死亡的结局，

那么以后病人的精力也会随着肠胃里黑色的排泄物而流掉，

慢性的消耗和死亡依旧在等待他们，

闭塞的鼻孔流出了污血，
此时还会有头疼，
病人的精力和体力都会随之流失。
如果有人侥幸渡过这个污血流出的难关，
疾病就会转入肌肉和骨头，
甚至是生殖器。
有些人是如此害怕死亡，
甚至用刀割掉了生殖器官而苟活。
还有不少人虽然割掉了手脚，
却仍旧存活于世，
有的人失去了眼睛，
强烈的对死亡的恐惧留住了他们。
此外，
有的人失去了记忆，
他们不知道自己是谁。
虽然地面上堆积着无数的尸体，
但是飞鸟和野兽都远远避开，
因为尸体散发着强烈的恶臭。
它们如果当时尝了这些死尸，
就会瞬间倒地死亡。
事实上在那些日子里，
根本没有出现过一只鸟，
也没有野兽从树林出来，
许多鸟兽都生病死掉。
首先，
街上随处可见忠诚的犬类在挣扎中死亡，
瘟疫从它们的身体里将生命带走。

缺乏有效的治疗方法。绝望。不照顾病人的人的命运，以及照顾病人的人的命运。埋葬

也无法有可靠普适的治疗方法。
因为那可以让一个人获得力量，
把生命需要的空气吸入，
仰望上天的医疗方法，
对于别人来说是末日，
是死亡。
在这种情况下，
最悲惨的事情来了，
不论是谁，
一旦看到自己被那种疾病缠身，
便觉得自己被判了死刑，
就会绝望到底，
等待死亡，
当场断气也有可能。
因为这种贪婪的瘟疫会让人一个接着一个地被传染，
夺取人们的生命，
仿佛他们就是牛羊一样的牲畜，
这就使得死掉的人一拨接着一拨。
如果有人因为太渴望活着，
太害怕死去，
为了逃避责任不去照顾生病的亲人，
这种令人丧命的疏忽在不久之后就会遭到报复，
这种人也会卑贱地死去，
自己也会被遗弃，
得不到别人的帮助。
那些不离开生病者的人，
则会由于传染上疾病辛苦地死去。
良心也好，

还有疲倦者恳求的声音，
夹杂着诉苦的声音，
会让他们被迫忍受那些辛苦的工作。
这些高尚的人啊，
最终都逃不过死亡。
没有人送葬的，
被遗弃的人，
都会仓促了结自己的后事。
所有人都在争先恐后地埋葬自己死去的亲人，
一个重叠着另一个。
人们因为悲伤而哭泣，
哭到精疲力竭，
回到家里，
大部分人因为忧虑而躺下，
在那些可怕的日子里，
没有一个人不会受到疾病或死亡的侵扰。
再者，
所有的牧羊人，
还有每一个牧牛者，
甚至是那些耕地的壮汉都开始患病。
他们躺在农舍的角落里，
缩成一团，
在贫困和疾病中等待死亡。
你常常看到死去的父母趴在死去的孩子身上，
或者孩子伏在死去的父母身上，
逐渐走向死亡。
那样的灾难有不少是经过乡村流向城市的，
被染病的村民带到了城里，

乡间的瘟疫。乡间的农人涌进了城里，加剧了疾病的传播。街上还有公共场所，以及庙宇里的死尸。葬礼的恐怖

这些人染上了瘟疫，
从四处涌到了城中，
让所有的场所和建筑物都挤满了人，
死神肆意收割着生命，
这些闷热地挤在一起的人的生命，
许多由于病痛带来的焦渴而在街道上到处爬行的人，
他们躺在泉水的旁边，
获得水的喜悦反而让他们更快地迈向死亡。
在所有的公共场所还有街道，
你都能看到许多濒死的躯体，
他们的四肢衰弱松弛，
满是污秽，
包裹着烂布条，
死在了一片龌龊脏乱之中，
就只剩下了一层皮包裹着骨头，
埋葬在了污秽与恶臭之中。
最后，
死神让庙宇里都堆满了尸体，
不论是哪个神明的庙宇都浮尸遍地，
庙宇的看守每天都接待许多人，
这些人进来将庙宇住得满满的。
在这样的时刻，
人们对神灵也不如以往崇拜，
因为眼前的灾难压倒了一切。
城市也不再遵守以前那些埋葬死者的仪式，
这个民族的人习惯于以那种仪式下葬，
但那时所有人都陷入了极度恐慌，
每个人都心怀忧虑，

只想尽快将眼前的死尸掩埋。

突如其来的困难还有贫困会迫使人做出许多可怕的行为。

比如，

人们会放声哀号，

把自己亲人的尸体放在别人的火葬堆上点燃，

哪怕这样做会引起争执，

为此流血，

也不愿将那些尸体放在一旁抛弃不管。